조선중기 여중군자

정부인 **장계향**

삼종지도 3.0

조선중기 여중군자

정부인 **장계향**

삼종지도 3.0

세 가지 지도

딸 · 아내 · 어머니가 그린 지도

세 가지 지도

아버지 · 남편 · 아들이 그린 지도

세 가지 지도

딸과 아버지 · 아내와 남편 · 어머니와 아들이 그린 지도

홍순희 지음

빛을여는책방

머리말

정부인 안동 장 씨 이야기에 관한 이야기는 이 시대를 살아가는 모든 여성의 이야기이며 모든 여성에 관한 이야기이다. 정부인 안동 장 씨가 들려주는 이야기는 아무리 시대가 변하고 사람이 바뀌어도 그 본질이 변질되거나 퇴색되어서는 안 되는 이야기이고, 아무리 여성의 위상이 달라지고 지위가 높아졌다고 해도 소홀히 하거나 망각해서는 안 되는 이야기이다. 정부인 안동 장 씨 이야기가 여성의, 여성을 위한, 여성에 의한 이야기인 것은 분명하지만, 그렇다고 해서 그것이 하나의 이즘을 대표하거나 여성의 전유물임을 의미하지는 않는다. 왜냐하면 그 이야기는 시간과 공간의 가변성에 편승하는 현상에 관한 이야기가 아니고 그것을 초월하는 본질의 이야기이기 때문이다.

『조선중기 여중군자 정부인 장계향 삼종지도 3.0』은 조선중기를 살면서 조선전기와 조선후기의 사회상과 여성상의 변화를 몸소 체험하고, 그 변화의 물결에 편승하여 어려서는 아버지의 뜻을, 출가해서는 남편의 뜻을, 그리고 어머니가 되어서는 자식의 뜻을 자발적으로 따른 정부인 안동 장 씨의 삼종지도 실천 방법을 하나하나 소개하기 위해 기획된 책이다.

조선시대의 삼종지도라고 하면 구태의연하고 시대착오적인 유학의 도리를 먼저 떠올린다. 삼종지도가 조선시대의 산물이면서 동시에 조선시대가 남긴 유산이기 때문에 현대, 특히 21세기를 살아가는 여성들이 삼종지도의 가치를 박제되었거나 화석이 되어버린 것쯤으로 인식하는 것은 어쩌면 당연한 일이다. 하지만 삼종지도는 동서고금을 막론하고 여성이 남성과 더불어 살아가면서 함께 지켜야 하는, 그것도 반드시 지켜야 하는 아름다운 가치를 포함하고 있다. 다만 조선의 삼종지도가 당시의 시대 상황과 사회 형편에 맞게 재구성되는 과정에서 변질되고 왜곡되었기 때문에 삼종지도에 대한 인식이 불편해진 것뿐이다.

조선중기에는 거듭되는 국난으로 인해 고려 말의 사회적, 정치적 상황과 상당 부분 겹쳐져 있던 조선전기의 여러 가지 현상들이 청산되거나 극복된다. 그리고 조선중기를 지나면서 성리학적 질서를 근간으로 하는 조선후기의 서막이 열리고 유교와 유학의 조선이라는 조선후기의 국가 이미지가 만들어진다. 그 과정에서 삼종지도와 칠거지악, 그리고 부부유별과 같은 개념이 부각되고, 그에 따라 조선후기의 여성상이 인위적으로 만들어진다. 이렇게 볼 때 삼종지도는 남성과 여성을 지배와 종속의 관계 구도 속에 배치하는데 적극적으로 작용했다는 혐의를 받을 수밖에 없다. 하지만 삼종지도가 처음부터 그렇게 작용한 것은 아니다. 이 책의 제1장에서는 고려 말의 삼종지도를 1.0 버전으로 두고 조선의 삼종지도를 2.0과 2.1 버전으로 정해 그 변화 내지 변모된 층위와 면모를 주로 살펴본다.

제2장에서는 조선중기 정부인 안동 장 씨가 실천한 삼종지도의 면면을 살펴보고 그것이 삼종지도 3.0 버전으로서 21세기에 어떻게 유용하게 적용되는지를 밝힌다. 재가종부在家從父: 집에서는 아버지의 뜻을 따르다, 적인종부適人從夫: 시집을 가면 남편에게 순종하다, 부사종자夫死從子: 남편이 죽으면 아들의 뜻을 좇다라는 내용의 삼종지도를 실천함에 있어서 정부인 안동 장 씨는 아버지의 뜻을 존중하여 기꺼이 따르고, 남편의 뜻을 존중하여 기꺼이 따르며, 자녀의 뜻을 존중하여 기꺼이 따르다. 부인이 평생 실천한 삼종지도는 여성을 남성의 전유물이나 소유물로 만드는 그러한 것이 결코 아니다. 여성의 행동을 제한하거나 여성의 능력을 평가 절하하는 그러한 것은 더더욱 아니다. 오히려 삼종지도를 기꺼이 실천함으로써 부인은 아버지와 남편, 그리고 자녀와의 관계에서 아름다움을 실천한 딸과 아내와 어머니의 본성을 보장받는다.

제3장에서는 정부인 안동 장 씨가 삼종지도 새 버전을 마련하면서 아울러 발휘한 솜씨를 맛볼 것이다. 아버지 경당의 품 안에 있을 때 부인은 시 짓기와 서예, 그림 솜씨를 마음껏 뽐내면서 아버지의 사랑을

듬뿍 받는다. 결혼을 한 후에는 맏며느리가 된 셋째 며느리로서 집안을 경영하고, 손님을 접대하고 문중의 제사를 모시는데 살림 솜씨를 최대한 발휘한다. 그리고 정부인 안동 장 씨의 음식 솜씨는 출가한 딸들을 위해 직접 한글로 쓴 최초의 조리서 『음식디미방』으로 이미 증명이 된 셈이다.

정부인 안동 장 씨는 아버지 경당 장흥효와 남편 석계 이시명, 아들 상일을 비롯한 휘일과 현일로 맥이 이어지는 퇴계학파의 대모로서 조선의 여중군자女中君子로 불린다. 조선중기 사회변동과 밀접하면서도 유기적인 관계를 맺고 있는 안동 장 씨 부인의 걸어온 길을 삼종지도의 실천 방법을 중심으로 면밀하게 추적해 봄으로써 급변하고 세분화된 현대사회를 살아가야 할 21세기 여성들에게 정부인 안동 장 씨가 새롭게 쓴 삼종지도 새 버전을 마련해 주는 것이 본 저서의 중요한 목적이다.

따라서 이 책은 첫째, 여성들이 남성과의 관계에서 자존감을 높이고 인성적인 인격체로 성장할 수 있도록 이끌어주는 지침서로서 작용한다. 둘째, 이 책은 여성들이 자기 주도적인 삶을 선택하고 결정하되 상대방의 의견을 충분히 존중하고 고려할 줄 아는 법을 알려주는 인성지형도로서 역할을 한다. 셋째, 이 책은 여성들이 자발적으로 삼종지도를 실천함에 있어서 방향 감각을 상실하거나 길을 잃을 때 길잡이가 되어주는 인성 내비게이션이 될 수 있을 것이다.

조선중기 여중군자 장계향이 들려주는 이야기를 시간적인 간격을 좁혀가면서 필자의 언어로 내 딸들에게 다시 들려줄 수 있게 해 준 이 프로젝트가 고맙고, 이 일을 처음 맡기신 내 선생님의 제자 이끄시는 방식에 새삼 머리 숙인다. 내가 내 딸들에게 이 이야기를 들려주는 것은 내 삶과 내 학문이 나에게 부여하는 의무를 시대적 사명감으로 이어보고자 하는 나의 소박한 욕심에서 비롯되었다. 어떤 방식으로 친근하고 쉽게 이야기를 전해줄 수 있을지 오랫동안 궁리하고 고민했는데, 그 실마리를 제공해준 『선택』의 작가이자 안동 장 씨 부인의 13대 손인 이문열 선생님께도 깊이 감사드린다.

『조선중기 여중군자 정부인 장계향 삼종지도 3.0』이 탄생하기까지 시간적인 소요도 너무 많았고 집필 방향도 여러 차례 바뀌었다. 그때마다 행정적으로 큰 도움을 준 취업지원팀 김인순 선생님께 먼저 감사하는 마음을 전한다. 이 책이 세상에 나올 수 있도록 실질적인 도움을 준 출판부 최상근 선생님께도 진심으로 감사드리는 마음이다. 그리고 처음부터 끝까지 매의 눈으로 원고를 읽어준 나의 제자이자 후배인 문효정과 서울에서 사회 생활을 하느라 바쁠텐데 책 속에 들어갈 사진을 찍기 위해 안동과 영양과 영덕으로 동행해 준 포토그래퍼 내 딸 배수현에게 고마운 마음을 전한다. 마지막으로 오래 전에 대구 · 경북 여성인물 발굴 프로젝트를 맡기시고 지금까지 묵묵히 지켜보시면서 이끌어 주신 나의 선생님께 너무 늦게 이 책을 바치게 되어 송구스럽다는 말씀을 전한다.

차례

제3부 정부인 장계향의 솜씨

제1장 문예가 장계향_글 · 그림 솜씨

제2장 안주인 장계향_살림 솜씨

제3장 요리사 장계향_음식 솜씨

| 제1부 |

조선의 여성

| 제1장 |

정권교체와 여성

여말선초 여성의 지위

여말선초의 연속성과 단절성에 대한 역사학적인 고찰은 이미 여러 가지 각도에서 다양하게 이루어졌다.[1] 고려와 조선의 연속성에 초점을 맞춘 연구에서는 고려시대의 내적 변화를 더 이상 감당하거나 수용하지 못하는 상태에서 조선의 개국은 불가피하고, '역성혁명'에 의해 조선이 건국되면서 그 변화의 물결이 자연스럽게 조선으로 넘어온 것으로 본다. 그렇기 때문에 고려에서 조선으로의 지각 변동은 최소한 조선전기까지 그 원인과 과정, 진행 상황 등에 있어서 획기적이지가 않았다는 것이 이들의 견해이다.

반면에 고려와 조선의 단절을 강조하는 연구에서는 고려의 멸망과 조선의 건국 둘 다를 필연적인 것으로 보는데, 예를 들면 고려와 조선을 서양 중세와 근대에 대비시키는 방식을 취한다. 서양 역사에서 중세와 근대의 단절성은 정치 · 경제 · 사회 · 예술 · 종교 · 문학 등 모든 인간적인 활동 영역에서 증명된다. 인간이 신으로부터 독립해야하는 것을 전제하고 신 중심의 사회 질서를 인간 중심으로 그 축을 이동하기 위해 그 이전의 질서 체계를 해체하는 것은 불가피하다. 이런 맥락에서 고려와 조선의 관계를 살펴본다면 고려는 조선에게 극복의 대상이고 조선의 500년 역사에 절대로 편입될 수 없다.

그렇다고 해서 고려와 조선의 관계가 칼로 무를 자르듯이 양자택일적으로 규정될 수는 없다. 조선이 개국된 후 신흥사대부들이 정치권력을 잡았고, 척불숭유를 국가기조정책으로 삼았으며, 신분제도, 토지제도, 조세제도 등에 비교적 큰 변화가 있었던 것은 사실이지만 다른 한편으로 이러한 변화가 농업 생산력 증대를 위해 중세 토지제도의 틀을 기반으로 재편성된 것도 사실이다. 척불숭유의 경우에도 고려시대 불교가 인간의 마음 수양에 중점을 두고 유교가 정치적 활동에 관여했다면 조선시대에는 불교가 보다 더 내면화되고 유교가 훨씬 더 외면화된 양상을 띤다. 이렇듯 조선전기에는 고려의 잔재가 사회 전반적으로 많이 남아있고, 특히 여성의 지위는 조선중기, 즉 각종 전쟁과 변란이 조선의 지각 전반을 변동시킬 때까지 비교적 온전하게 유지된다.

현대사회에서 여성의 지위가 조선후기나 대한민국 근대사회에 비해 월등히 높아진 것은 사실이다. 그것을 두고 여성이 잃어버렸던 목소리를 다시 찾았다고도 하고 억압 받았던 여성의 권리가 회복되었다고도 한다. 그렇다면 과거에는 여성의 고유한 목소리가 있었고 여성이 자신의 권리를 당당하게 주장할 수 있었다는 말이다. 실제로 선사시대에는 모계사회였고, 단군 신화에서는 웅녀가 하늘의 아들 환웅과 대등하고 수평적인 부부 관계를 맺어 단군을 낳았으며, 고구려의 해모수와 유화, 신라의 박혁거세와 알영, 가락국의 수로와 허황옥의 결합에서도 수직적이거나 강압적인 요소를 찾아보기 힘들다. 통일신라시대에는 선덕을 비롯한 여왕들이 치세할 때 태평성대를 이루었으며 고려시대에는

그러한 여성의 지위가 보다 보편적인 양상을 띤다.[2]

물론 고려시대 여성들에게 정치적인 진출과 경제적인 주도권 행사, 사회적인 역할 수행 등, 가정 밖의 활동이 자유로운 것은 아니었다. 그리고 여성이 어느 정도 지위를 확보할 수 있는 것도 지배층의 경우에 국한되었다. 말하자면 피지배층의 경우 여성의 지위니 권력이니 하는 것은 사실상 그림의 떡이었다. 이렇게 볼 때 고려시대 여성의 지위는, 비록 가정 내에서는 상당 부분 독립적으로 보장되었지만 생득권으로서 모든 여성에게 평등하게 주어진 것은 아니었다.

고려시대 여성의 지위는 우선 경제력과 직결된다. 고려의 여성은 결혼 전부터 상속 내지 지참금의 명목으로 경제력을 어느 정도 확보할 수 있었고, 결혼 후에도 결혼 전의 경제력을 그대로 유지할 수 있었으며, 결혼 생활에서 여성이 경제 활동의 주체가 됨으로써 여성의 경제력이 커졌기 때문에 고려 여성의 지위는 남성과 시댁, 그리고 사회적 요구에 의해 크게 흔들리거나 손상될 이유가 없었다. 예를 들어 고려시대 여성들에게 길쌈과 누에치기는 남성들의 문방사우종이 · 붓 · 벼루 · 먹에 해당한다. 남성들이 문방사우를 곁에 두고 학업에 증진할 때, 여성들은 길쌈을 하고 누에를 치면서 한편으로 가정의 경제를 꾸려나가고 다른 한편으로 자신의 경제적인 기반을 확고히 했다. 그리고 고려의 남성들은 기본적으로 경제적인 능력을 갖춘 여성을 선호했다고 한다. 그래서 그런지 고려시대 여성들은 이재理財: 재물을 다스림에 매우 밝았고, 남성들의 경제적인 무능력 내지 무관심에 개의치 않고 가계를 거뜬하게 꾸려나갔으며, 심지어 청렴성을 이유로 경제 활동에 적극적으로 가담하지 않는 고려시대 남성들을 대신하여 적극적인 경제 활동을 했다.

또한 고려시대에는 우리가 생각하는 것처럼 남아 선호 사상이 그렇게 두드러지지 않았다. 출가한 딸이 친정 부모를 봉양할 수 있었고 친정 부모의 제사를 지내줄 수 있었고 친손뿐만 아니라 외손도 후손으로 여기고 법적인 권리를 부여했기 때문에 굳이 아들과 딸을 차별할 이유가 없었다. 예를 들면 윗대 선조가 국가를 위해 공덕을 세울 경우, 후손이 과거를 보지 않고도 벼슬길에 오를 수 있도록 한 음서제도에서 친가와 외가의 혈통을 함께 조사한 후 양쪽 집안이 모두 완벽할 경우 친손이든 외손이든 높은 벼슬에 오를 수 있었다. 뿐만 아니라 고려시대에는 자녀균분상속제가 시행되었기 때문에 여성의 재산권이 보장되었고 결혼 후에도 부부별산제가 적용되어 여성의 재산은 여성 소유로 남아있었다. 그렇기 때문에 불가피한 사유로 부부 관계가 끝난 후에도 여성은 자신 소유의 재산으로 독립적인 생활을 할 수 있었다. 일부다처제가 유지되어 오다가 일부일처제가 도입된 고려시대에 오히려 여성의 재산권이 보장되고 여성의 지위가 상대적으로 높았다는 것은 일부일처제가 확립되어 가부장제가 시행된 조선 중·후기 이후 오히려 여성의 권리가 부당하게 축소된 것과 비교해 볼 때 시사해 주는 바가 매우 크다.

경제력은 동서고금을 막론하고 권력과 밀접하게 결부된다. 하지만 고려시대 여성은 조선후기의 남성들처럼 그 권력을 과시하거나 휘두르지 않고 남성 내지 남편의 입신양면을 위해 내조하는 방식으로 권력을 사용했다. 권력은 그 자체가 본래 가치중립적이다. 권력이 누구의 손에 들어가서 그 권력 쥔 자가 권력을 어떻게 행사하느냐에 따라 권력은 독이 되기도 하고 약이 되기도 한다. 권력을 소유한 자가 그 권력을 긍정적인 목적이나 공동선을 위해 사용할 경우 권력은 그렇게 가치를 발휘하고 그 반대의 경우도 마찬가지이다. 이런 맥락에서 경제력을 기반으로 권리와 지위를 확보한 고려 여성의 미덕을 살펴보는 것은 고려 여성뿐만 아니라 조선과 현대 대한민국 여성을 위해서도 의미 있는 일이 될 수 있을 것이다.

여말선초 여성의 삶

고려시대 여성들의 삶이라고 해서 그 이전이나 그 이후 여성들의 삶과 기본적으로는 크게 다르지 않다. 여성의 삶이라고 했을 때, 딸과 아내, 며느리, 어머니, 할머니로서의 역할을 부여받고 그 역할에 부합하는 삶을 사는 것을 의미한다. 물론 현대사회에서 아내와 며느리로서의 역할이 갈수록 선택 사항이 되고 있기 때문에 여성의 삶에서 그 역할이 종종 제외되기도 하지만 분명 여성의 삶은 여성들이 태어나서 죽을 때까지 경험하는 그러한 역할이 일종의 패턴이 되어 반복되는 것이다. 따라서 상고시대부터 삼국시대와 통일신라시대, 고려와 조선을 거치면서 21세기에 이르는 여성의 삶 속에서 우리는 공통적인 틀을 찾아낼 수 있고 그 틀 속에서 각 시대 여성들의 보편적인 삶을 읽어낼 수 있다.

이런 맥락에서 고려시대 여성들의 삶을 들여다보면 일반적으로 가족들의 음식과 의복을 만드는데 가장 많은 시간을 보냈다. 주식으로는 쌀밥 대신 보리와 조, 기장 등을 섞어 밥을 지었고, 지금도 우리가 즐겨 먹는 오이, 가지, 배추, 상추, 파, 배추 등으로 부식을 만들었으며, 채식 위주의 식단에 손수 만든 두부를 고기 대신 올렸다. 고려시대 사람들이 육류보다 야채와 생선을 선호한 것은 종교적인 이유 때문이다. 지금은 주로 두부를 사서 먹지만 고려시대 여성들은 두부를 직접 만들었는데, 두부 만드는 일을 비롯하여 장 담그는 일과 김장은 그때나 지금이나 손이 많이 가는 일이다. 이 밖에도 고려시대 여성들은 술 빚는 일을 직접 했는데, 평상시에도 술을 즐겨 마신 고려인들의 술 소비량과 명절에 쓰이거나, 평상시에 마시거나, 선물용으로 사용되는 술의 용도, 그리고 탁주와 청주 등 술의 종류를 가늠해볼 때 이 일은 한편으로 고려시대 여성들이 해야 하는 필수적이고 매우 중요한 일이지만 다른 한편으로는 여성들의 가사 노동을 가중시키는 것이 분명하다.

고려시대 여성들은 가족의 의복을 손수 지었는데, 이를 위해 여성들이 주로 한 일은 길쌈과 누에치기였다. 물론 길쌈은 고려시대 여성들의 경제적인 기반을 마련해 주는 주요한 수단이었다. 양반집에서 설령 가족들의 의복이 노비 노동만으로 충당된다고 하더라도 안주인은 길쌈을 여성 고유의 임무로 수행하고 근면성과 같은 여성의 미덕을 쌓으며 경제적인 능력을 확보할 수 있었다. 이렇게 볼 때 고려시대 길쌈은 지위고하나 빈부 격차와 상관없이 여성의 몫이었다. 특히 삼베는 고려시대의 대표적인 의복 재료였을 뿐만 아니라 세금을 대신하고 물물교환의 수단으로 쓰였기 때문에 수요가 매우 높았고, 따라서 고려시대 평민과 지배층 할 것 없이 여성은 삼베의 공급, 즉 길쌈으로부터 자유로울 수가 없었다. 모시와 삼을 심어 가꾸고 길러 실을 얻고 옷감을 짜서 직접 바느질해 옷을 짓는 과정, 가족을 입히고 물물교환을 통해 경제활동을 하는 것 등을 상상해보면 21세기를 살고 있는 우리 중 그 일을 고려시대 여성들처럼 감당해낼 수 있는 사람이 거의 없을 것이다.

음식과 의복 외에 고려시대 여성의 또 다른 삶을 들여다보면, 그것은 손님맞이와 손님접대로 점철된 삶이다. 조선중기 정부인 안동 장씨의 묘지명에 기록된 것과 마찬가지로 고려시대 여성들의 묘지명에도 어김없이 손님접대에 대한 부분[3]이 나온다. 손님접대는 사적으로도 이루어지고 공적으로도 이루어지는데, 그 집안에 찾아오는 손님의 면면 또는 숫자가 곧 집주인의 위상과 인간관계, 그리고 그 집안의 명성을 가늠하는 척도가 되기도 한다. 따라서 손님으로 문전성시를 이루는 것이 중요했고, 그것을 가능하게 하는 것이 여성의 미덕이었으며, 여성은 그 미덕을 지키기 위해 손님접대에 정성을 다했다. 사적으로든 공적으로든 손님을 맞아 접대하기 위해서는 무엇보다 먹을 것과 마실 것이 준비되어야 하는데, 이것은 남편의 경제적인 능력과 무관하고 이러한 현상은 정부인이 살았던 조선중기에도 마찬가지였다.[4]

고려시대 여성들의 삶 가운데 또 하나 빼놓을 수 없는 것은 상례와 제례 관련 일이다. 불교와 유교의 종교적인 차이로 말미암아 고려시대의 상·제례와 조선시대의 상·제례는 근본적으로 다르고 여성의 역할 내지 노동적인 측면에서도 고려와 조선은 상당한 차이가 있다. 일년에 한 번 지내는 기제사는 주로 절에서 모시고, 초하루와 보름, 명절에는 승려를 직접 모시고 성묘하기 때문에 고려시대 제례는 승려가 후손의 조상 숭배를 대신했다고 볼 수 있다. 또한 제사에 드는 경비를 아들과 딸 구별 없이 공동으로 부담했다. 따라서 고려시대의 제례에서는 조선시대의 유교식 제사상 차림을 위한 여성들의 가사노동보다 제사경비가 더 중요한 요소라고 할 수 있다. 말하자면 고려시대 여성들은 조선시대 여성들처럼 기제사 며칠 전부터 제삿장을 봐서 일일이 다듬고 손질하여 제사음식을 만드는 대신 제삿날 조상의 영전에 바칠 옷이나 조상의 위폐를 모셔 놓은 절에 시주하기 위한 물품을 평소에 부지런히 만들어 놓는다.

고려시대의 이상적인 부부상은 남편이 바깥에서 공적인 일에 종사하고 아내가 가정에서 가족과 자녀를 돌보면서 가정 경제를 운영하는 것인데, 경제적인 능력을 가지고 있던 고려시대의 여성이라고 해서 모두가 이러한 아내의 역할에 대해 자부심을 느끼거나 여성으로서의 자긍심을 가진 것은 아니었다.[5] 하지만 보통은 남편이 학문에 정진하거나 나랏일에 충성하느라 가정에 소홀해도 가정의 질서가 제대로 유지되고, 남편이 시와 술로써 한평생을 보내더라도 가계가 별 무리 없이 꾸려졌는데, 이것은 대부분 고려시대의 여성들이 가정에서의 여러 가지 역할을 잘 수행하고 가정 경제의 주체로서 집안 살림을 잘했기 때문이다.[6]

삼종지도 1.0

고려시대 여성의 지위가 상대적으로 높고 여성의 경제력이 상당히 확보되었다고 해서 여성에게 요구되는 미덕과 덕성이 근본적으로 달라진 것은 아니었다. 고려가 숭불정책에 입각해서 국가의 기강을 세우고 사회와 가정의 질서를 잡았지만 유교와 도교, 심지어 무속 신앙까지도 고려사회에서는 용인되었다. 특히 유교의 가르침은 치국의 근본이자 인간의 행동 규범으로서 수양의 기본이 되는 불교의 교리와 더불어 고려시대 여성의 위상을 규정짓는 축으로서 작용했다. 우리는 삼종지도, 즉 결혼 전에는 딸로서 아버지의 뜻을 따르고, 결혼 후에는 지아비의 뜻에 순종하며, 남편과 사별 후에는 자식의 뜻을 좇는 것을 조선 후기 성리학의 산물로 알고 있고 삼종지도를 여성을 남성에게 종속시키기 위한 유가적 장치로 이해하고 있지만 사실은 그렇지 않다. 불교의 교리에도 동일한 내용의 삼종지도가 들어있는데, 거슬러 올라가면 5세기경 힌두인의 마누법전에서 이미 그 흔적을 찾을 수 있다. 그리고 그 내용에 의하면 여성은 그 상대가 아버지든, 남편이든, 자식이든 남성의 품을 떠나 남성으로부터 보호를 받지 못하면 온전히 존재할 수 없는 대상이다.

부계 직계 가족으로 대를 잇고 가부장적 가족 질서에서 강조되는 종법의식이 고려시대에는 그나마 약했기 때문에 고려시대의 딸들은 상대적으로 자유를 누릴 수 있었다. 더욱이 고려시대에는 모계가 중시되었고, 처가가 시댁의 역할을 했기 때문에 고려시대의 딸들이 자신의 어머니들처럼 딸로서의 권리를 상당 부분 누릴 수 있었고 딸로서의 입지를 비교적 탄탄하게 굳힐 수 있었다. 고려시대에는 가정 내에서 딸들도 아들의 역할을 다 할 수 있었기 때문에 남아 선호 사상이 특별히 강할 이유가 없었다. 말하자면 부계 직계에 의해서만 혈통이 이어지지도 않았고, 딸과 외손도 모계 조상의 제사를 모실 수 있었기 때문에 비록 아들이 없다고 하더라고 굳이 양자를 들일 필요도 없었다. 하물며 그것이 칠거지악에 해당하거나 그것 때문에 소박맞을 리는 만무했다.

고려시대의 딸들은 결혼을 하더라도 출가외인이 되지 않았다. 결혼을 하면 시댁의 귀신이 되어야 한다는 유교적인 가르침이 고려시대 딸들에게는 꼭 그렇게 적용되지 않았다. 그것은 서류부가혼사위가 아내 집에 머무르는 혼인 또는 남귀여가혼남자가 여자 집으로 가는 혼인이라는 고려의 결혼 제도와 밀접한 관계가 있다. 결혼 후 딸들이 시댁으로 들어가서 시집살이를 하는 것이 아니라 오히려 사위가 처가에 와서 살다가 일정 기간이 지나면 분가하거나 본가에 가서 살기도 했다. 그런 다음 다시 친정에 오거나 친정 근처로 와서 부모님을 모시고 사는 것이 고려의 결혼 풍속도였다. 특히 외동딸인 경우 결혼 후에도 평생 친정 부모님과 함께 살면서 친정 부모님을 봉양할 수 있었고 부모님이 돌아가신 후에는 친정 부모님 무덤 곁을 지킬 수도 있었다.[7]

또한 고려의 딸들에게는 결혼이 필수가 아니라 선택이었는데, 이것은 부모님의 입장에서도 마찬가지였다. 고려의 딸들 중에는 아예 결혼을 하지 않고 부모님과 함께 살면서 평생 부모를 모신 경우도 많다.[8] 딸의 입장에서는 굳이 결혼을 하지 않아도 된다는 생각과 부모님 쪽에서는 딸의 결혼이 부모의 도리 내지 의무와 별개라는 생각이 반영된 부분이다. 결혼이 고려시대 딸들의 자유로운 선택이었듯이 결혼 후 혼인 관계 유지 역시 딸들의 의지에 의해 결정되었는데, 그렇기 때문에 결혼 관계가 끝난 후에도 딸들은 비교적 자유롭게 재혼을 선택할 수 있었다. 고려시대 딸들이 결혼과 시댁에 대해 조선후기나 현대사회에서와 달리 비교적 자유로울 수 있었던 것은 고려의 가족 정책에서 기인하지만 딸들의 경제력과 전혀 무관하지 않다. 결혼 전 가정 내에서 딸들이 상속권과 재산권을 보장받고, 결혼 후에도 여성의 경제권이 유지되며, 결혼 관계가 끝난 후에도 여성이 경제적으로 독립적인 삶을 영위할 수 있기 때문에 고려시대의 딸들은 남성의, 남성을 위한, 남성에 의한 존재로서 살아갈 필요도, 이유도 없었던 것이다.

하지만 고려시대의 딸들에게 가정 밖에서의 모든 활동이 전적으로 허용된 것은 아니었다. 가정 내에서는 부모님의 말씀을 따르면 되었기 때문에 고려시대의 딸들이 불교의 삼종지도 중 '어려서는 곧 부모를 따른다.'는 여성의 도를 아무 문제없이 실천하는 것처럼 보인다. 하지만 이것은 딸들의 주체적이고 적극적인 삶의 방식과는 별개의 문제이다. 고려시대의 딸들이 가정에서 가정 밖으로 나오는 데는 여러 가지 제약이 따랐다. 고려시대의 딸들이 사회적인 활동을 하거나 정치적인 부분에 개입하는 것은 여전히 남성의 욕구와 욕망에 따라, 남성을 위한 도구로서, 남성에 의해 가능한 일이었다. 이렇게 볼 때 고려시대 딸들의 지위가 경제적인 면에서는 조선후기 딸들의 지위보다 상대적으로 높았지만 사회활동적인 측면이나 정치적인 측면에서 높았다고 할 수는 없다.

아내로서 고려시대의 여성 역시 고려시대 딸들과 연장선상에 놓여 있다. 다만 딸과 친정 부모님은 혈연으로 맺어졌지만 아내와 남편은 법으로 맺어진 관계이기 때문에 아내의 남편에 대한 도리는 법으로 규정되어 있었고 남편에 대한 아내의 순종과 섬김이 미덕으로 장려되었다. 결혼 후 어디에서 누구와 사느냐 와는 별개로, 다시 말해 결혼 후 아내가 시댁에 들어가서 살든, 남편이 처가에서 살든 아내와 남편은 서로에게 각자의 도리를 다하기 위해 최선을 다해야 했다. 고려시대에는 특히 아내가 남편의 말을 따르고, 남편에 대해 예를 지키며, 남편을 공경해야 했는데, 그렇다고 해서 고려시대의 아내가 이것을 억지로 실천하거나 일방적으로 해야 하는 것은 아니었다. 남편 또한 아내에게 친절해야 했고 예의를 갖추어야 했으며, 아내를 얕보거나 아내에게 함부로 해서는 안 되었다.

결혼 전부터 상속권과 경제권을 가지고 있던 고려시대 여성들은 결혼 후에도 꾸준히 경제활동을 하면서 자신의 경제력을 키우는 한편 그것을 바탕으로 가정을 원만하게 꾸리고 가족들을 정성껏 돌보는 것을 자신들의 자존심이자 정체성으로 삼았다. 이런 맥락에서 고려의 가족윤리는 가부장적인 위계질서나 수직적인 지배-종속의 관계가 아닌 부부 상호 간의 수평적인 관계에 의해 어느 정도 정립되었다고 할 수 있다. 이런 맥락에서 부부의 정과 시댁 식구 내지 친척들과의 관계에 있어서 고려시대 여성의 미덕이 자발적으로 발휘될 수 있었고 그 결과 아내로서 고려시대 여성의 삶이 독립적일 수 있었다.[9]

그런데 불교 교리를 기반으로 하면서 유교적 도리를 가미한 고려시대의 결혼제도를 들여다보면 고려시대 여성의 또 다른 면모를 발견할 수 있다. 불교에서 말하는 결혼은 인연에 의한 결합을 의미한다. 같은 맥락에서 이혼과 재혼 역시 그러한 인연의 다함과 새로운 인연의 시작으로 이해할 수 있다. 따라서 불교 교리에 여성의 결혼과 이혼, 그리고 재혼에 대한 특별한 규제가 없다. 이 말은 한편으로 여성의 결혼과 이혼, 재혼이 자유롭다는 것을 의미하지만 다른 한편으로는 여성의 지위가 확고하거나 안정적이지 못하다는 것을 뜻한다.

경제적인 능력을 갖춘 여성이 결혼이나 이혼, 그리고 재혼을 자기 뜻대로 결정할 수 있다는 것은 그만큼 여성의 위상이 높다는 것이다. 또한 사랑하는 사람과 결혼할 수 있는 확률이 훨씬 높고 애정이 결혼의 제1조건이 될 수도 있다. 하지만 뒤집어 보면 그렇기 때문에 고려시대의 결혼 생활이 불안정적일 수도 있다. 사랑하는 사람과 결혼해서 살다보면 사랑하는 마음이 처음처럼 그대로 있는 것도 아니고 상대방이 그 사랑을 배신하는 경우도 있다. 그렇다고 해서 금방 결혼 생활을 포기한다면 가정이 깨지면서 사회질서 또한 붕괴된다. 뿐만 아니라 여성이 아닌 남성의 입장에서 보면 자유로운 결혼이 남성의 입신양면이나 또 다른 정치적인 목적을 위해 악용되는 경우도 있다. 고려시대에는 아내의 집안 역시 음서의 대상이 되고 그 혜택을 받았기 때문에 그 혜택을 극대화하기 위해 아내를 버리거나 바꾸는 경우도 있었다. 이런 상황에서 부부간의 유별과 아내의 순종을 강조하는 유교의 도리는 불교의 교리를 바탕으로 하는 고려시대의 결혼제도와 가족제도의 안정화에 기여할 수 있었고 여성이 '젊어서는 남편을 따른다.'는 삼종지도를 실천하는데 지침이 될 수 있었다.

고려시대의 어머니는 양측적인 출계율혈통을 따지는 원칙로 인해 특히 가정 내에서 높은 지위와 권위를 확보할 수 있었다. 자손들이 외조나 외고조 등 모계 조상 덕분에 음서를 받는 경우도 있었고, 모계 조상이 부계 조상보다 벼슬이 높을 경우 모계 조상을 기준으로 음서의 혜택을 받았을 수도 있었으며, 이 경우 모계 조상을 자손들의 선대 계보로 삼을 수도 있었다. 따라서 자녀들이 어머니와 어머니의 가계에 존경심을 갖는 것은 당연한 일이었다.

또한 가정 내에서 어머니가 가족의 생계를 책임지고 가정의 경제를 주도하기 때문에 자녀들에게 어머니는 바깥일에 몰두하는 아버지보다 존재감이 더 컸다. 실제로 고려시대 자녀교육은 어머니의 몫이었으며, 고려시대 어머니들은 자신의 경제력과 가정 내에서의 정체성과 자긍심을 바탕으로 고려의 아들들을 훌륭하게 키워냈다. 고려의 어머니 중에는 자녀 하나하나가 각자의 본분에 충실하도록 지극정성으로 교육한 김변의 처 허 씨[10]와 같은 어머니도 무수히 많고, 의복을 저당잡혀 아들을 과거에 급제시켜 조정으로부터 포상을 받은 조 아무개 처 황보 씨[11]와 같은 어머니도 있으며, '늙어서는 아들의 뜻을 따른다.'는 의미에서 정성껏 키운 아들로부터 극진한 효도를 받은 어머니도 실로 많다.

| 쉬어가는 코너 |

고려시대 여성의, 여성을 위한, 여성에 의한 시

마상수가백면생馬上誰家白面生	말 타고 온 백면서생얼굴이 하얀사람 누구인지
이래삼월부지명爾來三月不知名	석 달이 지나도록 이름조차 몰랐네.
여금시식김태현如今始識金台鉉	지금에서야 비로소 김태현임을 알고
세안장미압입정細眼長尾暗入情	가는 눈 긴 눈썹 나도 몰래 마음 빼앗네.[12]

작자 미상, 「이름이 뭐예요」

「이름이 뭐예요」는 고려 말 문인이었던 김태현과 함께 공부를 하던 선배에게 여동생이 있었는데, 그 여동생이 김태현을 보고 반하여 자신의 마음을 적극적으로 표현한 연모시로 알려져 있다. 시의 내용을 보면 선배의 여동생은 얼굴이 하얗고 눈이 가늘며 눈썹이 긴 김태현을 보고 그 청년이 누구인지 궁금해 한다. 그리고 그가 김태현인지도 모르는 채 석 달이라는 시간을 보낸다. 하루 이틀도 아니고 한두 달도 아닌 석 달 동안 이름도 모르는 한 남자를 연모하면서 세월을 보낸다는 것이 얼마나 고통스럽고 얼마나 견디기 힘든 일인지 한 번이라도 짝사랑을 해 본 사람은 가히 짐작할 수 있다. 그러다가 드디어 그가 김태현임을 알고는 이름과 함께 그를 사랑하게 된다.

이름을 모르고 한 남자를 사랑하는 것과 이름을 알고 '김태현'을 사랑하는 것은 분명 차이가 있다. 전자는 그야말로 짝사랑이기 때문에 벙어리 냉가슴만 앓는 소극적인 사랑의 방식이고 후자는 비록 김태현을 '남몰래 사랑한다'고 할지라도 연모하는 대상에게 직접 '이름이 뭐예요?'라고 물어볼 수 있을 만큼 보다 능동적이고 자기 주도적인 사랑의 방식이다. 고려의 여성들은 자신이 연모하는 상대에 대해 마음을 숨기거나 상대가 자신의 마음을 알아줄 때까지 인내하며 무작정 기다리는 대신 자신이 먼저 그 상대에게 다가가 궁금한 것을 묻고 자신이 원하는 것을 얻는다. 그만큼 고려의 여성은 자유분방했으며 그 정도로 자유롭게 연애할 수 있었다. 고려 여성들은 결혼 상대를 스스로 고를 수도 있었고, 심지어는 결혼 후 결혼의 지속 여부에 대해서도 스스로 결정을 내릴 수 있었다.

물론 이 시의 전반부에서는 소극적인 여성의 모습이 드러난다. 그리고 그 여성의 눈에는 상대방의 피부색 정도만 보인다. 더군다나 이름조차 모르는 그 남성은 말을 타고 있기 때문에 위치상 여성보다 높은 곳에 있다. 하지만 후반부에서는 화자의 태도가 적극적으로 변한다. '이름이 뭐예요'라고 묻고 나서 '비로소 김태현임을 알'게 되고 그 다음 어떻게 할지를 스스로 결정한다. 이제 선배의 여동생은 김태현과 눈높이를 맞출 수 있게 되고 그를 사랑하게 된다. 이름을 물을 정도로 적극적이었으니 김태현과 공공연하게 연애를 할 수 있는 시점도 곧 다가올 것으로 기대된다.

정조에게 발탁된 서자 출신의 규장각 검서관이자 중국 시단에 알려진 조선의 시인 이덕무1741-1793는 『청장관전서』에서 고려 5백 년 동안 여성의 시는 단지 한 수라고 하는데, 그것이 바로 이 시를 일컫는다.[13]

| 제2장 |

조선전기 여성

여성의 지위

조선전기 여성의 삶 내지 여성의 지위 변화에 직접적인 영향을 미친 것은 혼인 제도이다. 조선의 건국이념이 송나라의 주자학에 근거하고 있고, 『주자가례』에 입각한 혼인 의례에 따라 여성은 결혼 후 더 이상 남편과 함께 친정에 머물 수 없게 된다. 조선이 건국되면서 중국의 종법제도가 적극적으로 도입되고 중국의 혼인 제도가 직접 적용됨으로써 우리나라 고유의 혼인제라고 할 수 있는 고려시대의 서류부가제가 가취혼제로 바뀌기 시작한다. 결혼 후 여성의 거주지가 바뀐다는 것은 여성의 삶에서 획기적인 변화가 생기는 것을 의미하는데, 그 변화는 단수한 거주지 변경의 문제가 아니라 여성의 지위와 직결되는 생활양식의 변화로 이어지고 결국에는 여성의 지위 변화에 직접적인 요인으로 작용한다.

물론 자녀균분제가 시행되는 상황에서 서류부가제에서 친영제로의 전환은 쉽지 않다. 실제로 국가의 여러 가지 정책과 강제적인 시책에도 불구하고 조선전기에는 친영제가 전면적으로 시행되지 못했다. 하지만 중국의 종법제도가 조선 건국의 근본이념으로서 조선전기 국가 정책의 기본 방향을 정해주었기 때문에 가정의 질서 역시 국가의 남성 중심 질서를 표방할 수밖에 없었고, 자연스럽게 남성 중심의 가부장적인 질서가 가정 내에 확립될 수밖에 없었으며, 혈통 중심의 사회적 분위기가 조성될 수밖에 없었다. 그 결과 혈통을 중시한다는 명목으로 여성의 정조가 중시되었고, 아내의 부정을 남편이 문제 삼지 않는 것조차 처벌 대상이 되었으며, 부정한 아내에 대해 남편이 고소를 하지 않아도 국가가 개입해서 아내를 처벌하는 등 국가에 의한 과도한 구속이 여성에게 가해지기 시작했다.

조선전기부터 이미 부계 내지 남성 혈통을 중시하는 종법사상이 중국으로부터 본격적으로 유입되기 시작하고 그것이 조선의 제사 풍습과 맞물려 조선에 장자권이 도입된다. 하지만 남송 시대에 예외적으로 딸의 재산상속을 규정한 중국이나 장남 또는 아들 독점 상속제를 채택한 일본과 달리, 조선에서는 자녀균분상속법이 성문법으로서 효력을 발휘했는데, 이것은 조선이 고려의 가족제도와 상속 제도를 계승 · 발전시켰음을 의미하고 재산권 내지 경제력을 기반으로 하는 여성의 지위가 조선전기에도 보장되었음을 뜻한다.

조선시대의 자녀균분상속법은 조선왕조실록뿐만 아니라 조선왕조의 가장 기초적이고 근본적인 법전인 경국대전에도 수록되어 있다. 경국대전의 규정에 의하면 노비와 논밭, 주택 등의 부동산을 포함한 부모의 재산을 부모가 생전에 분배하지 못했거나 사후 분배를 위한 유언을 남기지 않았을 경우, 아들과 딸 구분 없이 자녀에게 골고루 나누어주어야 한다.[14] 설령 부모가 생전에 유언을 했다고 하더라도 아들과 딸의 상속지분이 불합리하게 한쪽으로 치우쳐져 있으면 유언대로 재산 상속이 이루어지지 않았고, 유언에 의한 특정 자녀에 대한 상속권 박탈도 불가능했으며, 장자가 부모의 재산을 혼자 상속받은 경우 다른 형제자매들이 균분에 의한 재산 상속 소송을 제기할 수도 있었다.

조선전기 딸의 재산 상속분을 보면 재산 상속인의 자격을 갖춘 직계비속일 경우, 딸도 아들과 동지분의 동순위의 상속인이 된다. 예를 들어 아들과 딸이 각각 두 명씩인 경우, 종법사상에 입각해서 제사를 모시는 장자가 상속 재산의 1/5을 차지하고 나머지 재산을 아들과 딸 구별 없이, 미혼과 기혼 상관없이 똑같이 나누어 갖는다. 그리고 시집 간 딸의 재산은 딸의 자녀에게 상속된다. 이렇게 볼 때 조선전기의 딸들도 고려시대의 딸들과 마찬가지로 경제력을 가지고 있었고 경제적인 기반이 마련해주고 보장해주는 여성의 지위를 상당 부분 확보하고 있었다.

반면 아내로서 여성의 지위는 딸만큼 그렇게 확고하지 않은 편인데, 말하자면 아내의 상속은 딸의 상속에 비해 영구적이 아니다. 예를 들면 남편이 사망한 경우, 자녀가 없으면 아내가 남편의 재산을 평생 사용할 수 있다. 하지만 그 재산이 아내에게 영구 귀속되거나 아내가 그 재산을 마음대로 처분할 수 있는 것은 아니다. 아내 생전에 남편의 재산을 사용하다가 아내가 죽거나 개가를 하면 남편의 재산은 남편 가족에게 귀속된다.[15] 이렇게 볼 때 남편의 재산에 관한 한 아내는 제2순위의 상속인 지위를 인정받을 뿐 종신적인 상속권을 보장받는 것이 아니기 때문에 아내로서의 여성의 지위는 딸의 지위만큼 그렇게 안정적이지 못했다고 볼 수 있다.[16]

더군다나 세종 조에 이르러 배우자가 사망해서 재혼을 할 경우, 사망한 배우자의 재산이 각각 다르게 귀속됨으로써 여성의 지위가 조금 더 불안정해진다. 말하자면 남은 아내가 재혼을 할 경우에는 죽은 남편의 재산이 남편의 직계 존비속에게 귀속되지만 남편이 재혼을 할 경우에는 죽은 아내의 재산이 재혼한 남편에게 그대로 승계된다. 그리고 결국에는 재혼한 남편에게 죽은 아내의 재산이 상속되기 때문에 재혼한 남편이 전처의 재산을 임의로 사용 및 처분할 수 있다. 더군다나 재혼한 남편이 사망한 경우, 전처의 재산을 후처 소생의 장자가 일정 부분 상속받을 수도 있다.[17]

물론 그렇다고 해서 조선전기 여성의 지위가 조선후기처럼 그렇게 남성에게 종속적이거나 남성에 비해 수동적이지는 않았다. 또한 조선후기 때만큼 그렇게 여성이 부당한 차별 대우를 받은 것도 아니었다. 조선전기에서 중 · 후기로 넘어가면서 조선사회가 수차례의 국난을 겪고 전쟁으로 인해 사회가 극도로 혼란스러운 상황에서 국가의 기강을 바로 세우기 위한 수단으로 성리학을 적극적으로, 그리고 전면적으로 도입했다. 그리고 성리학을 바탕으로 국가와 사회, 그리고 가정의 질서를 구축하는 과정에서 남성 중심의 사회적인 요구가 반영되고 여성의 도에 해당하는 부분이 지나치게 강조됨으로써 조선후기로 갈수록 점점 더 남성과 여성이 지배와 종속이라는 수직적인 관계를 견지하게 되었다.

조선의 왕을 만나다_성종

성종은 1457년 세조의 큰 아들 덕종과 한확의 딸 소혜왕후 사이에서 둘째 아들로 태어난다. 성종이 태어날 때 세자였던 아버지 덕종이 그해 스무 살의 나이로 세상을 떠나기 때문에 성종의 삼촌이자 세조의 둘째 아들인 예종이 세자가 되고 따라서 성종은 자연스럽게 왕위 계승 서열에서 밀려나게 된다. 하지만 1469년, 예종이 즉위 후 급사하게 되자 할머니 정희대비가 성종을 예종의 왕위 계승자로 지목하고, 예종이 죽은 바로 그날 성종의 즉위식이 거행된다. 이때 성종의 나이가 열세 살에 불과했기 때문에 정희대비의 수렴청정과 장인 한명회의 정치적 야망과 노련미가 성종의 정치적 역량 발휘에 한몫을 한다.

한명회의 막내딸로 성종의 정비가 된 공혜왕후가 열여덟 살의 나이로 요절하자 성종은 후궁 중 한 명인 숙의 윤 씨를 왕비로 간택하는데, 나중에 폐비가 되는 윤 씨가 바로 연산군의 생모이다. 폐비 윤 씨는 성종이 다른 후궁들을 총애하자 이를 못마땅하게 여기고 투기를 일삼는데, 이에 대해 덕종의 아내 소혜왕후이자 성종의 어머니로 인수대비가 된 윤 씨의 시어머니가 원로들의 윤 씨 탄핵 요구를 받아들이고 성종 역시 폐비를 결정한다. 다음은 성종이 직접 밝히는 윤 씨 폐비 이유이다.

> 윤 씨가 음흉하고 행실이 악한 것은 이루 다 말할 수 없다. 당초에 마땅히 죄를 주어야 하겠지만, 우선 참으면서 개과천선하기를 바라면서 기다렸다. 기해년에 이르러 그의 죄악이 매우 커진 뒤에야 폐비해 서인으로 삼았지만, 그래도 차마 법대로 처리하지는 아니하였다. 이제 원자가 점차 장성하는데 사람들의 마음이 이처럼 안정되지 아니하니, 오늘날에 있어서는 비록 염려할 것이 없다고 하지만, 후일의 근심을 이루 다 말할 수 있겠는가? 경들이 각기 사직을 위하는 계책을 진술하라.
>
> –『성종실록』 권 144, 성종 13년 8월 16일

폐비 윤 씨는 결국 사약을 받는다. 그리고 이러한 일련의 사건들을 접하면서 인수대비는 아들과 며느리 사이에서 지켜져야 할 부부의 도리와 지아비를 섬기는 아내의 마음가짐과 행동거지 등을 포함하는 여성 삶의 지침서를 마련하는데, 그것이 바로『내훈』이다. 성종의 할머니인 정희대비가 세종대왕에 버금간다고 했던 성종이 이룩한 여러 가지 업적 중에 하나는『경국대전』을 반포한 일이다.『경국대전』은 분명히 조선왕조의 통치 기반을 마련한 성종의 위대한 과업이다. 하지만 조선전기 여성의 지위와 관련해서『경국대전』이 여성의 지위를 강화하는데 적용되었다기보다는 여성의 지위를 제한하고 폄하하는데 한 몫을 했다고 평가되기도 한다.

성종은 경국대전을 보충한『대전속록』과『동국여지승람』,『동국통감』,『동문선』,『악학궤범』등 다양한 서적을 편찬하거나 간행하고, 홍문관을 설치하여 조부인 세조 때 폐지된 집현전의 기능을 부활시켰으며, 문신 중에

서 뛰어난 학자를 골라 정무에 방해받지 않고 공부에 전념할 수 있도록 하는 제도를 도입하기도 한다. 이렇게 성종은 대내적으로 학문과 문화 발전에 심혈을 기울이고, 숭유억불 정책을 철저하게 실천하며, 대외적으로 압록강과 두만강 일대의 여진족 소탕을 위한 북방 방비에 힘쓴다.

조선전기의 문물제도가 성종 때에 거의 완성되었기 때문에 건국 100년이 지나고 성종 시대에 백성들이 가장 태평성대를 누린다. 하지만 태평성대라는 것은 그렇게 오래 지속되지 못하는 법이다. 백성이 먹고 살기 편해지면 그것에 대한 부작용으로서 퇴폐풍조가 만연하기 마련이고 성종 자신도 집권 말기에는 이러한 분위기를 조장한다. 열두 명의 부인을 두고 그 사이에서 스물여덟 명의 자식이 태어난다. 물론 조선의 왕들이 후궁을 두는 것과 자식을 많이 두는 것은 아무런 문제가 되지 않는 일이다. 하지만 성종은 38세의 생을 살면서 수많은 후궁을 두고 후궁들 사이에서 일어나는 암투와 빚어지는 갈등을 통제하지 못하여 결국 후일에 장남 연산군에 의해 자행되는 비극의 씨앗을 뿌린 셈이 된다.

여성의 삶을 재단하다

조선의 건국과 더불어 척불숭유라는 종교적 패러다임의 전환은 비록 유교와 불교가 정치적인 측면과 가정적인 차원에서 각각 다르게 작용을 했다고 하더라도 결국은 대승불교에서 주자학으로의 이행을 의미하고 유교를 국가정책의 근간으로 삼아 조선을 유교화하겠다는 조선의 의지를 적극적으로 표현한 것이다. 그리고 그 의지를 국정 전반에 걸쳐 관철시키기 위해 『주자가례』, 『삼강행실도』, 『국조오례의』 등의 윤리 관련 서적과 의례 관련 지침서가 보급되고 장려되었다. 『주자가례』는 중국 명나라 때 관혼상제에 대한 주자의 학설을 집대성한 책이고, 『삼강행실도』는 15세기부터 보급되기 시작해서 이후 조선왕조 500년의 기본적인 윤리 덕목을 모아 놓은 유교 윤리의 대표 서적이며, 『국조오례의』는 인간의 사회관계와 정치질서를 규정하는 국가의례, 즉 가례 · 길례 · 흉례 · 군례 · 빈례를 총망라해 놓은 책이다.

특히 성종의 어머니인 소혜왕후1437~1504는 왕실의 여인으로서 유교의 가르침에 입각하여 부덕을 강조하고 여성의 도를 가르치기 위해 『내훈』을 썼다.[18] 당시에는 남녀의 역할이 엄격하게 구분되어 있었기 때문에 남성은 정치를 비롯한 바깥일을, 여성은 길쌈을 비롯한 집안일을 주로 담당했다. 가정 내에서 여성이 상속과 경제활동에 의해 어느 정도 안정된 지위를 확보하고 있었던 것도 사실이지만 그것이 조선전기 남성과 여성이 평등하다는 것을 의미하는 것은 아니었다. 조선전기 남성과 여성의 평등을 이야기하기 위해서는 남성과 여성을 천칭저울에 올려놓았을 때 무게중심을 잡는 공통분모적인 요소가 있어야 한다. 그런데 소혜왕후가 보기에는 여성의 제한된 역할과 그 역할에 대한 여성 자신의 인식이 당시 남성의 역할과 그 역할에 대한 사회적인 인식의 수준에 미치지 못했던 것이다.

길쌈을 하고 바느질을 하는 것만으로 여성의 도리를 다하는 것이 아니라고 본 소혜왕후는 여성도 유교의 가르침에 입각한 덕행과 도리를 알고 실천해야 한다고 판단했는데, 그것이 바로 소혜왕후가 『내훈』을 쓴 기본적인 취지와 근본적인 이유에 해당한다.[19] 『내훈』이 「언행장」, 「효친장」, 「혼례장」, 「부부장」, 「모의어머니의 자식에 대한 도리장」, 「돈목동서 사이를 포함한 친척 간의 도리장」, 「렴검청렴과 검소함장」으로 구성되어있고, 모든 장에서 여성의 도를 엄격하게 규정해 놓았기 때문에 여성이 그러한 도를 실천하는 것에 대해 남성의, 남성을 위한, 남성을 위한 유교 질서에 순응하는 방식으로 해석하고 『내훈』을 "유교적 가부장제 이념을 전파하기 위한 목적에서 편찬된 것"[20]으로 이해한다. 하지만 『내훈』에 대한 이러한 해석은 조선전기 이후 유교적인 질서가 조선에 뿌리내리면서 남성과 여성의 관계에 대한 변질 내지 왜곡된 관점으로부터 비롯된 것이고 『내훈』 자체는 기본적으로 조선전기 여성이 주체적인 삶을 영위하기 위해 준수하고 실천해야 할 바를 자세하고 일목요연하게 정리해 놓은 책이다.

조선의 왕을 만나다_연산군

연산군은 1476년성종 7 성종과 폐비 윤 씨 사이에서 장남으로 태어나 1483년, 8세의 나이로 세자에 책봉된다. 성종이 연산군의 생모인 윤 씨를 폐위시키고 급기야 사약까지 내린 후 연산군이 그 사실을 알지 못하도록 함구령을 내리고 연산군은 성종의 셋째 부인인 정현왕후 밑에서 자란다. 성종의 적장자로서 왕위 계승의 정통성에는 아무런 문제가 없었지만 생모의 비참한 최후를 비롯해서 연산군을 둘러싸고 있는 많은 환경적인 요인들이 연산군의 정상적인 성장을 방해한다. 생모가 아닌 중전의 손에 자라면서 모자의 정을 충분히 주고받기는 어려웠고, 세자의 생모를 죽음으로 몰고 간 할머니 인수대비의 사랑을 받기에도 역부족이었으며, 게다가 아버지 성종의 기대에도 미치지 못했기 때문에 연산군의 어린 시절은 외로울 수밖에 없었고 성장하면서도 성격이 빗나가기만 한다.

> 왕[연산군]이 오랫동안 스승 곁에 있었고 나이 또한 먹을 만큼 먹었는데 문리文理: 글 속에 담긴 논리와 체계를 통달하지 못했다. 하루는 성종이 시험 삼아 일반적인 업무의 옳고 그름을 가려서 결정하게 해 보았으나 어리석고 사리에 어두워 분간하지 못하니 성종이 꾸짖기를 "생각을 좀 해 보라. 네가 어떤 몸인가. 어찌 다른 왕자들과 같이 노는 데만 힘을 쓰고 학문에는 뜻이 없어 이같이 어리석고 어두운 것이냐."라고 했더니 왕이 이 때문에 부왕 뵙기를 꺼려 불러도 아프다는 핑계를 대며 가지 않은 적이 많았다.
>
> – 『연산군일기』 권 63, 연산군 12년 9월 2일

비록 아버지의 성에 차지 않는 아들이었지만 그래도 연산군은 열아홉 살

때 별 탈 없이 성종의 뒤를 이어 왕위에 오르고 그때까지 성종 비인 정현 왕후와 모후인 인수대비가 생존해 있었지만 즉위하자마자 친정을 시작한다. 성장하면서 비뚤어진 성격이 정책 결정과 정무 수행, 그리고 일상생활에서 여과 없이 그대로 드러나는데, 특히 생모인 폐비 윤 씨 사건의 전모를 알고 난 후에는 그 사건에 연루된 모든 인물들을 참혹하게 죽이고 자신에게 맞서는 모든 대소신료들을 끔찍하게 참수한다.

무오사화 이후 연산군의 주변에는 충신보다 간신이 많았고 잘못된 것에 대해 직언을 하거나 부당한 것을 바로 잡고자 하는 사람이 없었기 때문에 연산군은 말 그대로 절대 권력자로 군림한다. 갑자사화는 폐비 윤 씨 사건의 전모가 드러남으로써 점화된다. 외할머니를 통해 생모가 폐비가 되고 사사된 내막을 상세하게 듣고 난 후 연산군은 즉시 관련자를 색출해 책임을 묻는다. 당시 연산군은 자신의 사치와 낭비로 파탄지경에 이른 재정을 메우기 위해 훈구파의 공신전을 탈취하고자 한다. 하지만 그것이 훈구파의 반대로 성사되지 않자 그것에 대한 복수로 폐비 윤 씨 사건에 연루된 훈구 세력들을 제거하고 자신의 정치적 권력을 절대화한다.

갑자사화 때 연산군은 끔찍한 패륜도 서슴지 않고 저지른다. 폐비 윤 씨의 폐위와 사사에 대한 책임을 물어 아버지 성종의 후궁인 숙의 엄 씨와 숙의 정 씨를 죽이고 할머니인 인수대비마저 죽음에 이르게 한다. 이렇게 무오사화와 갑자사화로 권력을 독점하고 절대화한 연산군은 부왕 성종과 극명하게 대비된다. 집현전의 기능을 부활시키기 위해 홍문관을 세운 성종과 달리 연산군은 홍문관과 사간원의 기능을 마비시키고 사헌부의 역할을 변질시킨다. 정치적인 논쟁을 원천봉쇄하기 위해 경연을 아예 없애고 교육기관인 성균관을 기생들과의 유흥 장소로 전락시킨다.

장녹수는 연산군의 여인으로 잘 알려져 있다. 기생이 된 장녹수가 부르는 노래 소리를 듣고 혹해 장녹수를 궁중으로 불러들여 숙원으로 봉한다. 이때부터 장녹수의 거만과 오만방자함이 하늘을 찌른다. 왕이 장녹수에게 빠져 엄청난 재물 공세로 장녹수를 기쁘게 하고 장녹수는 이에 보답하여 왕에게 아양을 떨고 교태를 부린다. 장녹수만이 연산군을 함부로 다룰 수 있었고 장녹수만 보면 연산군의 불편했던 심기가 한순간에 편해졌다고 하니 연산군의 모든 결정이 장녹수에 의해 좌지우지되었다고 해도 과언이 아니다.

'흥청거리다'라는 단어가 연산군 때문에 생겨날 정도로 연산군의 정치적 행보와 여성 편력은 중심을 잡지 못한다. 궁녀와 기생은 물론 여염집 아낙들까지 자신의 성적 노리개로 삼고 친족과도 간음을 일삼는 등 차마 입에 담지 못할 패륜적인 행동을 불사한다. 뿐만 아니라 왕의 놀이터를 만들기 위해 대규모의 토목공사가 시행되고 이러한 공사에 백성들이 징발되었기 때문에 백성들의 고통도 배가되고 국가 재정도 파탄에 이르게 된다. 당연히 백성들의 불만이 하늘을 찌르고 모든 양반들로부터도 외면당한다.

1506년, 연산군 즉위 12년이 되던 해 연산군의 만행을 보다 못한 신하들이 반란을 일으킨다. 반란군이 궁궐로 진입한 후 정현왕후의 재가를 얻어 연산군을 폐위시키고 진성대군을 새 왕으로 추대하는데, 이것이 바로 중종반정이다. 중종반정은 신하들이 왕을 몰아낸 최초의 사건으로 역사에 기록된다. 유교적인 국가 통치 이념을 거부하고 혼자서 절대 권력을 장악하고자 했던 연산군은 자신에게 맞서는 양반들을 처참하게 죽임으로써 양반관료 체제 자체를 붕괴하고자 한다. 하지만 결국에는 그것이 부메랑이 되어 역으로 자신이 양반들에 의해 폐위되고 겨우 31세의 나이로 생을 마감한다.

삼종지도 2.0

여성이 언행에 신중을 기하는 것, 부모에게 효도하며 남편에게 예를 갖추는 것, 그리고 자식의 뜻을 존중하는 것 자체는 여성의 지위 내지 위상을 결정하는데 부정적으로 작용하지 않는다. 그것은 오히려 여성 고유의 가치이고 이러한 여성의 가치는 최대한 발휘되어야 한다. 그리고 이러한 여성의 가치가 여성의 덕성과 결합될 때 여성의 도를 실천하는 원동력이 된다. 이런 맥락에서 조선전기 불교사상을 바탕으로 하는 가정 내 여성의 삶은 극복의 대상이 되고, 여성의 역할 또한 단순한 바느질과 길쌈에서 유교적 질서를 가정 내에서 실천하는 범위까지 확대될 수 있다. 그리고 이것은 어디까지나 여성의 자발적인 선택과 여성 자신의 역량에 의해 실현될 수 있다. 이렇게 볼 때 소혜왕후의 『내훈』은 조선전기 여성의 삼종지도와 관련해서 새로운 지평을 연다.

삼종지도가 여성의 언행으로부터 비롯된다는 것은 너무나 당연한데, 그 이유는 사람의 관계가 '말하기'로부터 시작되기 때문이다. 물론 이때의 말하기 방식은 독백이 아닌 '대화'를 의미하고 대화의 방식 중에서도 일방적인 것이 아닌 쌍방향적인 것을 말한다. 일방적인 대화는 대화를 주도하는 사람이 있고, 그 사람에 의해 대화의 방향이 결정된다. 그리고 대화의 결과가 소통이 아닌 싸움으로 끝난다. 딸이든, 아내이든, 어머니든, 어떤 자격으로든 여성은 언행에서 특히 신중하고 조심할 필요가 있다. 그것은 남성도 마찬가지이다. 말은 주고받는 것이고, 가는 말이 고우면 오는 말은 곱기 마련이다. 주고받는 데 있어서 주는 것을 먼저하고 고운 말을 먼저 건넬 수 있으면 고운 말을 받는 것은 지극히 당연하다.

삼종지도의 으뜸은 부모에 대한 효이다. 아버지의 뜻을 따르는 데 있어서 조선전기의 딸은 비교적 자발적이었는데, 그것은 유교적인 질서의 적극적인 도입과 국가적인 차원에서의 유교 장려 정책에도 불구하고 불교적인 사상을 기반으로 하는 상속제도나 제례문화가 조선전기까지 지속되었기 때문이다. 물론 교육이나 외부적인 활동, 출세 등에서 딸과 아들 사이에 구분이 있었다. 하지만 그것은 차별을 위한 것이 아니라 그저 역할에 있어서 다름을 나타내기 위한 것이었다.

딸과 아들이 다르다는 것과 딸과 아들을 차별하는 것은 근본적으로 차이가 있다. 다르다는 이유로 딸과 아들 중 어느 누구가 상대방에게 종속되거나 지배받지는 않는다. 하지만 딸과 아들을 차별할 경우 둘 중 하나가 우월하다고 규정되기 때문에 열등한 것은 우월한 것의 지배를 받을 수밖에 없고 그 상태에서 남성과 여성 간 종속적인 관계가 고착화된다. 조선전기에는 최소한 가정 내에서 딸과 아들의 차별이 그렇게 심하지 않았다. 역할이 다르다고 해서 그것이 반드시 지위와 위상의 차이로 이어지지는 않았다. 조선전기까지 자녀균분제와 윤회봉사가 가능했기 때문에 사회적인 역할에서 젠더의 구분은 있었지만 가정 내 역할에서 성의 구별에 의한 아들 딸 차이는 그다지 크지 않았다. 그리고 이러한 것은 조선전기에 작성된 족보를 통해 확인할 수 있다.

조선전기에는 조선 중 · 후기처럼 족보 간행이 그렇게 원활하지도 활발하지도 않았는데, 그 이유는 역성혁명이라고는 하지만 정권교체에 의한 사회적인 혼란이 가중되었고, 유 · 불교가 공존 또는 혼재했지만 종교적 패러다임의 전환에 의한 사상적인 혼선이 빚어졌으며, 유교중심의 국가정책과 불교를 기반으로 하는 가정 질서 사이에 불일치의 양상이 두드러졌기 때문이었다. 하지만 그럼에도 불구하고 조선전기에 간행된 족보는 조선전기 딸의 위상과 딸과 아버지의 관계, 그리고 여성의 지위 내지 위상을 연구하는데 신뢰할 수 있는 자료로서 평가된다. 가장 오래된 족보로 알려진 것은 1476년성종 7에 간행된 『안동권씨성화보』이다. 이 족보에 의하면 아들과 딸 구별 없이 태어난 순서에 따라 족보에 이름을 기재하는 방식을 취한다.

태어나면서부터 아들과 딸 차별 없이 족보에 기록되고, 부모님으로부터 아들과 동일하게 상속을 받고, 부모님 사후 제사도 돌아가면서 모시고, 결혼할 때 자신의 상속지분을 그대로 가지고 가는 것 등, 조선전기 유교적인 건국이념과 유교질서 확립을 위한 국가 차원의 정책 결정 및 시행 노력에도 불구하고 여전히 유효했던 몇 가지 상황을 고려해 볼 때, 조선전기 '집에서 딸이 아버지의 뜻을 따른다.'는 것이 조선후기의 그것과는 구분된다. 즉 유교 중심의 사회적인 제도나 엄격한 가풍에 의해 재가종부의 도가 강요되었다는 뜻이 아니라 오히려 딸의 입장에서 그것을 자발적으로 선택하고 실천했을 가능성이 크다. 그리고 조선전기의 아버지는 어머니의 위상과 상대적인 관계에 놓여 있었기 때문에 조선후기 가부장적인 질서가 확고하게 뿌리 내리면서 권위적이 된 아버지의 상과는 달랐을 것이다. 따라서 조선전기 부녀간의 관계는 조선후기보다 훨씬 더 자연스럽고 친밀할 수 있었을 것이다.

조선전기의 부부 관계에서 적인종부의 도는 부부 각자의 자발적인 선택과 책임 하에서 자율적으로 실현되었다기보다 혼인으로 묶어진 남녀관계를 지속시키기 위해 국가가 마련한 장치와 지침들에 의해 실현 가능했는데, 이러한 맥락에서 『내훈』의 「부부장」을 이해할 수 있다. 여성을 대상으로 하는 유교이념에 입각한 교육용 지침서가 조선전기에 특히 많이 나온 것에 대해 가부장적인 질서 확립과 남성 중심적인 조선사회 구축을 위한 수단 확보로 보고 그것으로 말미암아 여성이 구속받고 여성의 지위가 제한된다고 해석하지만 그러한 관점은 이미 언급한 바대로 조선전기 당대로부터 비롯된 것이 아니다.

조선의 왕을 만나다_중종

중종은 1488년성종 19에 성종과 성종의 세 번째 부인인 정현왕후 사이에서 태어난다. 연산군의 이복동생으로 서열상 정상적으로는 왕위에 오를 수 없었지만 연산군의 폭정과 만행에 반정을 도모한 신하들의 선택으로 1506년연산군 12에 왕이 된다. 『연려실기술』에 의하면 반정 세력이 자신의 집을 에워쌀 때까지도 자신이 왕으로 추대될 것이라는 사실을 전혀 몰랐다고 한다. 군대의 출동에 놀란 나머지 중종은 자결을 하려고 하지만 지혜로운 부인신 씨의 조언으로 군사들의 정체를 파악하고 반정세력의 호위를 받으면서 입궁하게 된다.

적통이 아닌데다가 왕이 되는 과정에서 절차상의 하자가 많았기 때문에 중종은 즉위 후에도 신하들의 뜻에 좌지우지된다. 신하들이 중종의 첫 번째 부인인 단경왕후 신 씨가 연산군 최측근이었던 신수근의 딸이라는 이유를 들어 신수근을 역적으로 몰아 숙청하면서 폐비를 결정했을 때도 중종은 신하들의 뜻을 따를 수밖에 없었다. 왕비의 폐위가 거론될 때 위기에서 자신을 구한 조강지처를 어떻게든 보호하려고 했지만 역부족이었다. 단경왕후 폐위 후 인종의 모후가 되는 장경왕후 윤 씨가 종중의 두 번째 부인이 된다. 하지만 인종을 낳은 지 일주일도 채 안 되어 장경왕후가 사망하기 때문에 1517년중종 12에 중종은 문종의 모후가 되는 문정왕후를 세 번째 부인으로 맞이한다.

중종은 전혀 준비가 되지 않은 상태에서 신하들에 의해 왕으로 추대되었기 때문에 즉위 초에는 자신의 조강지처를 지킬 수 없을 정도로 힘이 없었다. 하지만 시간이 흐르면서 중종은 반정 세력을 견제하고 왕권을 강화하기 위한 노력을 하는데, 그 중에 하나가 바로 조광조의 등용이다. 성종과 연산군, 그리고 중종으로 이어지면서 홍문관과 성균관은 문을 열었다 닫았다 하는데, 중종은 연산군이 닫았던 문을 다시 열고 경연을 재개함으로써 유교적 왕도정치를 근간으로 하는 개혁을 단행하고자 한다. 그리고 조광조의 도학 정치이론이 자신의 개혁 의지와 부합한다고 판단한다.

하지만 조광조의 정치이론이 지나칠 정도로 급진적이고 조광조의 개혁정치가 안하무인격이었기 때문에 조광조가 오히려 훈구 세력들의 견제 대상이 되고 마침내 제거 대상이 된다. 중종과 조광조 사이에 일어난 유명한 일화가 바로 훈구파 남곤이 미리 나뭇잎에 꿀을 발라 놓아 벌레들이 꿀을 따라 나뭇잎을 갉아 먹어 생긴 네 글자, 즉 주초위왕走肖爲王 사건이다. 주초위왕에서 주走와 초肖를 합하면 조광조의 조趙가 되기 때문에 주초위왕은 '조광조가 왕이 된다.'는 의미로 해석된다. 이 사건으로 중종과 조광조 사이는 멀어지게 되고 급기야 중종은 조광조를 비롯한 사림들을 귀향 보내고 사사한다. 이때 수많은 사림들이 화를 입었는데, 이를 일컬어 기묘사화라고 한다. 이로써 조광조의 개혁정치는 실패로 끝나고 조정에서는 훈구 세력들이 다시 득세한다.

중종 치세의 16세기 중엽은 조선의 정치사적인 맥락에서 볼 때 조선중기에 해당한다. 조선이 건국되고 세조 때부터 본격화된 훈신정치조선개국에 공로가 큰 세력들 중심의 정치가 거의 마무리되고 사림정치로 넘어갈 수 있었던 시기가 바로 중종 때이다. 하지만 훈구 세력을 향해 개혁의 칼을 빼들었던 조광조 중심의 개혁정치가 실패하고 기묘사화로 사림들이 대거 제거되자 훈신계열의 권신들이 다시 득세하게 되는데, 이로써 조선은 다시 조선전기의 상태로 원상복귀 된다. 이것은 일종의 퇴행으로 평가되기도 하는데, 중종 집권기에 일어난 일련의 사건들과 그 결과를 두고 볼 때, 중종이 개혁을 위해 애쓴 것은 사실이지만 개혁을 단행하는 과정에서 우유부단했던 것도 사실이다. 중종 39년, 1544년 11월 14일, 57세의 나이로 중종은 서거한다.

『내훈』의 「부부장」에 삼종지도와 오불취五不取, 칠거七去, 삼불거三不去의 내용이 그대로 소개되는 것은 사실이다. 그리고 그 내용이 여성의 덕과 도와 직결되는 것도 사실이다. 하지만 그것 자체가 여성을 남성에게 종속시키거나 여성을 억압하기 위한 장치는 아니다. 조선전기 여성에게 그 장치는 오히려 그 시대가 요구하는 유교적인 여성의 덕을 적극적으로 갖추고 사회와 가정에서 그 도를 자율적으로 실천함으로써 여성 자신을 위한 일종의 안전장치로서 사용되었다.[21] 다만 조선전기에 쓰인 『내훈』이 조선후기에 재도입되면서 동일한 내용이 당대를 지배하는 유교적인 이데올로기에 의해 왜곡되고 은폐되어 적용되었기 때문에 『내훈』의 가치 역시 평가절하되고 변질되었다.

적인종부와 관련해서 남성과 여성의 관계를 위협하는 요소가 '오불취', '칠거', 그리고 '삼불거'에 다 들어있다. 오불취는 여성이 남편으로 택하지 말아야 하는 다섯 가지 경우에 해당한다. 조선전기의 여성은 반역자 집안의 아들과 법도가 문란한 집안의 아들, 대대로 형벌을 받은 자가 있는 집안의 아들, 대대로 나쁜 병이 있는 집안의 아들, 그리고 아버지가 돌아가신 집안의 장남과는 결혼하지 않을 권리가 있었다. 칠거는 결혼 후 아내를 내쫓아야 하는 일곱 가지 경우를 말하고 삼불거는 아내를 내치면 절대로 안 되는 세 가지 경우를 말한다. 부모에게 순종하지 않거나, 자식을 생산하지 못하거나, 간통을 하거나, 투기를 하거나, 나쁜 병이 있거나, 말이 많거나, 도둑질을 한 경우 아내의 자격이 박탈되는 반면, 취할 만한 장점이 있고 돌아갈 친정이 없는 경우, 삼년상을 지낸 경우, 전에 가난했다가 나중에 부자가 된 경우 아내를 내쫓는 것은 절대로 허용이 되지 않았는데, 이 역시 여성을 마음대로 내쫓기 위해서가 아니라 여성을 보호하고 가정 내에서 아내의 지위를 보장하기 위한 장치로서 작동한다.

'남편이 죽으면 아들의 뜻을 좇다.'는 부사종자의 도는 어머니의 사랑과 자식의 효가 함께 작용할 때 그 빛을 발한다. 어머니의 사랑이 자식의 효를 앞서고, 자식의 효가 어머니의 사랑을 먹고 크며, 어머니는 자식의 효로써 노년 이후의 삶을 영위한다. 이런 맥락에서 『내훈』의 「모의장」이 이해되어야 한다. 어머니의 유형에 따라 어머니의 자식에 대한 사랑 방식이 다르다. 현명한 어머니와 자애로운 어머니, 엄한 어머니와 의로운 어머니, 그리고 그렇지 못한 어머니는 분명 다른 어머니의 유형에 속한다. 하지만 이 세상의 모든 어머니들은 어머니라는 공통분모를 가지고 있다. 따라서 다 다르면서도 같은 방식으로 자식을 양육하고 교육하고 사랑한다. 이것은 동서고금을 막론하고 같고 양반가에서도 평민층에서도 마찬가지이다.

어머니의 자식에 대한 사랑은 때로는 무조건적이고 때로는 일방적이며 또 어떤 때는 맹목적이기도 하다. 그렇기 때문에 모성은 부성에 비해 평가절하되거나 폄하되기도 하며 부당한 혐의를 받기도 한다. 어머니의 자식에 대한 사랑은 본래 본능적이고 자칫하면 일차원적일 수 있다. 본능적인 모성에 의한 자식 사랑은 동물들이 제 새끼를 사랑하는 방식과 다를 바가 없고 일차원적인 자식 사랑은 자기 자식에 대한 눈먼 사랑으로 남의 자식을 보지 못하는 사랑의 방식이다. 그리고 이 둘 다 부모가 자식을 진정으로 사랑하고 자식이 부모에게 진심으로 효도하는 방식과는 거리가 멀다. 본능적이고 일방적인 사랑을 할 때 어머니와 자식 사이에 건전한 정서적인 교감이 이루어지지 않는다. 오히려 서로가 서로를 구속하고, 그 구속으로 말미암아 서로를 부담스러워하며, 결국에는 서로가 서로에게서 벗어나려고 한다. 그리고 이런 상태에서 부모의 자식에 대한 사랑과 자식의 부모에 대한 효를 운운하는 것은 어불성설이다.

따라서 부모, 특히 어머니의 모성은 자식을 사랑함에 있어서 본능과 거리 두기를 해야 하고, 일방적인 자식 사랑을 자제해야 하며, '귀한 자식일수록 회초리를 들라'는 말을 실천의 지침으로 삼아야 한다. 이 말은 자식이 잘못을 했을 경우, 무조건 그 자식을 감싸는 대신 따끔하게 꾸짖고, 남의 자식에게 자기 자식의 잘못을 덮어씌우는 대신 그것을 발본하며, 자식의 눈치를 보느라 전전긍긍하지 말고 자식의 뜻을 제대로 살펴 그 뜻을 존중하라는 것을 의미한다. 이런 맥락에서 「모의장」에서는 "자식이 잘못을 저지를 때 […] 처음부터 화내지 말고 좋은 말로 훈계할 것, 그래도 안 되면 무섭게 야단칠 것, 그래도 안 되면 매를 들 것, 그래도 고칠 수 없다면 내칠 것, […] 마지막에는 자식을 내쫓고 절연을 할 수도 있다."[22]고 한다. 『내훈』에서의 자녀 사랑 내지 자식 교육 방식과 자식의 잘못에 대해 지나치게 관대한 요즘 젊은 엄마들의 자녀 양육 방식 사이에 격세지감을 확인할 수 있는 부분이다.

"사랑하면서도 가르치지 않으면 자식이 자라서 어질지 못하게 된다. 자식의 뜻을 따르지 말고, 조금이라도 방종하면 곧 조심하도록 시키며, 자식의 악함을 두둔하지 말고 한 번 악을 행하면 곧 매를 쳐야 할 것이다. 어린아이의 잘못은 모두 어미가 기른 것이니, 자라서 성인이 되면 그때는 뉘우쳐도 이미 늦다. 자식의 불초함은 진실로 어머니에게 달려 있다. 어머니여, 어머니여, 어머니여, 잠깐이라도 그 잘못을 다른 데 미루겠는가?"[23] 사랑은 받은 만큼 되돌려 줄 수 있고 사랑은 받은 방식으로 되돌려주는 법이다. 사랑을 제대로 받은 사람은 때로는 사랑으로, 때로는 은혜로, 또 때로는 효도로 그것을 되돌려 준다. 그리고 그때 사랑의 본질은 왜곡되거나 손상되지 않고 본래의 모습을 그대로 유지한다. 이렇게 사랑과 효가 같으면서도 다른 것으로서 서로 주고받을 때 사랑이 효도로 대물림되고 효도가 은혜가 되어 되갚아진다.

부사종자의 도는 결국 남편과 아내의 관계에서 어머니와 아들의 관계로 그 중심축이 이동되는 것을 의미한다. 그런데 아들을 바로 키우는 것이 온전히 어머니의 몫이라면 부사종자의 도는 어머니로부터 비롯된다. 이렇게 볼 때 조선전기 여성의 도는 그것이 딸의 자격이든, 아내의 자격이든, 어머니의 자격이든, 남성의, 남성을 위한, 남성에 의한 도가 아니라 여성의, 여성을 위한, 여성에 의한 도라고 할 수 있다. 부사종자라는 것이 삼종지도 중 한 개이고 그것은 어머니가 아들의 뜻을 좇는다는 것을 뜻한다. 그런데 그 아들의 뜻이 어머니의 사랑으로 세워지고, 어머니에 의해 키워지며, 어머니를 위해 펼쳐진다. 그렇다면 아들의 효와 불효 역시 어머니의 몫이다.

조선의 왕을 만나다_명종

명종은 인종의 이복동생으로 1534년 중종과 셋째 부인인 문정왕후 윤 씨 사이에서 태어나 열두 살 때 조선의 13대 왕이 된다. 중종의 두 번째 부인이자 인종의 어머니였던 윤 씨 장경왕후가 인종을 낳고 바로 죽기 때문에 인종은 문정왕후 손에서 자라게 되는데, 문정왕후가 명종을 낳기 전까지는 인종을 지극정성으로 보살핀다. 하지만 명종을 낳자마자 문정왕후의 모성은 명종에게 집중되고 마침내 모성이 권력욕으로 이어져 왕의 자리를 탐내게 된다. 이때부터 인종 중심의 대윤과 명종을 구심점으로 하는 소윤과의 대립이 불가피해 지는데, 하늘은 문정왕후의 편을 들어준다. 즉위한 지 1년도 채 못 되어 후사도 없이 사망한 인종이 죽기 전에 이복동생인 명종에게 왕위를 계승한다는 전교를 내린 것이다. 이렇게 해서 문정왕후와 소윤의 꿈이 이루어진다.

명종이 즉위할 당시 어렸기 때문에 모후인 문정왕후가 수렴청정을 하게 되고 그 결과 윤원형을 비롯한 소윤 일파가 정치적으로 실권을 장악한다. 그리고 을사사화가 일어난다. 말하자면 정치적인 실세로 등장한 소윤파가 대윤 일파를 비롯해서 자신들의 뜻을 거역하는 세력들을 대거 제거한 것이다. 을사사화를 기점으로 소윤 일파는 권력을 확실히 장악하게 되고 이후 정적들을 가차 없이 제거해 나간다. 문정왕후의 타고난 자질이 총명하고, 성품이 강직하고 바르며, 부녀자로서의 행동에 법도가 있고 몸가짐이 엄숙했기 때문에 문정왕후가 소윤 일파와 더불어 정치적인 역량을 발휘함에 있어서는 손색이 없었다. 하지만 명종의 어머니로서 문정황후는 수렴청정 기간 중에는 물론이고 명종이 친정을 한 후에도 너무나 엄하고 무서운 존재였다.

> 임금이 나이 이미 장성했으므로 대비가 비로소 정치에서 물러났다. 마음대로 권력을 부리지 못하게 되었으므로 대비가 만일 하고 싶은 일이 있으면 곧 국문으로 조목조목 나열해 외전으로 보냈다. 임금이 보고 행할 만한 것은 행하고 행하지 못할 것은 말아서 소매 속에 넣었는데, 이때 임금의 얼굴에 수심이 가득했다. 이러한 행동이 매번 거슬렸으므로 문정왕후는 아무 때나 임금을 불러들여 일을 행하지 않는 것에 대해 나무라고 이유를 캐묻는데, 임금은 온순한 태도로 그 일의 합당성 여부

를 진술했다. 그러면 문정왕후는 버럭 화를 내면서 "네가 임금이 된 것은 모두 오라버니와 나의 힘이다."라고 하고 어떤 때는 손찌검까지 했다. 임금의 얼굴에 핏기가 사라지고 어떤 때는 눈물 자국이 남아있을 때도 있었다.

『연려실기술』 권 10, 명종 조 고사 본말

명종에게 어머니 문정왕후는 극복의 대상이다. 문정왕후가 수렴청정을 거둔 후 명종은 어머니로부터 독립하여 독자적인 세력을 구축하기 위해 중전인 인순왕후의 외삼촌을 기용한다. 어머니 중심의 외척을 아내 중심의 외척으로써 견제하겠다는 생각이었는데, 우여곡절 끝에 문정왕후가 죽기 전까지 조정에는 윤원형과 심의겸이라는 두 외척 세력이 대립적으로 존재하고 있었다. 하지만 문정왕후 사후 상황은 급변한다. 윤원형과 그의 세력을 업고 온갖 악행을 저질렀던 윤원형의 처 정난정에게 세상이 등을 돌리기 시작하고 이때를 틈타 명종은 어머니의 그늘로부터 벗어나기 위해 외삼촌 윤원형을 제거한다.

명종 집권기에 임꺽정이 출몰해서 수년 간 세상이 어지러웠지만 어쨌든 문정왕후 사후 명종은 인재를 고루 등용하면서 소신 있게 정치를 할 수 있게 된다. 비로소 사림들이 기지개를 펼 수 있게 된 것이다. 하지만 1567년 명종은 문정왕후와 윤원형이 죽은 후 불과 2년 만에 34세의 나이로 숨을 거둔다. 명종과 인순왕후 심 씨 사이에서 태어난 유일한 자식인 순회세자는 세자 책봉과 혼사를 치르지만 1563년명종 18 13세의 나이로 후사 없이 죽는다. 그리고 명종에게 인순왕후 외에 6명의 후궁이 있었지만 아무도 후사를 이을 자식을 낳지 못한다. 명종의 갑작스러운 병세 악화에 인순왕후에게 물어 생전에 점찍어 놓은 중종의 아홉 번째 아들 덕흥 부원군의 삼자 하성군에게 왕위를 물려주는데, 이가 바로 선조임금이다.

'남편이 죽으면 아들의 뜻을 좇다.'고 할 때 물론 뜻을 '좇는다'는 것이 중요하고 필요하며, 그것이 조선 여성의 도리이다. 하지만 어머니에게는 어머니가 좇아야 하는 '아들의 뜻'이 더 중요하다. 어머니가 아들을 잘못 키웠을 경우, 남편 사후 아들의 뜻을 좇는다는 것이 말처럼 그렇게 쉬운 일이 아니다. 아들의 뜻도 아들의 뜻이지만 며느리의 뜻이 아들의 뜻에 개입되기 때문에 어머니로서 여성의 위상은 딸이나 아내로서 여성의 위상보다 훨씬 더 불안하고 위태로울 수 있다. 그런 맥락에서 소혜왕후가 아들과 며느리의 관계에서 며느리 교육을 위해『내훈』을 썼다고 하는 해석이 타당할 수 있다.

조선전기 여성은 자발적으로 아버지와 남편, 그리고 자식의 뜻을 따르기 위한 기반을 스스로 마련하고, 자발적으로 그 기초를 닦으며, 그 위에 딸로서, 아내로서, 그리고 어머니로서 자신의 정체성을 만들어 간다. 뿐만 아니라 조선전기 여성이 가지고 있는 가정 내에서의 능력과 역량을 여성 자신의 위상을 세우고 여성으로서의 지위 확보를 위해 적극적으로 활용한다. 그리고 그 과정에서 아버지와 딸, 남편과 아내, 그리고 어머니와 자식의 관계를 여성 주도적으로 형성해 나간다. 이렇게 볼 때 조선전기의 삼종지도가 여성이 지켜야 할 도리를 규정하고 그 도리가 남성을 통해 실현됨으로써 여성이 여성의 정체성을 확보할 수 있다고는 하지만 그렇다고 해서 그것 자체가 여성의 정체성을 왜곡하거나 여성의 위상을 손상시키거나 여성의 권위를 떨어뜨리는 것은 아니다. 삼종지도의 중심에 여성이 있다. 여성이 구심점이 되고 아버지와 남편과 아들은 원심력으로 작용하는 대상이 된다. 그렇다면 그 구심점은 모든 관계의 시작점이 되고, 관계 유지에 있어서 방향을 제시해 주며, 모든 관계가 수렴되거나 환원되는 지점이 된다.

| 쉬어가는 코너 |

조선전기 여성의, 여성을 위한, 여성에 의한 시

소동단심별일구小洞幽深別一區 작은 마을 그윽이 깊은 한 구석
고맹천석가망우膏肓泉石可忘憂 자연 몹시 사랑하니 근심 잊을 만하네.
인간비시혼무루人間非是渾無累 인간사 옳고 그름 얽매이지 아니하고
화발지추엽탈추花發知春葉脫秋 꽃 피면 봄, 잎 지면 가을인 줄 안다지.

김임벽당, 「제임벽당」

김임벽당1492–1549은 의성 김 씨 김수천의 딸로 부여에서 태어났다. 증조부와 조부에게 글을 배웠고 특히 어려서부터 문학적인 재능이 남달랐다. 서천 비인현 기계 유 씨 가문에 시집갔고 남편 유여주1476–1538는 1518년 18세에 현량과에 추천되어 이름을 알렸으나 이듬해 기묘사화가 일어나자 고향에서 배꽃 · 복숭아꽃과 더불어 살았다. 동네 이름이 도화동이 된 것도 바로 그 때문이다. 유여주는 물이 고인 곳에 연못을 파고 연못 가운데 소나무와 대나무를 심어 '선취정'과 '임벽당'을 조성하였는데, 서천 비인면 남당리에는 이 부부가 살았던 집터가 있고 부부가 심었다고 전해지는 500여 년 된 은행나무가 마을을 방문하는 사람들을 맞이하고 있다.

김임벽당이 수많은 한시를 지었겠지만 오늘날 우리가 감상할 수 있는 작품은 일곱 편밖에 없는데, 그것도 임벽당의 7대손인 유세기가 여기저기 흩어져 산발적으로 전해지고 있던 일곱 편의 시를 찾아 모아 각 명사에게 서와 발문을 청하여 『임벽당칠수고』를 발간함으로써 가능한 일이었다. 일곱 편 가운데 「제임벽당」 제목의 두 시는 자신이 쓴 시를 그대로 베개에 수놓은 작품이다.

| 제3장 |

전쟁과 여성

전쟁과 사회변동

1592년선조 25부터 1598년까지 2차에 걸쳐서 조선에 침입한 일본과의 싸움을 각각 임진왜란과 정유재란이라 부르는데, 이 전쟁이 조선과 명나라, 일본 등 3국에 미친 영향은 매우 컸다. 조선은 문란했던 사회가 난을 계기로 완전히 붕괴되어 경제적으로는 파탄의 국면에 접어들었으며 관료기구는 극도로 부패하기 시작했다. 인명 피해는 물론 전 국토가 황폐해졌으며 종래 엄격했던 신분상의 제약이 느슨해져갔다. 백성의 생활은 처참하여 각지에서 도적이 횡행하고 민란이 일어났으며, 문화재의 손실도 막심하여 경복궁 · 창덕궁 · 창경궁을 비롯한 많은 건축물과 서적 · 미술품 등이 소실되고 약탈되었다. 그리고 역대 실록 중 귀중한 사서를 보관하였던 사고도 전주사고만 남고 모두 소실되었다. 한편으로는 국방의 중대성이 강조되면서 병제의 개편과 무기개발에 착수했고, 또 다른 한편으로는 전란을 통하여 국민들의 애국심이 고취되었으며, 결과적으로 일본에 대해서는 적개심이, 명나라에 대해서는 사대사상이 뿌리를 내리게 되었다.

조선의 왕을 만나다_선조

1567년명종 22 6월에 명종이 후사 없이 죽자 인순왕후가 명종 왕위 계승자로 덕흥군의 막내아들 하성군을 지명한다. 슬하에 자식이 없었던 명종은 일찍이 이복동생인 덕흥군의 세 아들을 비롯한 여러 왕손들을 궁궐로 불러 학문을 가르치고 그 자질들을 눈여겨본다. 그 중에 하성군이 여러 가지 면에서 명종의 마음에 들었고 명종이 그것을 인순왕후에게 언급해 놓았다. 이렇게 선조가 명종의 뒤를 잇게 됨으로써 조선왕조 500년 역사상 처음으로 왕의 적통이 아닌 방계에서 왕이 나오게 된다. 비록 조선의 왕위 계승이 적장자를 원칙으로 하고 있지만 그 원칙이 반드시 지켜진 것은 아니다.

즉위할 당시 선조의 나이는 16세였는데, 세자의 과정을 거치지 않고 바로 왕이 되었기 때문에 즉위 초반에는 명종의 왕비인 인순왕후의 수렴청정과 원상국왕이 병중이거나 어린 왕이 즉위했을 때 국정 전반에 대하여 정책 결정에 자문 역할을 한 원로급 재상들의 도움으로 국정을 운영한다. 그러다가 17세가 되면서 친정을 시작한다. 즉위한 다음 해인 1569년에 의인왕후를 아내로 맞이하지만 의인왕후는 허약해 후사를 잇지 못하고 사망한다. 후궁인 공빈 김 씨를 비롯한 8명의 후궁이 13남 10녀의 자녀를 낳는데, 그 중에 공빈 김 씨가 낳은 둘째 아들이 바로 광해군이다. 1602년, 의인왕후가 죽은 지 2년 만에 선조는 새 왕비를 맞이하고 선조의 둘째 부인이 낳은 아들이 영창대군이다. 후궁의 몸에서 난 광해군이 세자 자리를 지키고 있는 상황에서 적자인 영창대군이 태어났으니 왕위 계승을 둘러싼 조정의 갈등과 암투는 가히 짐작할 만하다.

중종의 개혁이 실패로 끝난 후 사림의 중앙 진출이 뜸해지면서 사림 세력이 자취를 감춘듯 했지만 중종 말기부터 사림이 서서히 기지개를 펴기 시작했고, 명종 때에는 문정왕후 사후 소윤 척신 세력이 제거되면서 사림의 정치적인 활동이 재개된다. 그러다가 선조가 즉위하면서 본격적인 사림의 시대가 열리고 사림이 역사의 주체로 부상한다. 관직에 나가 출세하는 것보다 은거하면서 학문에만 정진하던 이황 같은 사림도 이때부터 중앙 정계로 진출한다. 그런데 사림이 정권을 잡은 후 기묘사화 희생자들의 명예를 회복시키는 과정에서 많은 문제가 불거지고 마침내 신의겸 중심의 선배 사림 세력과 김효원 중심의 후배 사림 세력이 대립하게 된다.

선배 사림이 선조가 즉위하기 전의 기존 사림 세력을 대변한다면 후배 사림은 선조 즉위 후 정계에 진출한 사람들로 그 세를 형성한다. 이들은 김효원과 심의겸이 살고 있는 집의 위치에 따라 동인과 서인으로 양분되는데, 서울의 서쪽에 살고 있는 선배 사림 중심의 서인에는 이이와 성혼의 제자들이 많았고, 동쪽에 살고 있는 후배 사림 중심의 동인에는 주로 이황과 조식의 문인들이 많았다. 동인과 서인의 붕당으로 조선 당쟁의 역사는 본격화된다.

동서로 갈라진 후 한동안은 동인이 득세하는 것처럼 보인다. 하지만 선조에 대한 역모를 꾸민 정여립의 난을 평정하는 과정에서 서인인 정철이 그 사건에 연루된 자를 발본 색출하는 일을 맡게 된다. 이때 정철은 정여립의 역모에 가담했다는 이유로 수많은 동인들을 죽이는데, 이것이 바로 기축옥사이다. 물론 기축옥사로 인해 동인들의 뿌리가 완전히 뽑힌 것은 아니다. 하지만 기축옥사를 통해 서인이 정치에서 요직을 차지하고 역사의 전면에 나설 수 있게 된 것은 사실이다. 동인과 서인의 대립과 갈등이 임진왜란을 초래하고, 일본의 침략에 조선의 조정이 어느 정도 속수무책이었는지는 우리 모두가 다 아는 사실이다.

조선이 문치주의를 표방하고 농본주의를 중시했기 때문에 부국강변보다는 사대교린의 원칙에 입각하여 외교적인 대외 관계를 맺는다. 말하자면 중국에 대해서는 중국을 섬김으로써 평화적인 관계를 유지하고 인접한 일본과 여진에 대해서는 서로 잘 지내면서 우호적인 관계를 맺는다는 것이 사대교린 외교의 기본 틀이다. 조선이 중국에 대해 사대의 예를 갖추는 것은 별 문제가 되지 않는다, 하지만 여진이나 일본과 잘 지내는 것은 말처럼 그렇게 쉽지가 않다. 왜냐하면 소중화사상에 입각해서 조선이 여진과 일본을 얕잡아 보기 때문이다. 16세기 말 여진이 명나라를 위협하고 일본이 정명가도를 내세워 조선을 압박하는 등 전쟁의 전조현상이 분명 있었음에도 불구하고 조선의 조정이 전쟁의 가능성을 무시하거나 외면했기 때문에 결국 도요토미 히데요시가 조선을 침략한 것이다.

전쟁은 모든 것을 앗아가고 인간이 이룩한 모든 문화적인 업적을 한 순간에 무너뜨린다. 국토는 황폐해지고, 건물은 파괴되며, 문화재는 불에 타거나 약탈당한다. 전쟁의 소용돌이에 휘말려 사림 간의 대립도 첨예화된다. 이제는 동인과 서인뿐만 아니라 동인에서 갈라진 남인과 북인마저 가세해 당파싸움은 더욱더 치열해 지고 붕당정치는 점점 더 심각해진다. 비록 전란 중에는 초당적인 분위기가 형성되는 것처럼 보였지만 전쟁이 끝나자 사정은 급변한다. 기축옥사를 주도한 정철의 처리 문제를 두고 강경한 입장을 취한 북인이 온건한 태도를 보이는 남인을 공격하고 이에 남인의 거장 유성룡이 실각함으로써 영남의 남인 세력이 크게 위축된다.

동인이 북인과 남인으로 갈린 데 이어 북인이 또 다시 대북과 소북으로 갈리고, 대북은 다시 골북骨北과 육북肉北으로 나뉜다. 뿐만 아니라 소북 또한 광해군을 지지하는 청북과 영창대군을 지지하는 탁북으로 나뉜다. 율곡 이이를 구심점으로 비교적 응집력이 강했던 서인과 달리 동인에는 사상과 지향점, 그리고 경향이 확실히 다른 이황과 조식, 서경덕이라는 거성이 버티고 있었고 더군다나 제자들이 자신의 스승을 따르고 옹호했기 때문에 제자들 사이에 작용하는 반목도 만만찮았다.

전란 발발에 대한 책임문제도 물론 있지만 전쟁 후 선조는 황폐화된 국토를 재건하고 피폐해진 민심을 수습하기보다 자신의 권력 유지에 급급해 한다. 자신의 권력을 강화하기 위해 능력이 있는 사람보다 자신을 좋아하고 자신의 뜻을 기꺼이 따르는 신하를 곁에 둔다. 또한 자신이 방계로서 왕위를 이었기 때문에 적통에게 왕위를 물려주고 싶었으나 두 번째 부인의 아들인 영창대군이 선조 임종 당시 너무 어렸기 때문에 결국 후궁 소생의 광해군에게 보위를 물려준다. 그 과정에서 선조가 중심을 잡지 못했기 때문에 북인이 붕당하는 빌미를 제공하게 되는데, 말하자면 북인에서 대북과 소북으로 나눠지고 대북은 대북대로, 소북은 광해군 지지파인 청북과 영창대군 지지파인 탁북으로 갈라지는 것이 그것이다. 이렇게 볼 때 선조는 전쟁과 붕당의 책임으로부터 결코 자유로울 수 없는 조선의 왕이다.

1627년에 일어난 정묘호란 후 거의 10년 동안 후금과 조선은 형제의 나라로서 서로 평화를 약속했는데, 그 약속이 온전히 지켜지기에는 여러 가지 방해요소가 있었다. 특히 당시 집권층에는 명나라를 숭배하고 청나라를 배척하는 사상이 만연해 있었기 때문에 북쪽 오랑캐인 청나라와 형제관계를 유지하는 것은 사실상 힘든 일이었다. 1628년 내몽골을 공격하고 1632년 만주와 내몽골 대부분을 차지한 후금이 북경 부근을 침공하기 시작하면서 조선의 배금 태도에 대해 불만을 표시했고, 조선에 대해 노골적으로 강압적인 태도를 보이기 시작했다.

후금은 조선에 대해 군신의 관계를 원했고 매년 음력 시월에 사신이 가지고 가던 공물을 대폭 늘일 것을 요구했다. 이에 조선이 세폐의 감액을 요청했지만 그 요청이 받아들여지기는커녕 오히려 명나라 공격에 필요한 군량을 공급하라는 답변을 받았다. 이러한 후금의 무리한 요구에 대해 조선 조정에서는 후금과의 관계를 재고하자는 목소리가 커졌는데, 그러던 중 1636년 용골대와 마부대 등이 인조 비 한 씨의 조문을 오면서 후금과의 군신 관계를 강요했다.

같은 해 4월에 후금이 국호를 청으로 고치고 연호를 숭덕으로 바꾸면서 태종이 황제로 즉위하게 되는데, 즉위식에 참가한 조선의 사신들이 신하국으로서의 예를 거부하자 태종은 국서를 통해 조선이 왕자를 보내어 사죄할 것을 요청했고 조선은 이에 응하지 않았다. 태종은 11월에 다시 조선의 사신에게 왕자와 척화론자들을 압송하지 않으면 침략하겠다고 거듭 위협했고 12월에 직접 조선을 침략했다.

전쟁에서의 모든 정세가 불리해지자 결국 인조는 항복할 결심을 하고 1637년 1월 30일 삼전도에서 청나라 태종에게 항복하는 의식을 행했다. 항복의 조건[24]에는 명과의 관계를 청산하고 청과의 군신관계를 수용할 것, 인조와 대신들의 아들들을 인질로 내놓을 것, 청이 명나라를 정벌할 때 지원군을 파견할 것 등이 포함되어 있었다. 병자호란 후 조선은 청에 대해서 사대의 예를 지킴으로써 군신의 관계를 지속시켰다. 1645년 10년의 볼모생활 끝에 소현세자와 봉림대군은 환국하였고 인조의 뒤를 이은 효종봉림대군이 볼모생활의 굴욕을 되새기며 북벌계획을 추진하였으나 뜻을 이루지 못했다.

임진왜란과 병자호란을 차례로 겪은 조선중기에 가장 눈에 띄는 사회적 변화는 인구수의 감소와 신분제의 근간이 흔들리게 되었다는 점이다. 조선시대 신분은 임금과 그 가족을 제외하고 양반, 평민, 노예로 구분되어 있었다. 그런데 양대 전란을 겪으면서 노비문서가 사라지거나 불타버렸고, 노비들이 이 사실을 알고는 양반 행세를 하기도 하고 평민 흉내를 내었다. 당연히 평민보다 양반인 체하는 노비의 수가 많아졌기 때문에 세금을 부담하는 평민의 수도 부족하고 양반이 부릴 노예도 많이 없어졌다. 노예제도의 붕괴현상이 두드러지게 나타났다. 또한 신분제와 토지소유제의 정비례 관계가 무너지면서 평민 신분의 대지주가 생기기도 하고 평민 이하의 계층이 양반이나 소농민보다 우세한 경제력을 가지기도 하였다. 무엇보다도 잇따른 권력다툼에서 패한 양반들이 삭탈관직은 물론 가산까지 몰수당했기 때문에 생계유지를 위하여 하층업종에 종사하기도 하고 고용인이 되기도 하여 그들의 사회적 지위가 추락하게 되었다. 이렇게 몰락한 양반들이 가지게 되는 기존질서에 대한 반감은 그들의 삶이 궁핍해지면 질수록 정비례하여 커져갔다.

여성의 지위 변화

병자호란으로 청나라에 잡혀간 사람 중에는 여성도 제법 많았는데, 호란 후 청나라 측의 속환 요구에 따라 이들은 몸값을 지불하고 고향으로 돌아올 수 있었다. 그런데 사대부 집안의 여성들은 터무니없는 속환 비용을 지불해야 했고, 서민 여성들은 가난해서 비용을 지불할 능력이 없었기 때문에 속환은 여러 해 지연되거나 제대로 이루어지지 않았다. 더군다나 포로로 잡혀 갔다가 청나라에 돈을 지불하고 돌아온 부인의 실절정절을 잃음을 문제 삼아 이혼을 제기한 경우가 생김으로써 병자호란 후 이혼이 사회적인 문제로 제기되었다. 1638년인조 16 3월 신농부원군 장유의 처가 강화도에서 청군에게 붙잡혀 갔다가 속환되어 친정에 있는데, 처로 받아들여 자식을 낳고 조상의 제사를 받들 수 없으므로 이혼시켜 달라는 단자를 예조에 올림으로써 발단이 되었다. 이에 속환부인들에 대해 일률적으로 실절을 이유로 이혼을 허락해서는 안 된다는 의견이 받아들여져 일단 장유의 이혼 신청은 허락되지 않았다. 그러나 결국 충신은 두 임금을 섬기지 않고 열녀는 두 남편을 섬기지 않으며 포로로 잡혀 간 여인들은 이미 남편 집안과 대의가 끊어졌기 때문에 억지로 다시 남편과 합하게 되면 사대부의 가풍을 더럽힌다는 논리가 맞서고 장유가 속환부인 이외에 시부모에 대한 불순이라는 칠거 중 하나를 이혼사유로 덧붙여 결국 이혼을 허락받았다.[25]

대략 17세기 이전까지는 씨족 계보를 보충하거나 상세히 설명할 수 있는 자료, 말하자면 공식적인 역사 및 연대기, 문집과 기타 고문서, 호적대장이나 다른 가문의 족보, 그리고 묘비명에 이르기까지 가능한 모든 것을 조사하는 것이 관행이었는데, 그 이유는 임진왜란과 정묘호란, 병자호란 때 거의 모든 족보가 훼손되었기 때문이었다. 그러다가 17세기 전반이 지나면서 조선이 안정을 되찾게 되자 족보를 편찬하는 전통이 가문의 명성과 자연스럽게 연결되면서 가부장적 가문의 단위로서, 제사의 전통을 이어가기 위한 수단으로서, 그리고 뿌리 깊은 이데올로기로서 조선후기의 틀을 마련하게 된다. 그러나 그 과정에서 여성은 족보에 이름조차 올리지 못한다.

삼종지도 2.1

조선이 건국된 14세기 말부터 19세기까지 재산분할에 관한 기록인 분재기는 다양하게 분포되어 있다. 특히 계향이 살았던 16, 17세기에 가장 많은 분재기가 존재하고 18세기 이후에는 분재기가 현저하게 줄어든다.[26] 이는 조선중기에서 후기로 넘어가면서 성리학이 조선인의 사고와 삶 속으로 보다 깊이 침투한 결과 가부장을 중심으로 하는 장자(우대)상속의 경향이 강해졌기 때문으로 볼 수 있다. 족보의 표기에 있어서도 마찬가지이다. 조선중기까지는 딸에 대한 족보 표기 방식이 아들을 먼저 족보에 올리고 딸을 마지막에 기재한 것이 아니라 출생순서에 따라 아들과 딸을 수록하는 일반적인 관행을 따르고 있다.[27] 이는 딸을 아들과 마찬가지로 한 개인으로 존중하는 태도와 가정 내에서 아들과 딸이 비교적 평등한 위치에 있다는 것을 보여주는 것이다. 그러다가 18세기 초반부터 약 1세기 동안 편찬된 족보에서는 선남후녀先男後女의 원칙에 따라 족보 표기 방식이 변화하여 남존여비사상에 따라 여성이 철저하게 남성에게 종속되고 남성에 의해 좌지우지된다.

남녀 구별 없이 균분되던 상속제도가 전쟁으로 점철된 16, 17세기를 거치면서 크게 변화하게 되는데, 말하자면 조선중기 이후 여성의 재산권이 급속도로 축소되기 시작했다. 조선후기 유교윤리가 전국적으로 보급되고, 부계 중심의 가족형태로 바뀜에 따라 제사와 상속에서 장자를 중시하는 경향이 심해졌다. 표면적으로는 균분을 내세우지만 실제적으로는 장자, 장손을 우대하면서 딸에 대한 차별의식이 생겨나기 시작하였다. 따라서 조선후기에는 차츰 재산의 자녀균분상속이 없어지고, 그 대신 대를 잇는 자식이 재산의 대부분을 상속하는 경향을 띄게 된다. 즉 조상에 대한 제사는 맏아들이 전담하게 되고, 따라서 장남은 그 의무에 상응하여 재산상속에서 봉사의 명목으로 상속을 더 받게 되었다. 이렇듯 조선후기로 갈수록 여성의 지위는 점점 축소되어 갔다.

조선시대 후기는 귀천을 떠나서 여성들에게는 매우 불행한 암흑기라 할 수 있다. 철저한 부계 중심의 사회질서로 인해 여성의 지위는 그 어느 시대보다 불리했으며 여성들은 자꾸 소외되었고 여성의 권리는 위축되었다. 특히 성리학의 가르침을 받은 양반들은 여성들에 대해 일반 백성들보다 더욱더 엄격하게 그 권리를 제한했다. 여성들은 삼종지도와 칠거지악을 비롯해서 매우 불리한 도리를 지켜야 했으며 또 어렸을 때부터 이러한 세뇌 교육을 받게 된다. 예로부터 '암탉이 울면 나라가 망한다.'는 말이 있듯이 여성들은 정치에 관여할 수 없었고 여자는 정절, 남편에 대한 절대 복종, 시댁에 대한 헌신 등 부덕만 쌓으면 된다는 사고방식이 팽배해 있었다.

유가 중심의 조선사회에서는 남녀 사이의 예절을 지나치게 강조한 나머지 남녀상열지사남녀 간의 사랑를 부끄럽고 낯 뜨거운 일이라 여겨 남녀 간에 거리 두기를 중요시했다. 남녀칠세부동석도 이런 맥락에서 이해할 수 있다. 내외법에 의해 조선시대 남녀는 어렸을 때부터 철저히 구분되어 키워졌는데, 남자아이가 태어나면 상위에 눕히고 옥을 주어 놀게 하지만 여자아이는 바닥에 눕히고 기와를 가지고 놀게 했다. 자랄 때도 남자아이는 어른의 부름에 빨리 대답하게 하고 여자아이는 느리게 대답하게 했으며 남자아이의 띠는 가죽으로 만들고 여자아이의 띠는 실로 만드는 등 남아와 여아 간에 철저한 차별을 두었다. 이러한 차별은 교육에 있어서도 마찬가지였는데, 남자아이는 다섯 살이 되면 숫자와 동서남북의 방위를 가르치고, 아홉 살에는 날짜 헤아리기를 가르쳤으며 열 살이 되면 밖으로 내보내 스승에게 배우게 했다. 반면에 여자아이는 열 살이 됨과 동시에 바깥출입을 삼가야 했으며 집에서 방적, 양잠, 의복 짓기, 제사 차리기 등을 배웠다. 남녀의 일상생활을 확실하게 구분하는 것 중에 대표적인 것이 안채와 사랑채로 구분되어 있는 조선시대 양반집 구조이다. 안채는 여자 중심의 생활공간이 되고 바깥채는 남자 중심의 생활공간이 되는데, 그렇게 구분 짓는 것도 모자라 안채와 사랑채 사이에는 중문을 두어 특별한 경우를 제외하고는 남녀 모두 중문을 넘어가지 못하게 했다.

| 쉬어가는 코너 |

조선중기 여성의, 여성을 위한, 여성에 의한 시

조선중기에 이르면 당나라 시의 기풍이 가미된 조선 한시가 나름대로의 독특한 기상과 정신을 표현하게 되는데, 16세기에 황진이, 허난설헌 등 조선 여류시인들은 왕실 여성들에게도 가르치지 않았던 한문을 숙달하여 주목할 만한 한시를 남긴다. 한문교육을 제대로 받지 못한 것은 21세기를 살아가는 20대 여대생과 별반 다르지 않지만, 한문교육의 수혜자도 아니면서 정형의 한시를 쓸 수 있을 만큼 한문을 쓰고 익힌 조선의 여성은 어렵다는 이유로 한문 자체를 도외시하고 경시하는 요즘 N세대들과는 분명히 구분된다. 자신의 존재조건이 어떠하든지 그것에 상관하지 않고 조선중기의 사회적인 제약을 넘어선 조선 여인들의 오언시를 이 기회에 한 번 감상해 보는 것도 의미 있는 일일 것이다.

상사상견지빙몽相思相見只憑夢	그리운 마음에, 서로 만날 길은 꿈 밖에 없는데
농방환시환방농儂訪歡時歡訪儂	내가 임 찾아 떠났을 때 내 님은 나를 찾아 왔네
원사요요타야몽願使遙遙他夜夢	바라거니, 언제일까 다음날 밤 꿈에는
일시동작로중봉一時同作路中逢	같이 떠나 오가는 길에서 만나기를

황진이, 「상사몽相思夢: 그리워 꾸는 꿈」

이 시는 황진이가 처음으로 사랑한 남자로 알려진 부운거사 김경원이 한마디 말도 없이 떠나 버린 후, 그를 그리워하면서 쓴 작품이다. 사랑하는 사람이 떠난 후 그 사람을 사랑하는 방법은 그리워하는 것뿐이다. 그리워하고 그리워하다 보면 어느새 그 그리움은 극에 달하고, 더 이상 그리워할 수조차 없게 되면 그 애절함이 꿈속에서의 만남으로 이어지기도 한다.

이 시에서 황진이는 사랑하는 사람을 꿈속에서조차도 만날 수 없는, 그래서 안타깝고 원망스러운 애증의 마음을 그대로 담는다. 임을 찾아 떠나는 시적 화자의 발걸음과 임의 발걸음이 서로를 향해야 함에도 불구하고 그 방향이 어긋났기 때문에 꿈속에서도 두 사람은 만나지 못한다.

시적 화자의 임 향한 마음과 마음 따라 걷는 발걸음은 오직 한 길이고, 그래서 그 방향을 결코 잃을 수 없기에 임의 마음과 발걸음이 시적 화자를 향하기를 간절히 바랄 수밖에 없다. 시적화자의 절실한 바람과 간절한 소망이 이루어질 수 있다면 언제인지는 모르지만 꿈속에서나마 사랑하는 사람을 만날 수 있을 것이다.

중종 때와 명종 때를 살다 간 황진이의 상사몽은 조선중기에만 꾸는 꿈이 아니다. 그리고 기생 신분의 여성만이 꾸는 꿈이 아니다. 사랑과 이별과 그리움은 동서고금을 막론하고 모든 인간이 경험하는 보편적인 것이다. 황진이의 '상사몽'을 김소월의 스승인 안서 김억이 번역하고 김성태가 곡을 붙여 「꿈」이라는 우리 가곡으로 만든 이유가 바로 그것을 말해준다.

거년상애녀去年喪愛女 지난 해 사랑하는 딸을 잃었고
금년상애자今年喪愛子 올해 사랑하는 아들을 잃었네.
애애광릉토哀哀廣陵土 슬프고 슬픈 광릉 땅이여.
쌍분상대기雙墳相對起 두 무덤이 마주 보고 있구나.

소소백양풍蕭蕭白楊風 백양나무에는 으스스 바람이 일어나고
귀화명송추鬼火明松楸 도깨비불은 오동나무 숲에서 번쩍인다.
지전소여혼紙錢招汝魂 지전돈 모양으로 오린 종이으로 너의 혼을 부르고,
현주존여구玄酒存汝丘 너희 무덤에 술잔을 따르네.

응지제형혼應知第兄魂 아아, 너희들 남매의 혼은
야야상추유夜夜相追遊 밤마다 정겹게 어울려 놀아라.

종유복중해縱有服中孩 비롯 뱃속에 아기가 있다 한들
안가기장성安可冀長成 어찌 그것이 자라기를 바라리오.

낭음황대사浪吟黃台詞 황대노래를 부질없이 부르며
혈읍비탄성血泣悲呑聲 피눈물로 울다가 목이 메이도다.

허난설헌, 「곡자哭子」

조선중기에는 신사임당이나 정부인 안동 장 씨처럼 현모양처로서 뭇 여성의 귀감이 되는 여인도 있었지만 뛰어난 재주 때문에 오히려 불행한 삶을 살아야 했던 여인도 있었는데, 그녀가 바로 우리나라 최초의 한글소설인 『홍길동전』을 지은 허균의 누이 허난설헌1563-1589이다. 허난설헌은 대대로 명망 있는 양천 허 씨 가문에서 태어난다. 아버지 허엽1517-1580은 당대 최고의 학자인 서경덕 문하에서 수학했고 부제학까지 지냈지만 당시 조선사회에서 여성들이 고등교육을 받지 않는 것이 일반적이었기 때문에 딸에게 고등교육을 허락하지 않았다.

하지만 허난설헌은 소위 말해서 어깨 너머 공부로 남자 형제들이 배우는 여러 종류의 학문을 익히고 학문의 이치를 깨닫는다. 이미 다섯 살 때부터 시를 짓기 시작하는데, 그 솜씨가 신동으로 불릴 만큼 뛰어났다. 허난설헌은 이렇게 총명하고 재주가 많고 문예에 뛰어난 여인으로 성장하여 15세에 김성립과 혼인한다. 김성립은 명문가인 안동 김 씨 출신으로 과거에 급제하고 승지의 벼슬에 오르지만 허난설헌과 결혼 후 허난설헌에 비해 상대적으로 능력이 떨어진다고 여겨 허난설헌과 행복한 결혼생활을 유지하지 못한다.

허난설헌은 남편의 외도에 대해 보통 아내들처럼 반응을 하거나 남편의 마음을 돌리기 위해 애쓰는 대신 남편을 경멸하며 그냥 내버려둠으로써 자신의 자존심을 지킨다. 그 상황에서 허난설헌은 아들과 딸을 잃고 뱃속 아이까지 유산하는 불행을 겪는다. 설상가상으로 친정 오빠와 남동생이 당쟁과 역모의 소용돌이에 휘말려 죽게 된다. 어떻게 한 사람에게 이러한 불행이 이렇게 한꺼번에 닥치는지 이해할 수 없지만 재주가 많고 능력이 뛰어난 조선중기 한 여인의 삶은 27세에 스스로에 의해 마감된다.

학발자친재임영鶴髮慈親在臨瀛 늙으신 어머님은 임영강릉에 계시는데
신향독거장안정身向獨去長安情 이 몸 혼자 서울로 떠나는 마음

회수북평시일망回首北坪時一望　머리를 북촌으로 돌려 때때로 바라보니
백운비하모산청白雲飛下暮山青　흰 구름 떠가는 아래 저녁 산만 푸르구나

신사임당, 「읍별자모」

일반적으로 조선시대 양반집 여성들의 교육수준은 가정살림에 필요한 기본적이고 기초적인 것에 국한되어 있었다. 하지만 신사임당1504–1555은 연산군에서 명종 조에 걸쳐 살았기 때문에 조선중기라는 시대적인 상황에 편승하여 여성이지만 고등교육을 받을 수 있는 특권을 누린다. 신사임당이 살았던 시대에도 조선전기와 마찬가지로 여전히 처가살이가 성행했기 때문에 사임당도 외가에서 태어나 성장한다. 더군다나 사임당의 어머니가 무남독녀였기 때문에 결혼 후에도 사임당의 외조부모님을 모시고 친정에서 생활한다. 사임당의 아버지가 주로 서울에서 살았기 때문에 사임당은 주로 어머니로부터 교육과 훈육을 받고 자란다.

사임당의 「읍별자모」는 우리에게 「대관령을 넘으면서」라는 시로 알려져 있다. 친정인 강릉을 떠나 서울로 가는 길에 대관령 위에 서서 친정이 있는 곳을 바라보며 친정어머니에 대한 마음과 정을 노래한 시이다. 모녀지간은 태어날 때부터 특별하다. 특히 딸이 결혼해서 자식을 낳게 되면 모녀관계는 이 세상의 어느 관계보다 돈독해지고 애틋해진다. 사임당과 사임당 어머니의 관계는 그런 의미에서 더욱더 특별하다. 그런 어머니를 홀로 남겨두고 떠나는 발걸음과 사임당의 어머니를 향한 마음 걸음은 아무리 같은 곳을 향하려고 해도 따로 걷는다. 그래서 '서울로 떠나는 마음'과 북촌으로 돌리는 머리의 방향이 정반대로 향하는 것이다.

사임당은 어머니처럼 무남독녀는 아니지만 아들이 없는 집안에서 태어나 어머니와 마찬가지로 친정부모님을 모시고 친정에서 생활한다. 사임당의 아버지는 다섯 명의 딸 중에서 특별히 사임당을 아껴 19세가 되던 해에 사임당을 율곡의 아버지인 이원수와 결혼시켜 20년 동안 친정에서 살게 한다. 어린 시절에는 사임당의 어머니가 소위 말하는 시집살이를 하지 않았기 때문에 사임당이 어머니의 사랑과 교육을 충분히 받을 수 있었고 결혼 후에는 사임당 자신이 친정에서 오래 살았기 때문에 자유로운 환경에서 자신을 개발하고 율곡을 마음껏 사랑하고 교육할 수 있었다. 그것이 사임당을 한국여성의 전형으로 자리매김하게 한 원동력이다.

주

1 이경식, 「조선건국의 성격문제」, 연세대학교 국학연구원 지음, 『중세사회의 변화와 조선 건국』, 서울: 혜안, 2005, 15–46쪽; 남지대, 「정치제도의 변동으로 본 조선 건국의 의의」, 같은 책, 47–78쪽; 오종록, 「정치세력의 변동과 조선 건국」, 같은 책, 79–130쪽; 이인재, 「조선 건국기 토지제도 개편의 배경과 방향」, 같은 책, 131–168쪽; 박종진, 「고려 말 조선 초 조세제도와 재정운영체계의 성격」, 같은 책, 169–197쪽; 윤훈표, 「여말선초 신분제의 개편과 무반층의 변화」, 같은 책, 199–244쪽; 채웅석, 「고려 말 조선 초기 향촌사회의 변화와 지배질서의 재편」, 같은 책, 245–280쪽; 도현철, 「여선교체기 사상계의 변화와 정도전의 정치사상」, 같은 책, 281–312쪽; 최재복, 「여말선초 사상계의 변화와 불교비판」, 같은 책, 313–341쪽.

2 김선주, 「여성과 여성성 연구의 모색–삼국시대부터 고려시대까지를 배경으로」, 『여성과 역사』 제19호(2013), 한국여성사학회, 1–23쪽 참조.

3 「최유청 처 정 씨 묘지명」, 김용선 역주, 『고려묘지명 집성』, 한림대학교출판부, 2001, 326쪽. "상국이 한창 이름이 알려질 때에는 여러 아이들이 어리고 한창 자랄 때로서, 집안에 손님이 가득하고 벼슬아치들이 자리를 메웠으나 부인은 모든 맛깔 진 음식을 정성껏 만들어 아침저녁으로 대접하니, 무릇 이 집의 대문을 한 번이라도 밟아 본 사람은 누구나 먼저 부인의 훌륭함을 칭찬하였다." 「김구 처 최 씨 묘지명」, 같은 책, 698–699쪽. "무릇 손님에게 음식을 대접할 때에는 가깝고 멀거나 귀하고 천함을 가리지 않고, 가진 것을 다하여 장만하여도 오히려 부족하다고 하였다."

4 이순구, 「조선시대 여성의 일과 생활」, 『우리 여성의 역사』, 파주: 청년사, 1999, 197쪽. "부인들은 다리를 팔아서 손을 대접하고 짚자리를 썰어 손님의 말을 먹인다."

5 「최루백 처 염경애 묘지명」, 김용선 역주, 앞의 책, 135–136쪽. "평일에 일찍이 나에게 말하기를 '그대는 독서하는 분이니 다른 일에 힘쓰는 것이 귀중하지는

않습니다. 저는 집안의 의복이나 식량을 주관하는 것이 맡은 일인데, 비록 반복하여 구하더라도 뜻과 같지 않은 경우가 때때로 있습니다. 설사 불행하게도 뒷날 내가 천한 목숨을 거두게 되고, 그대는 후한 녹봉을 받아 모든 일이 뜻대로 되더라도, 제가 재주 없었다고 하지 마시고 가난을 막던 일은 잊지 말아 주세요'라고 하였는데, 그 말을 마치고는 크게 탄식을 했다."

6 「박윤문 처 김 씨 묘지명」, 같은 책, 1022-1023쪽. "부인은 평생 부모 섬기기를 효도로 하고 형제들에게 순종하였으며, 자손들에게 공평하고 노비들에게는 자애로왔다. 밤에는 불경을 외우고 낮에는 길쌈을 하였는데 나이가 들어서도 게을리하지 않았고, 의복과 음식에 이르기까지 풍족함과 검소함이 반드시 절도에 맞았다."

7 「김묘 처 민 씨 묘지명」, 같은 책, 1067쪽. "우리 어머니를 이곳에 장례 지냈는데, 내가 가버리면 성묘하는 일이 그치게 될 터이니, 내가 어찌 차마 떠나겠느냐."

8 「왕영의 딸 왕 씨 묘지명」, 같은 책, 393쪽. "누이[일랑 왕 씨]의 일생은, 나이 아직 여덟 살이 되기도 전에 어머니가 세상을 떠나자 아버지 슬하에서 공손하고 맑게 자라났고, 열대여섯 살이 되자 용모가 아름답고 행동이 법도에 맞아 훌륭한 규수가 되었다. 혼기를 놓쳤으나, 아버지를 부지런히 섬겨 이른 아침부터 저녁까지 게으르지 않았다."

9 「이제현 처 권 씨 묘지명」, 같은 책, 804-805쪽. "부인은 남편의 집안을 섬기면서 며느리의 도리를 다하여 시부모가 돌아가실 때까지 그분들의 마음을 매우 기쁘게 해드렸다. 어른을 받들고 아래 사람들을 거느리면서 살림을 마련하고, 손님을 접대하면서 반드시 삼가며 항상 법도를 갖추었으니 평생 아무 탈이 없이 편안하였다. 바깥채에 나가지 않고 안채에 있으면서도 하루도 길쌈하지 않는 날이 없었고, 일가친척 모시기를 즐겨하면서 비록 화목함은 돈독하게 하였어도 또한 더불어 서로 시기하지 않았으니, 대개 그 부인이 내외의 구분을 엄하게 하여서 저절로 그렇게 된 것이지 억지로 그렇게 만든 것이 아니다."

10 「김변의 처 허 씨 묘지명」, 같은 책, 739쪽. "어머니가 되어서 자식이 태어나자, 어려서 아직 생각이 없을 때에 곧 각자 마땅한 업으로 가르쳤다. 일찍이 말하기를 '남자는 삼가고 경계하지 않으면 음험하고 부정하게 되어 쓸모없게 되며, 여자가 삼가고 경계하지 않으면 도리에 벗어나고 편벽된 곳으로 스스로

쏠리게 된다.'라고 하셨다. [부인의] 절조와 격려가 이와 같았으므로 가문의 모범이 되어 집안이 이루어지게 되었다."

11 「조아무개 처 황보 씨 묘지명」, 김용선 역주, 『고려묘지명 집성』, 324항목. "부인은 […] 5남 5녀를 낳았는데, 세 아들이 모두 문학으로 해마다 과거에 급제하고 관직과 문사를 선발하는 일을 역임하면서 조정의 관리들 사이에 포진하고 있었다. […] 우리나라에서는 세 아들이 과거에 급제하여도 그 어머니에게 창고의 곡식을 녹으로 내려주는 일이 없었는데, 형제 세 명이 급제한 날이 되자 이에 아름다운 일을 포상하고자 특별히 담당 관리에게 명을 내려 무릇 세 아들이 과거에 급제한 경우 해마다 창고의 곡식 30석을 그 어머니에게 자식을 낳아 기른 공로를 표창하게 하였다. 이로부터 집안이 일어나니 당시 사람들이 부러워하고 찬탄하지 않는 이가 없었다. 세 딸은 모두 벼슬하는 집안과 결혼을 하였는데, 한결같이 집안의 가르침을 본받아 능히 남편의 가문을 이름나게 하였다."

12 고전연구회 사암 · 한정주 · 엄윤숙, 『조선 지식인의 비평노트』, 서울: 포럼, 2007, 206쪽.

13 같은 책, 205쪽 참조.

14 경국대전 형전 사천조. 김은아, 「조선전기 재산상속법제에서 여성의 지위」, 『법학연구』 제28호(2007), 209-210쪽 참조.

15 태조실록, 권 49, 12년 9월 18일, 병진조. 김은아, 위의 논문, 214-215쪽 참조. 남은 아내의 죽은 남편 재산 사용권이 태종 왕조에 이르러서는 남은 남편의 아내 재산 사용권에도 그대로 적용이 된다; 세종실록, 권 97, 24년 7월 16일, 갑술조. 같은 논문, 219-220쪽 참조. 세종 때에는 이러한 상속권에 변화가 생기는데, 죽은 남편과 죽은 아내의 재산을 남은 아내나 남편이 사용하다가 사용자가 개가할 경우, 아내가 사용하던 재산은 남편의 본족에게 귀속되지만 남편이 사용하던 재산은 아내의 본족에게 넘어가지 않고 남편이 계속 승계하도록 한 것이다.

16 김은아, 위의 논문, 219쪽 참조. 남편이 사망한 후 자식이 없는 아내가 남편의 재산 사용권을 포기하지 않으면 어느 누구도 그 재산을 마음대로 사용할 수가

없었는데, 이런 측면에서는 죽은 남편 재산에 대한 남은 아내의 종신 사용 수익권은 꽤 확고했던 것으로 보인다.

17 세조실록, 권 25, 7년 7월 9일, 정미조. 김은아, 위의 논문, 220쪽 참조.

18 고은강, 「『내훈』 연구: 유학의 여성 윤리」, 『태동고전연구』 제18집(2002), 137-138쪽에서 고은강은 『내훈』의 집필 주체에 대해 다음과 같은 관점을 확보한다: 『내훈』의 저자는 누구인가? 사회적 관계와 지위, 역할에 따라 붙여진 칭호 중에서 고르라면 당연히 '인수대비'가 되어야 한다. […] 『내훈』의 저자를 '소혜왕후'라 칭함으로써 개인성이 부각되고 나아가 '객관성'이 부여되지 않는다. 남성의 아내로서의 지위가 남성의 딸 혹은 어머니로서의 지위보다 객관적이며 근본적인 것은 아니기 때문이다.

19 소혜왕후, 「서」, 『내훈』, 이경하 주해, 파주: 한길사, 2011, 40쪽. "무릇 남자는 마음이 호연한 가운데 노닐고 뜻을 미묘한 데 두어서 옳고 그름을 스스로 분별하여 자기 몸을 지탱할 수 있으니, 어찌 나의 가르침을 기다린 후에 행하리오. 여자는 그렇지 않아서 한갓 길쌈의 굵고 가는 것에 만족하고 덕행의 높음을 알지 못하니, 이는 내가 날마다 한스럽게 여기는 바이다."

20 김세서리아, 「조선전기 가족인식에 대한 여성 철학적 성찰-소혜왕후의 『내훈』과 친불교적 발언을 중심으로-」, 『한국여성철학』 제11호(2009), 16쪽.

21 고은강, 앞의 논문, 10쪽. 같은 맥락에서 고은강은 "삼종지도는 여성이 남성을 통하지 않고서 직접 사회 활동에 참여할 수 없는 현실에 대한 정당한 근거를 제공하는 항목이다. […] '삼종지도'에 따르면 여성은 일생을 통하여 아버지, 남편, 아들과 연결되어 있다. 남성은 여성의 사회적 조건을 결정할 뿐 아니라 여성의 욕망을 대리 실현하는 존재인 것이다. 여성에게 주어진 객관적인 현실을 '삼종지도'로 요약하여 전달한 후, '오불취'를 이야기함으로써 『내훈』은 그러한 사회적 조건에서 여성이 자신의 사회적 입지, 조건을 만들기 위한 방법을 열거하고 있다. […] 적어도 오불취에 속하는 남성은 피할 수 있다는 정당한 근거를 제공하고 있다고 보아야 할 것이다. […] '칠거'는 아내를 내쫓을 수 있는 정당한 사유를 일곱 가지로 제한함으로써 여성의 신분을 보장하고자 한 의도가 있다고 볼 수 있다."고 보고 '삼불거'에 대해서도 같은 입장을 취한다.

22 소혜왕후, 「모의장」, 같은 책, 248쪽.

23 같은 책, 249쪽.

24 병자호란 후 청과 조선의 강화조건
① 청나라에게 군신의 예를 지킬 것
② 명나라의 연호를 폐지하고 명나라와의 관계를 끊으며, 명나라에서 받은 고명책인중국에서 이웃 나라 왕의 즉위를 승인한다는 문서와 이를 증명하는 금인을 내놓을 것
③ 조선 왕의 장자와 둘째 아들 및 여러 대신의 자제를 선양에 인질로 보낼 것
④ 성절중국 황제의 생일과 정조설날 아침, 동지, 천추중국 황후와 황태자의 생일, 경조사 등의 사절은 명나라 예에 따를 것
⑤ 명나라를 공격할 때 출병 요구에 응할 것
⑥ 청나라 군이 돌아갈 때 병선 50척을 보낼 것
⑦ 내외 제신과 혼인의 연을 맺어 관계를 굳건히 할 것
⑧ 성을 신축하거나 성벽을 수축하지 말 것
⑨ 기묘년1639부터 일정한 세폐매년 음력 시월에 사신이 중국에 가지고 간 공물를 보낼 것

25 박주, 『조선시대의 여성과 유교문화』, 서울: 국학자료원, 2008, 195-211쪽 참조.

26 문숙자, 『조선시대 재산상속과 가족』, 서울: 경인문화사, 2004, 32쪽 참조.

27 M. 도이힐러 · E. 와그너, 『조선왕조 사회의 성취와 귀속』, 이훈상 · 손숙경 옮김, 서울: 일조각, 2007, 230쪽 참조. 1476년에 출간된 안동권씨성화보를 기준으로 딸을 족보에 올리는 방식을 소개해 놓았다.

| 제2부 |

여중군자 정부인 장계향 삼종지도 3.0

| 제1장 |

재가종부

집에서는 아버지의 뜻을 따르다

재가종부에서는 아버지와 딸의 관계가 여러 가지 각도로 조명될 것이다. 대학 캠퍼스에서나 TV프로그램에서 '내 인생의 스승', 또는 '가장 존경하는 사람'에 대해 발표를 하거나 글을 쓰라고 했을 때 '나의 아버지'라는 답이 의외로 많이 나온다. 그리고 아버지에 대한 딸의 사랑과 딸에 대한 아버지의 애틋함이 기대 이상이고 감동적이다. 물론 모든 아버지와 모든 딸의 관계가 다 그런 것은 아니다. 현대사회에서 아버지의 역할이 점점 축소되거나 아버지의 위상이 점점 낮아지고 있는 것도 사실이다. 또한 가정 내에서 폭력을 일삼거나 가족들을 고통 속으로 몰아넣는 아버지도 비일비재하다. 그리고 아예 아버지가 하늘 아래 존재하지 않는 경우도 있다. 이 모든 경우 아버지와 딸의 관계는 손상되거나 훼손될 수밖에 없다.

이 세상의 모든 딸들은 태어나는 순간 아버지라는 남성과 최초로 대면하게 된다. 딸들은 아버지를 통해 세상을 선물 받고, 아버지와 함께 아름다운 세상을 만들어 가며, 아버지에게 세상 살아가는 법을 배운다. 그래서 아버지가 없으면 딸은 존재할 수가 없다. 마찬가지로 딸이 없으면 아버지는 존재하지 않는다. 여기에서 아들의 존재를 운운하는 것은 불필요하다. '아버지는 나를 낳으시고 어머니는 나를 기르신다.'는 말이 괜히 나온 것이 아니다. 최초로 만난 남성과의 관계는 남편이라는 새로운 남성이 등장할 때까지 지속되고 딸의 결혼 이후에도 많은 영향을 미친다. 이것이 바로 이 세상의 딸들이 재가종부의 도에 눈을 뜨고 귀를 기울여야 하는 이유이다.

정부인 안동 장 씨, 그러니까 퇴계 학파의 정통 유학자로서 조선중기를 살다간 경당 장흥효1564–1634의 무남독녀 장계향은 유년 시절과 소녀 시절을 어떻게 보냈을까? 아버지와 딸의 관계가 어떠했을까? 조선중기의 다른 딸들은 어떻게 살았을까? 어떤 교육을 받고 어떤 활동들을 했을까? 조선중기의 딸들에게 아버지들은 무엇을 말하고 무엇을 가르쳤을까? 조선중기의 딸들이 아버지의 뜻에 무조건 복종만 했을까? 아니면 아버지들이 딸들에게 자유로움을 허용했을까? 이런 저런 궁금증을 잔뜩 안고 타임머신에 몸을 싣는다. 그리고 장계향이 살았던 시 · 공간을 향해 타임머신의 출발 버튼을 누른다.

하나. 어린 시절 장계향

정부인 안동 장 씨는 임진왜란 마지막 해인 1598년 안동시 서후면 금계리에서 아버지 경당 장흥효와 어머니 안동 권 씨 사이에서 무남독녀로 태어나 1680년에 사망했다. 부인의 셋째 아들 갈암 이현일1627–1704이 이조판서를 지냄에 따라 정부인의 품계를 받아 그때부터 '정부인 장 씨'라 불렸다.

정부인 안동 장 씨가 살았던 조선중기는 한편으로 임진왜란과 정유재란, 정묘호란과 병자호란 등의 큰 전쟁이 연이어 일어나고 당쟁이 계속되어 정치적 · 사회적으로 매우 불안한 시기였다. 그리고 다른 한편으로는 전쟁의 소용돌이 속에서, 전쟁으로 인한 파괴와 피폐함의 반대급부로서 창조와 치유를 가능하게 하는 문화와 예술이 상대적으로 꽃을 피운 시기였다. 조선중기에는 고려 말의 사회적 · 정치적 상황과 상당 부분 겹쳐 있던 조선초기의 여러 가지 현상들이 거듭되는 국난으로 인해 완전히 청산되기도 하고 어느 정도 극복되기도 했다. 따라서 이 시기를 거치면서 성리학적인 유교 질서를 근간으로 하는 조선후기의 서막이 열리기 시작하고 점차 유교와 유학의 조선이라는 조선후기 국가 이미지의 틀이 잡힌다.

| 쉬어가는 코너 |

500년 전에도 정당 간 대립은 있었다

조선시대의 당쟁과 현대사회의 정당 간 대립은 그 본질과 방법에 있어서 다른 부분도 있다. 하지만 당리당략을 위해 첨예하게 맞서는 현상은 오백 년 전이나 지금이나 별반 달라진 것이 없다. 조선시대의 붕당은 혈연과 가문을 중심으로 특정 사상가를 구심점으로 형성되는 것이 보통이다. 이런 점에서 현대사회의 대중 정당과는 근본적으로 다르다. 조선 건국에 주도적인 역할을 한 사람들 중에 중앙 정치에 참여하지 않고 향촌 사회로 돌아와서 중소 지주로서 향촌 사회를 관리하고 지배하던 세력을 사림이라고 한다. 그런데 이들이 나중에 중앙으로 진출해 정치에 개입하면서 왕권과 결탁한 기존의 공신세력을 축출하고 자신들의 성리학적인 이념에 맞게 조선 정국을 주도해 나가는데, 정국 주도의 방법이나 그 방법의 근간이 되는 이념을 바탕으로 서로 분리된다.

임진왜란 후 수많은 선비들을 떼죽음으로 몰고 간 사대 사화의 소용돌이를 겪은 후 사림이 중앙 정치를 장악한다. 그리고 사상적인 지향점이 다르고 견해가 다른 문벌가 사대부 가운데 뜻을 같이 하는 사람들끼리 모이는 방식으로 붕당이 형성된다. 예를 들면 이황과 이율곡을 중심으로 하는 서울 동쪽인 영남 지방의 동인과 서울 서쪽에 위치한 경기, 충청, 호남 지방의 서인이 대표적이다. 그리고 동인에서 북인과 남인이, 서인에서 노론과 소인이 분파되어 소위 말하는 사색당파라는 것이 생긴 것이다. 이렇게 붕당 정치가 형성되어 대한제국까지 이어지고 결국 조선을 파국으로 몰고 간 붕당 정치의 부정적인 잔재가 현대사회의 정당 정치에도 그대로 남아 있다.

사람끼리는 서로를 존중했다_퇴계와 남명 이야기

조선시대 사림들 중에서도 특히 오현이라고 불리는 다섯 명의 현자 가운데 조광조를 제외한 김굉필, 정여창, 이언적, 이황이 영남 출신이다. 그 정도로 영남은 사림의 본거지였는데, 이들 외에도 영남 지방에서 많은 학자들이 배출되었다. 그 중에서 퇴계 이황1501. 11. 25–1570. 12. 8과 남명 조식1501. 6. 26–1572. 2. 21, 이 두 사람은 계향이 살았던 시대를 살다 간 동시대의 귀감이 되는 스승으로서 늘 함께 거론되었다. 그리고 퇴계와 남명은 각각 퇴계학파와 남명학파를 대표하는 인물로서 후학 양성에 평생을 바쳤으며 후학들로부터 최고의 추앙을 받았다.

퇴계는 1501년 11월 25일, 경북 예안 청량산 자락의 토계리에서 출생했고, 남명은 1501년 6월 26일, 경남 지리산 기슭의 삼가현 토동에서 태어났다. 두 사람은 둘 다 영남 출신이고 남명이 5개월 먼저 태어난 동갑내기다. 하지만 두 사람의 사상적 · 철학적 지향점은 매우 달랐다. 매화를 사랑했던 퇴계는 인과 의를 중요시하는 후덕한 사람이었고 시퍼렇게 날이 선 검을 좋아했던 남명은 경과 의를 소중히 여기는 기백이 넘치는 사람이었다. 퇴계가 학자와 정치가의 삶을 병행했다면, 남명은 평생 초야에 파묻혀 산 전형적인 선비였다. 퇴계가 주자학을 이론적으로 심화하는데 일생을 바쳤다면 남명은 이론적인 탐구보다 유학의 가르침을 실천하는데 더 열중했으며 사람이 지켜야 할 도리와 명분을 목숨처럼 중시했다.

퇴계와 남명은 16, 17세기 조선의 사상계를 대표하는 영남학파의 양대 산맥이다. 도산의 삼간 초당을 모태로 한 도산서당에 선비들의 발길이 끊이지 않는데, 바로 이 도산서당이 퇴계학의 본산으로서 퇴계학파 형성의 근간이 된다. 남명은 1560년에 오랜 둥지였던 김해의 산해정을 떠나 지리산 아래 덕산의 산천재로 거처를 옮긴다. 이것은 한편으로 남명학파의 근거지 이동을 의미하고 다른 한편으로 남명학파의 엄청난 확장을 의미한다. 이렇게 영남학파의 거대 산맥인 퇴계학파와 남명학파는 형성된다.

두 사람이 생전에 서로 만났는지는 알 수가 없다. 다만 1569년 서울 장의동에서 열린 박태수의 회갑연에 두 사람이 공식적으로 초청되어 둘 다 방명록에 이름은 남긴다. 그렇다고 해서 두 사람이 그곳에서 상면했다고 단정 지을 수는 없다. 이런 상태에서 두 사람은 자의반 타의반으로 경쟁구도 속에 놓이게 되고 두 사람의 경쟁 관계는 16세기 중반 이후부터 표면화되기 시작한다.

기본적으로 두 사람은 서로에게 예를 다하고 서로 존경하는 마음을 가지고 있었다. 때로는 멀리 떨어져 있음을 안타까워하기도 했다. 하지만 너무나도 다른 성품과 학문적인 지향점, 그리고 삶의 방식 등이 경쟁 구도를 형성함으로써 나중에는 서로가 서로를 비난하기도 하고 비꼬기도 하는 일이 생긴다. 퇴계가 보기에 남명은 혼자 고고하고 고집스럽게 학문을 실천했고, 남명이 보기에 퇴계는 행동이 아닌 말로만 학문을 했다. 인간관계에서 거의 예외가 없듯이 이런 상황에서 둘의 관계를 악화시킨 인물과 사건이 있었으니 남명과 친구였던 이정이 남명과 결별하고 퇴계 문하에 들어간 것이 화근이었다. 그리고 이언적에 대한 퇴계와 남명의 엇갈린 평가, 말하자면 이언적에 대한 퇴계의 추앙과 남명의 상반되는 입장이 두 사람의 경쟁을 부추기는 불씨에 기름을 끼얹었다.

하지만 이러한 경쟁 구도와 관계 속에서도 이 두 거목은 끝까지 인간의 품위와 학자의 품격을 유지했다. 그 결과 상당수의 학자들이 퇴계와 남명학파를 두루 섭렵할 수 있었으니 퇴계와 남명은 요즘 보기 드문 선의의 경쟁 구도와 생산적인 경쟁 관계의 표본이 되었다.

같은 해에 태어난 퇴계와 남명은 각각 1570년과 1571년에 세상을 떠나게 되고, 이들 사후에는 퇴계학파와 남명학파가 형성되어 각각 스승의 학문을 계승, 발전시킨다. 인조반정을 계기로 남명학파가 분열되면서 영남학파는 퇴계학파를 중심으로 재편성되지만 역사적으로 영남학파라고 하면 이는 퇴계학파와 남명학파를 함께 일컫는 말이다. 인조반정 때 남명학파가 사분오열되면서 그 위세는 현저하게 약화되고 17세기 후반에는 남명학파의 본거지라 할 수 있는 진주 일대에 남인과 노론이 병존하면서 남명학파 내 갈등과 반목이 더욱더 심해졌다. 하지만 한 가지 분명한 사실은 이러한 남명학파 내부의 분열에도 불구하고 남명에 대한 존경심과 추앙하는 마음은 시대와 당파를 초월해서 그대로 유지되었다는 점이다. 그리고 그러한 사실은 퇴계학파에서도 마찬가지였다.

정부인 안동 장 씨의 이름은 장계향이다.[1] 조선전기에는 고려의 잔재가 여전히 많이 남아 있었기 때문에 남아에 대한 선호도가 그렇게 높거나 아들과 딸에 대한 차별이 그렇게 심하지 않았고 이러한 경향은 조선중기까지 지속된다. 계향의 아버지에게 계향은 무남독녀 외딸로서 '불면 날아갈까 쥐면 터질까' 저어되는 귀한 딸이었다. 계향의 아버지가 딸의 이름을 계향桂香으로 짓게 된 데는 왕유의 「춘계문답」이 한몫을 한 것으로 보인다.[2]

문춘계問春桂	봄날의 계수나무에게 묻기를
도리정방화桃李正芳華	복숭아꽃과 배꽃이 바로 꽃답고 환하여
연광수처만年光隨處滿	봄의 경치가 곳곳에 가득한데
화사독무화何事獨無花	무슨 일로 그대는 홀로 꽃이 없는가?
춘계답春桂答	봄날의 계수나무가 답하기를
춘화거능구春華詎能久	봄의 화사함이 어찌 오래갈 수 있으리오.
풍상요락시風霜搖落時	바람에 흔들리고 서리에 떨어질 때
독수군지분獨秀君知不	나 홀로 빼어남을 그대는 모르는가.

왕유, 「춘계문답」

봄이 되어 복숭아나무와 배나무에 꽃이 피는 것은 자연의 이치요, 꽃이 향기를 내뿜는 것은 지극히 당연한 일이다. 그런데 계수나무는 봄이 되었는데도 꽃을 피우지도 않고 향기를 발산하지도 않는다. 이렇게 계수나무는 봄꽃을 피우는 다른 나무들과는 다른 존재조건을 가지고 봄을 보낸다. 봄에 꽃을 피우는 나무들은 바람과 서리에 그 꽃잎이 떨어짐으로써 그 생명을 다한다. 그런데 계수나무는 계절의 변화와 상관없이 우뚝 서있음으로써 그 빼어남이 저절로 드러나고 그 향기가 오래 지속된다. 계향의 아버지는 계향이 '바람에 흔들리고 서리에 떨어지는' 봄꽃 중 하나가 되기보다 아무리 바람이 불어도 흔들리지 않고 아무리 서리가 많이 내려도 떨어지지 않는 '계향'나무가 되기를 바란 모양이다.

이름을 잘 지어야 하고 이름을 잘 불러 주어야 하는 이유가 바로 여기에 있다. 요즈음은 아이가 뱃속에 있을 때부터 이름을 짓는다. 태명에 부모의 소망과 염원을 담아 이름을 부르면서 말을 걸고 대화를 나눈다. 한 사람의 운명이 이름대로 간다는 말도 있다. 그렇기 때문에 우리 조상님들은 이름을 지을 때 신중에 신중을 기했다. 요즘은 순 한글로 된 이름도 많이 있지만 몇 십 년 전만 하더라도 한자의 뜻과 음을 맞추고 획순까지 고려해서 이름을 지었다. 이름은 뜻도 좋아야 하고 부르기도 좋아야 한다. 그리고 이름에 정성과 사랑을 담아 부르는 것이 중요하다. 심지어 훌륭한 사람의 이름에 나타나는 특징을 찾아내어 이름을 짓는데 활용하기도 하고 실제로 외국에서는 현자나 성인의 이름을 그대로 사용하기도 한다. 아버지가 지어주신 이름대로 계향은 일년 중 한 계절에 잠시 피었다가 지는 꽃이 아니라 계수나무처럼 사시사철 자태를 뽐내고 향기를 풍기면서 평생을 살아간다.[3]

둘. 아버지 경당 장흥효

조선중기 경북 안동 서후면 춘파라는 곳에 퇴계 선생의 학통을 계승한 대학자가 살았으니 그가 바로 정부인 장계향의 아버지 경당 장흥효이다. 경당은 퇴계의 수제자인 학봉 김성일1538–1593[4]과 서애 유성룡1542–1607[5]에게 두루 배움으로써 퇴계 학통을 잇는 최고의 사승관계를 맺을 수 있었다. 경당의 스승과 선배, 또는 동학의 수도 엄청나지만 경당의 제자만 하더라도 200명이 넘었고 그중에는 유성룡의 아들 수암 유진, 학사 김응조, 경당의 사위인 석계 이시명, 그리고 외손자인 존재 이휘일 등 기라성 같은 인물이 있다.[6]

퇴계학파 유학계보

경당은 퇴계 문하 중에서도 강호가도江湖歌道를 실천하는 대표적인 인물인데, 말하자면 인간 본질에 대해 깊이 고민하고 인간 본연의 문제를 풀기 위해 자연을 벗 삼아 평생 자기 수양을 한 학자 중의 학자였다. 경당의 이러한 면모는 「우음」이라는 오언시에 단적으로 드러난다.

관란헌상망觀瀾軒上望 관란헌에 올라 바라보니
서자정여사逝者正如斯 지나가는 것들은 정녕 저 물과 같구나.
천리류행처天理流行處 천리天理가 유행하는 곳에도
인심유사시人心有事時 인심人心이 때로 인다네.[7]

장흥효, 「우음偶吟: 우연히 읊음」

「우연히 읊음」이라는 오행시에서도 자연에 순응하면서 마음을 다스리고 순리에 따르면서 조화를 지향하는 경당의 심상이 그대로 드러난다. 우선 제목에서 경당이 인생사를 우연의 산물로 보고 있다는 것을 알 수 있다. 시적 화자가 '관란헌에 올라가' 있다는 것은 역사의 수레바퀴 위에서 일정한 시간을 보내고 특정한 공간을 차지하고 있음을 의미한다. 분초 단위로 계획을 세워 세상사를 막 몰아 부치기 때문에 우리는 성취의 기쁨에 지나치게 도취되고 실패의 좌절에 필요 이상으로 민감해진다. 하지만 세상사는 우리 마음대로 되지 않는다. 역사는 분초의 째깍거림에 아랑곳하지 않고 완만한 물결의 흐름과 보조를 맞춘다. 뿐만 아니라 세상사는 하늘의 이치와 닿아있기 때문에 하늘이 스스로 도울 때까지 끊임없이 스스로를 도와야만 한다. 마음으로 하는 일이 하늘의 이치가 동하는 곳에서 때를 만나는 것, 그것이 우연이다. 그리고 그 우연에 의해 사람의 마음도 하늘의 이치도 역사의 시공간 속으로 옮겨진다.

금대화간어禽對花間語 새는 꽃을 향해 지저귀는데

풍화일영시風和日永時　바람은 따뜻하고 해는 길구나.
개중진의취箇中眞意趣　이 가운데 들어 있는 참된 뜻을
료득소인지料得少人知　생각건대, 아는 이 드무네.[8]

장흥효, 「우음 2」

관직이나 출세보다는 내면을 수양하고 내공을 쌓는 일이 경당에게는 훨씬 더 중요하고 의미 있는 일이었다. 그리고 경당은 내면을 수양하고 내공을 쌓기 위해 끊임없이 자연을 관찰하고 자연의 소리에 귀를 기울이며 자연과 더불어 생활한다. 그리고 마침내 자연의 이치 속에 모든 학문적인 진리와 삶의 진실, 그리고 도와 덕의 참된 의미가 들어있음을 깨닫는다. 경당이 임신년1632(인조 10) 새해를 맞아 작성한 글이다.

이 달이 어떤 달인가
임신년1632(인조 10) 춘정월이라.
오늘이 어떤 날인가
정월 초하루라.
[…]
허송한 이 세월토록
덕이란 일컬어 말할 것이 없지만
하늘은 베풀어주길 골고루 하여
준 것이 부족함이 없었네.
크게는 천지에서부터
작게는 먼지 하나에 이르기까지
이 속의 수많은 이치가
내 몸 하나에 모두 갖추어져 있으니
어찌 기품타고난 기질과 품성에 얽매이어
이를 좇아 인욕을 따라서야 되랴.

그러한 즉 본체의 밝음은
없어지지 않게 해야 함이 있어야 하리라.
경으로써 그 마음을 바르게 하고
삼가고 두려워하기를 그치지 아니해야 할 것이요.
의로써 그 외모를 방정히 하고
근독홀로 있음을 삼감을 더욱 더해야 하리라.
체와 용은 본래 그 근원이 한가지이며
드러나는 것과 은미한 것도 그 간격이 없도다.
씩씩하게 저녁까지 삼가 두려워한다면
마침내 성현의 경지에 들 것이니.
어찌 차마 그 본성을 어지럽혀
금수같이 되기를 좋아하면 되겠는가.
이 해 이 달 이날에
천지를 부앙아래를 굽어보고 위를 우러러 봄하노니 부끄러운 것이 많아
지난해에 물든 더러운 것을 씻어내고자
애오라지마음에 부족하나마 겨우 여러 현인들과 함께하고자 했네.[9]

이 글을 읽고 있노라면 현실에 발을 딛고 살면서 현실과 타협하지 않고, 황금 보기를 돌같이 하며, 늘 깨어있으면서 성인 지향적인 삶을 살기 위한 장흥효의 노력이 얼마나 눈물겹고 치열했는지를 알 수 있다. 장흥효는 우선 다짐과 각오, 그리고 소망으로 새해를 맞이한다. 구름을 걷듯이 분함과 욕심을 가는 해에 실어 보내고 오는 해가 선과 순풍을 싣고 오기를 소망한다. 그리고 송구영신을 하면서 실제로 그 소망을 이루기 위한 각오를 하고 실천하기 위한 다짐을 한다. 모든 것은 마음먹기에 달려 있다. 자신의 마음을 다스리지 못하면 성인은커녕 군자도 되지 못하고 자칫하면 사람 노릇도 못한다. 마음을 욕심으로 채워 마음이 있어야 할 곳을 탐욕에게 내어주면 인간은 금수와 다를 바 없는 삶을 살게 된다. 그렇기 때문에 사람답게 살기 위해서는 욕심과

분노를 경계해야 하고, 군자가 되기 위해서는 욕심을 비우고 분노를 가라앉힐 줄 알아야 하며, 성인 지향적인 삶을 살기 위해서는 욕심의 싹과 분노의 씨앗을 잘라낼 수 있어야 한다.

경당에게 도의 의미가 특별히 중요한데, 경당은 도를 두고 "큰 길과 같아 탕탕평평어느 쪽으로도 치우치지 아니한 것하다."[10]고 우선 말한다. 그리고 "도를 행하려면 덕을 닦아야 하고 덕을 닦으려면 정성을 다하고 공경해야 한다."[11]고 하면서 도와 덕의 관계를 규정한다. 또한 도가 "옛날에만 있었고 지금 없는 것이 아니라 천지간에 환히 가득 차 있다."[12]고 하면서 도와 덕이 시공을 초월하는 보편적인 것임을 강조한다. 경당에 의하면 반드시 "지덕인지극히 높은 덕을 가진 사람을 기다려야 도가 행해질 뿐"[13]이다. 경당의 이러한 가르침은 경당 문하생들에게 뿐만 아니라 고명딸 장계향에게 고스란히 전수되고 그 딸은 아버지의 숭고한 뜻을 아들과 손자들에게 전달한다.

경당고택

경당고택

경당의 오언시 몇 편을 소개하고 그 시를 문학적으로 분석해봄으로써 경당의 정신세계 속으로 들어가 본다.

광풍정경북문화재자료 제322호

광풍정2016년 1월

제월대[14]

만만천천고萬萬千千古　천만 년 전에도

년류수역류年流水亦流　세월은 흐르고 물도 또한 흘렀네.

비유사이자非惟斯二者 흘러가는 것은 이 둘뿐만이 아니니
불어독등루不語獨登樓 말없이 홀로 누대에 올라 보았노라.[15]

장흥효, 「기몽꿈에 본 바를 씀」

모든 사람이 자면서 꿈을 꾸지만 꿈의 내용을 온전히 기억하는 사람은 드물다. 그리고 잠에서 깼을 때 기억나는 꿈은 밤새 꾼 꿈의 지극히 일부분에 해당하고 심지어 그것도 꿈의 파편에 불과하다. 하지만 꿈의 역사는 길고 길다. 인간은 살아있는 한 꿈을 꾼다. 그리고 인간의 꿈은 인류의 꿈이 되어 유구한 역사와 함께 내일의 꿈으로 이어진다. 보통 꿈을 기록하는 것은 쉽지 않다. 하지만 인간의 꿈이 인류의 역사와 더불어 반복되고 이어진다면 그 꿈은 역사 속에 새겨질 수 있다. 경당 장흥효가 꾼 꿈도 그러하다. 한편으로 꿈은 손에 잡히지도 않고 기억 속에 간직되지도 않지만, 다른 한편으로 꿈이 이어지는 길 위로 '세월도 흐르고 물도 흐른다.' 이 두 가지 사실이 희미해질 때면 경당은 '말없이 홀로 누대에 오른다.' 그리고 잠을 청해 흐르는 세월과 물에 새길 꿈을 꾸고 그 꿈을 세월과 물속에 새긴다. 그렇게 경당은 꿈을 적는다.

구위복지기懼爲福之基 두려워하여 삼감은 복의 터전이요
홀시화지문忽是禍之門 소홀히 함은 재앙의 문이라.
무망경사간毋忘敬肆間 경敬: 삼가 조심함의 때나 사肆: 마음의 이완됨의 때나
마음을 망령되이 갖지 마라.
성광종차분聖狂從此分 성스럽고 광폭함 이러한데서 나누어짐이로다.[16]

장흥효, 「제벽벽에 시를 지어 붙임」

꿈을 적는 것보다 더 구체적인 지침을 경당은 이제 벽에 쓴다. 사람과 사람의 관계에서 두루 적용되는 명심하고 또 명심해야 할 내용이다. 연장자와 연소자, 부모와 자식, 스승과 제자, 부부, 연인, 그리고 친구 사이에 반드시 지켜야 할 소중한 메시지를 담고 있다. 친한 사이일수록 예를 지키고 중용의 거리 두기를 해야 하는 이유를 분명히 밝히고 있다. 복을 받는 방법도 확실하고 재앙이 내리는 이유도 분명하다. 경당에 의하면 복도 자기가 짓고 재앙도 자신이 초래한다. 복을 받을 것인가 화를 입을 것인가를 스스로가 선택하고 결정한다는 것이다. 복을 어떻게 받고 화를 어떻게 피할 것인지에 대한 구체적인 행동 지침도 마련해 준다.

사람과 사람의 관계에서 가장 중요한 것은 상대방에게 예를 갖추는 일이다. 예를 갖춘다는 것은 상대방을 마음대로 판단하거나 자기 기준으로 재단하지 않음을 뜻한다. 또한 상대방의 행동이나 반응이 어떠하든지 간에 상대방을 함부로 대하거나 상대방에게 방자하게 굴지 않는 것을 의미한다. 결국은 가까운 사이일수록 서로의 마음을 헤아리고, 서로의 취향을 존중하며, 서로의 입장을 배려하라는 말이다. 조금 가까워졌다고 함부로 대하거나 전보다 친해졌다고 해서 너무 허물없이 지내면 결국 관계에 화가 미친다. 상대방을 공경하면 성스러움에 이르고 상대방에게 방자하게 굴면 광포해진다는 것은 누구나 다 아는 사실이다. 그럼에도 불구하고 성스러움에 이르는 자는 소수이고 광기에 휩싸이는 이가 대부분이다. 방자함으로 광포해지는 것은 쉽지만 공경함으로써 성스러움에 이르는 것은 말처럼 그렇게 쉽지 않다.

경당의 이러한 생각과, 생각에 생각을 거듭함으로써 생각을 실천으로 옮기기 위한 노력은 평생 지속되는데, '경당일기'에 그 흔적이 어렴

픗하게나마 남아있다. 경당은 70여 평생을 살면서 국내외적인 혼란과 환란을 두루 경험한다. 선생이 유년기와 청년기를 보낼 때 사림정치가 붕당을 형성하고 결국 당쟁으로 치달았으며 설상가상으로 임진왜란과 정유재란이 일어난다. 소수의 권력자들 중심의 훈구세력에 의해 국정이 좌지우지되는 것에 대해 반대의 목소리를 높이면서 유교의 가르침을 바탕으로 널리 여론을 형성해서 정치를 해야 한다고 주장하던 사림세력들이 무오1498(연산군 4) · 갑자1504(연산군 10) · 기묘1519(중종 14) · 을사1545(명종 1) 사화를 겪으면서 대거 제거된다. 다행히 선조가 즉위하면서 기묘사화와 을사사화에서 희생된 조광조와 이언적을 비롯한 여러 사림들이 복권되거나 방면됨으로써 사림정치가 다시 재개되고 사림들의 개혁의지가 정책에 적극적으로 반영된다. 하지만 견제와 균형을 위해 지역이나 학풍 등을 근거로 형성된 붕당이 정치적 이해관계와 권력의 역학관계에 의해 변질됨으로써 본래의 기능을 발휘하지도, 수행하지도 못하는 것이 문제가 된다.

결국 16세기 중후반, 조선왕조가 정치적으로 사분오열되었기 때문에 그것이 외세의 침략과 전쟁에서의 패배를 초래한 것이겠지만 어쨌든 경당의 생애에서 삶의 두 축을 형성하는 천칭저울 양쪽에 분당과 전쟁이라는 무거운 두 추를 올려놓고 스스로 무게중심을 잡는다. 광해군 때와 인조 때 중년기와 노년기를 거치면서 경당은 남인에 속해 있었고 당시 서인들이 정권을 독점하다시피 했기 때문에 경당이 정치적인 역량을 펼치기에는 물리적으로도 심리적으로도 여의치가 않았다. 그리고 경당 스스로 입신양명을 꿈꾸거나 정치적인 입지를 굳히기 위해 노력하는 대신 자연과 더불어 제자들과 함께 학문적인 역량을 높이고 그 경계를 확장하는데 순수한 열정을 쏟았다.[17]

조선의 왕을 만나다_광해군

광해군은 1575년선조 8에 선조와 후궁 공빈 김 씨 사이의 둘째 아들로 태어난다. 다시 말하면 적자도 아니고 장자도 아닌 왕의 아들이 아버지의 보위를 잇는다. 이러한 존재조건이 운명이 되어 광해군은 조선왕조 500년 역사에서 패륜의 왕으로 기록된다. 어머니 공빈 김 씨가 광해군과 광해군의 형인 임해군을 낳고 일찍 세상을 떠나기 때문에 형제는 선조의 첫째 부인인 의인왕후 손에서 자라고 형보다 나은 아우로서 광해군이 세자가 된다. 하지만 부자지간인 선조와 광해군은 평생 애증의 관계로 묶여있었다. 선조가 애당초 광해군에게 보위를 넘겨줄 생각이 없었기 때문에 최대한 세자 책봉을 미루다가 임진왜란이 발발하자 어쩔 수 없이 광해군을 세자로 책봉한다.

> 둘째 아들 광해군 이혼은 타고난 자질이 영명하고 학문이 정밀하며 일찍부터 어질고 효성이 지극해 오래전부터 많은 백성들이 의지하고 기대고 싶어 했으니 선왕의 기업을 계승할 만하다. 이에 세자로 책봉하여 국가의 혼란을 무마하고 나라와 군대를 감독하도록 한다. 비록 이 일이 갑작스럽게 거행되지만 계획은 이미 오래전부터 한 것이니 신공들은 내가 우연히 가볍게 결정했다고 여기지 말라. 나라의 근본을 세우는 것은 진실로 갑작스럽게 할 수 없는 일이다.
>
> –『선조수정실록』 권 26, 선조 25년 5월 1일

이렇게 해서 임진왜란 때 아버지 선조가 도성을 떠나면서 광해군에게 임시로 맡긴 조정, 즉 분조를 일 년도 넘게 이끌면서 종묘와 사직을 지키고 백성을 돌보며 관군과 민간인의 의병활동을 독려한다. 말하자면 전쟁 중에 다음 보위를 이을 세자로서의 책무를 다 한 것이다. 그런데 전쟁이 끝나고 그 와중에 왕위 계승 문제가 다시 불거진다. 명나라에서 광해군이 적자도 아니고 장자도 아니라는 이유를 들어 재가를 하지 않았고, 그러는 사이에 의인왕후가 죽는다. 선조는 자신의 적통에게 왕위를 물려주고 싶은 마음에 쉰 살의 나이에 열여덟 살의 어린 왕비를 맞이하는데, 그가 바로 인목왕후이다. 선조와 인목왕후 사이에 적자인 영창대군이 태어나자 그때부터 왕위 계승 문제가 노골화된다.

우선 선조는 광해군이 장자가 아니라는 이유로 명나라의 재가를 받지 못

하는 것에 대해 광해군에게 책임을 묻고 광해군의 세자 책봉 자체를 못마땅해 한다. 그리고 조정에서는 영창대군을 세자로 옹립하고자 하는 세력들이 결집한다. 세자 책봉에 있어서 정통성이 유일한 조건은 아니지만 세자 책봉을 받은 자가 적통이 아닌 상태에서 적통 왕자가 태어나면 그 순간부터 세자의 입지는 불안정해지기 마련이다. 결국 서른 살도 넘게 차이가 나는 광해군과 영창대군이 세자 자리를 놓고 경쟁해야 하는 구도가 되어 대북과 소북의 대립이 더욱더 첨예화된다.

1608년 선조의 병이 갑자기 악화되면서 판세는 어느 정도 굳어진다. 선조가 임종 전에 광해군에게 왕위를 물려주겠다고 약속을 했기 때문에 1608년선조 41 2월 1일 선조가 승하하자마자 광해군이 조선의 15대 왕으로 즉위한다. 그때 영창대군의 나이는 두 살에 불과했다. 이제 대북파가 실권을 장악했기 때문에 소북파를 제거하는 것은 불가피했고, 따라서 소북파의 구심점인 영창대군의 운명도 풍전등화에 놓이게 된다. 결국 영창대군은 여덟 살 때 끔찍하게 죽임을 당한다.

광해군은 즉위하자마자 명나라에 선조의 죽음과 자신의 즉위 사실을 알린다. 명나라는 이번에도 광해군이 차남이라는 이유로 책봉을 꺼리는데, 명나라로부터 책봉 조서를 받는 과정에서 형인 임해군이 의문을 죽음을 맞이하고 영창대군이 살해당한다. 그 밖에도 영창대군의 생모인 인목대비를 폐비하는 등 광해군이 저지른 만행과 극악무도함은 이루 말할 수가 없다. 그래서 조선왕조사에서 광해군이 패륜 왕으로 기록된다. 하지만 이 모든 사건의 배후에는 사실상 소북 세력을 제거하려는 대북 세력의 음모가 숨겨져 있었고 광해군은 왕권을 지키기 위해 이들의 전횡과 만행을 묵과한 것이다.

1623년광해군 15 3월, 서인 반정군이 창덕궁에 들이닥치는데, 그때까지 광해군은 반정의 낌새를 전혀 알아차리지 못한다. 광해군은 허겁지겁 궁성을 빠져 나가지만 머지않아 반정군에게 붙잡혀 유배된다. 유배지에서 아내와 아들과 며느리를 먼저 보내고 19년의 유배 생활 끝에 1641년인조 19에 생을 마감한다. 이렇게 해서 광해군과 대북 정권은 막을 내리게 된다. 광해군에 대한 역사적 평가는 극명하게 갈린다. 한편으로는 정권 유지와 왕권 강화를 위해 패륜을 서슴지 않는 왕으로 매도되고, 또 다른 한편으로는 임진왜란 당시에 발휘한 지도력과 대동법 시행, 명 · 청에 대한 실리 외교 정책 등을 근거로 능력 있는 왕으로 평가된다.

『경당일기』는 경당이 51세부터 62세까지, 즉 광해군 6년인 1614년 5월 5일부터 인조 3년인 1625년 10월 28일까지 쓴 일기를 묶은 것이다. 비록 일기의 내용이 상세하거나 구체적이지 않고 같은 내용과 표현이 반복적으로 나타나며 더군다나 매일 쓴 것도 아니기 때문에『경당일기』만으로 경당의 모든 것을 파악하기는 어렵겠지만 그래도『경당일기』를 통해 "선생의 일상과 중년 · 노년기 삶의 편린을 간취할 수 있고, 나아가 선생의 학문과 정신세계의 큰 줄기를 재구성해 볼 수"[18] 있을 것이다.

1614년 5월 5일 자 일기에는 "지키기 어려운 것이 인심人心의 위태함이 아니겠는가?"[19]라고 적혀있는데, 이 말은 여러 가지 의미로 해석될 수 있다. 인심, 즉 인간의 마음이 위태로워지면 그 마음을 지키기 어렵게 된다는 의미도 되고, 마음을 지키지 못하면 인간이 위태로워진다는 의미로도 해석 가능하며, 마음이 위태로워지기 전에 마음을 지키라는 의미도 포함되어 있다. 결국 인간의 마음이 인간의 모든 것을 좌우한다는 것을 의미한다. 첫 번째 해석의 경우 인간의 마음이 한 번 혼란스러워지기 시작하면 혼란스러움이 꼬리에 꼬리를 물기 때문에 좀처럼 혼란스러운 상태로부터 벗어날 수 없고, 좀처럼 혼란스러워지기 전의 마음 상태로 돌아갈 수가 없다는 것이다. 두 번째는 혼란스러운 마음 상태가 지속되면 정상적인 생각과 판단, 올바른 행동을 할 수 없기 때문에 결국 인간은 위험한 상황에 처하게 되고 위태로운 지경에 이르게 된다는 것이다. 세 번째는 그렇기 때문에 마음이 혼란스러워지지 않도록, 인간이 위태로워지지 않도록 언제나 마음을 다스리고 돌보고 어루만지라는 것이다. 이것이 바로 경당사상의 핵심이다.

인간의 마음이 구심점이 되고 인간의 생각과 행동이 원심력으로 작용하는 것이 인간의 삶이다. 그리고 인간은 다른 사람과 사물, 세상과 관계를 맺으면서 삶을 영위한다. 살면서 인간은 예기치 않은 것들과 조우하고 상상하지 못한 것들과 마주한다. 어려운 상황에 처하기도 하고, 궁핍한 시대를 만나기도 하며, 곤궁한 상태에 빠지기도 한다. 그것은 나만의 문제가 아니고 모든 인간에게 공통적으로 적용되는 것이다. 그럴 때마다 마음이 작용하고 매번 마음이 작동한다. 이에 대해 경당은 5월 7일 자 일기에서 "종일토록 힘쓰고 저녁에는 삼가면 비록 위태로울지라도 무슨 허물이 있겠는가?"[20]라고 반문하면서 마음의 이정표를 세운다.

경당이 '종일토록 힘쓰'는 것은 추측건대 학문에 대한 정진일 것이다. 마음을 모아 학문에 힘쓰고 마음을 다해 제자들을 교육하다 보면 마음이 흐트러질 겨를이 없을 것이다. 게다가 학문과 교육 외에 다른 어떤 일을 하더라도 삼가 마음을 다스리고 낮 동안의 평정심을 유지한다면 마음이 흐트러질 리도 없고, 설사 일시적으로 마음이 산만해진다고 하더라도 그것이 삶에 크게 영향을 미치지 못할 것이다. 경당의 마음에 대한 생각은 비교적 분명하다. 늘 마음을 다스려 위태해지지 말고, 만약 순간적으로 마음을 다스리지 못한다고 하더라도 그것 때문에 마음 자체를 놓아서는 안 된다는 것이다.

8월 22일 자 일기에는 마음에 근거한 경당의 체용론體用論이 보다 분명하게 언급된다. "천지 사이에 이 이理가 유행하지 않는 데가 없다. 사람이 천지의 이를 얻어 성性으로 삼았으니 성은 곧 천지의 이이다. 마음에 이 이를 얻어 잃지 않으면 사람과 천지가 서로 닮고, 마음에 이 이를 잃으면 사람과 천지가 비로소 서로 어긋난다. 천지와 어긋나게 되면 짐승에 가까워진다."[21] 같은 맥락에서 8월 20일 자 일기에는 주자의 '천지 만물은 본래 나와 한 몸이다.'에 대해 설명하면서 "천지의 이理는 곧 나의 이理이고 나의 이理는 곧 만물의 이理이다. 이가 일찍이 하나 되지 아니함이 없었으니, 체體가 어찌 일찍이 다름이 있겠는가?”[22] 라는 기록이 있다.

경당에게 이理가 곧 체體이고 “체體라는 것은 혼연히 전체로서 이름 한 것”이다. 반면 기氣의 일종으로서 “용用이라는 것은 찬연히 조목조목을 꿴 것”[23]을 말한다. 이렇게 볼 때 경당 체용론은 일단 체와 용을 구분하는 이원론을 바탕으로 한다. 그리고 체와 용은 형식적으로 동등하고 상호 작용 내지 상호 의존하면서 경당의 철학 체계에서 균형을 유지한다. 단 경당의 체용론을 좀 더 깊이 들여다보면 체體 즉 이理가 앞서고 용用 즉 기氣가 뒤따르는 체선용후 혹은 이선기후의 구조를 띤다.

경당에게 또 하나의 중요한 것은 경敬에 대한 생각인데, 경당일기 곳곳에서 우리는 경당의 경敬사상을 확인할 수 있다.[24] 경당은 “경敬하면 마음이 비고 마음이 비면 알차고, 알차면 나타나고, 나타나면 드러나고, 드러나면 밝아지고, 밝아지면 움직이고, 움직이면 변하고, 변하면 화化하니, 천하의 지성만이 변화시킬 수 있다.”[25]고 하면서 ‘변화’와 ‘마음’과 ‘경’을 연장선상에 두고 삼자의 유기적인 관계를 강조한다. 모든 것이 마음에서 비롯되고 마음먹기에 달려있다고 하더라도 경敬이 없으면 마음이 작동하지 않고, 마음이 움직이지 않으면 어떠한 변화도 일어나지 않으며, 변화가 없으면 모든 것은 무용지물이 된다. 따라서 경은 ‘천하의 지성’에 버금가는 것으로서 모든 것의 근본이고 모든 것의 근원에 해당한다. 이런 맥락에서 장흥효의 호 경당敬堂 역시 우연의 산물이 아니고 경당의 삶 또한 경을 실천하는 것으로 점철된다.[26]

‘경’은 경외의 경이다. 경외함이란 ‘공경하면서도 두려워하는 마음을 가지고 있음’을 뜻한다. 보통 ‘경외’는 신에 대한 인간의 공경 방식을 나타낼 때 쓰인다. 인간이 신을 경외한다고 할 경우, 일반적으로 양자 관계는 수직적이다. 그렇다고 해서 신에 의해 주도되는 일방적인 지배-종속의 관계는 아니다. 인간은 신을 경외하고 신은 인간을 온전히 보호한다. 하지만 인간이 신과의 관계에서 오만해질 경우 신은 인간에게 가차 없이 벌을 내린다. 이러한 메커니즘은 자연과 인간의 관계에서도 마찬가지로 작동한다. 신의 피조물로서 자연 역시 경외의 대상이다. 인간이 자연으로부터 주어지는 최대한의 수혜를 누리되 자연에 대해 두려워하는 마음을 늘 간직하고 있어야 한다. 그래야만 자연과 인간이 한데 어우러져 조화로운 삶을 영위할 수 있다. 이것이 '경'에 대한 경당의 첫 번째 생각이다.

그 다음 '경'은 공경의 경이다. 공경함은 '공손하게 받들어 모심'을 의미한다. 공경의 대상은 보통 부모님과 스승, 그리고 연장자이지만 연소자도 물론 그 대상이 될 수 있다. 공경은 효와 예를 실천하기 위한 마음가짐이기 때문에 특히 부모님을 향하고 예로부터 군사부일체, 즉 부모님과 임금님과 스승은 한 몸이기 때문에 임금님과 스승에게도 자연스럽게 열려있다. 또한 공경하는 마음이 배우자를 향하게 되면 그것은 남편이나 아내에 대한 예로서 표현된다. "무릇 경이 아니면 그 길이 두세 가지로 나뉘어져 일신을 주재할 수 없다."[27]고 하는 경당의 말에서 경을 공경의 경으로 해석하면, 공경하는 마음만 있으면 그것이 효로 나타나든 예로 나타나든 상관없이 마음의 중심을 잡고 행동의 지침으로 삼을 수 있다. 이것이 '경'에 대한 경당의 두 번째 생각이다.

또한 '경'은 경청의 경이다. 경청은 '공경하는 마음으로 들음'을 뜻한다. 경청은 대화에서 가장 기본이 되는 자세이다. 그럼에도 불구하고 우리는 경청하기보다 주장하는데 익숙하고, 경청한다고 하면서 상대방의 말을 자기가 짜놓은 틀에 가두는 일에 능하다. 이럴 경우 소통은커녕 상대방을 이해하기조차 힘들다. 대화를 나누는 대상이 사람이 아닌 경우에도 마찬가지다. 동물의 소리를 경청할 수도 있고 식물의 열림에 귀를 기울일 수도 있으며, 조약돌 부딪치는 소리를 들을 수도 있다. 아무리 하찮은 것들이라도 제각각의 소리가 있고 그 소리를 어떤 식으로든 내기 마련이다. 인간이 이 모든 것들이 내는 소리를 경청할 수 있다면 이 모든 것들에 대한 인간의 자의적이고 임의적인 행동을 되돌아볼 수 있고 반성할 수 있을 것이다. 사람과 사람의 관계에서 경청은 서로가 서로를 존중하고, 배려하고, 이해하고, 상호 소통하게 한다. 사람과 동식물의 관계에서 경청은 인간 우월적이고 인간 중심적인 생각이 근거 없다는 사실을 확인시킨다. 그리고 미물에 대해서도 인간이 함부로 할 수 있는 것이 아니라는 것을 깨닫게 한다. 경청을 하게 되면 사람과 사람은 물론 사람과 동 · 식물, 사람과 사물, 사람과 세계 간의 관계가 수평적으로 재정립되고 재설정되기 때문에 경당은 이 모든 것들에 대해 경청하는 방식으로 경敬사상을 실천한다. 이것이 '경'에 대한 경당의 세 번째 생각이다.

보이지 않는 힘에 대해 '경외'하고, 임금님과 스승님과 부모님을 '공경'하며, 남편에게 예를 갖추는 것, 나보다 힘이 약한 자와 보잘것없는 것들의 아우성에 대해 '경청'하는 것, 이 세 가지가 갖추어 지면 인간의 마음은 그 어떤 것을 만나든지 그 무엇과 대면하든지 평정심을 유지할 수 있다. 그리고 그 마음이 바로 인간을 인간답게 변화시키는 원동력이 된다. "잠시라도 경하지 않으면 비벽사악함의 마음이 혹 그 틈을 탄다."[28]라는 경당의 말에서 알 수 있듯이 경敬과 심心은 불가분의 관계에 있다. "하나의 경자敬字는 약을 복용함과 같아서 모두 복용하면 곧 효과가 있으나 사람들이 다만 복용하기를 꺼려할 뿐이다."[29]라고 하는 주자의 말에서 나타나듯이 경함으로써 평정심을 갖기가 그리 쉬운 일은 아니다. 그렇기 때문에 경당은 "이 날을 마땅히 아껴야 하니 죽기 전에는 한 시각도 한가로울 수 없다."[30]고 고백하면서 평생, 그리고 잠시도 쉬지 않고 자신의 경 사상을 실천한다. 그리고 경당의 이러한 경 사상은 경당의 가르침을 받은 경당의 문하생들은 물론이고 고명딸 계향에게도 고스란히 전수된다.

셋. 집에서는 아버지의 뜻을 따르다

조선중기라는 시대적 배경과 특별한 가정환경으로 말미암아 계향이 한편으로는 교육의 상대적인 민주화의 혜택을 누릴 수 있었고, 또 다른 한편으로는 재산상속과 족보기록에서 수혜자이자 대상이 될 수 있었다. 조선전기와 조선후기를 잇는 조선중기 조선의 딸들이 '선택'할 수 있었던 길은 몇 가지가 있었다. 그 중에 계향은 '또 다른' 조선의 딸이 되기로 최종 선택을 한다. 읽고, 쓰고, 셈하는 정도의 교육 범위를 넘어서고 그 당시 딸들이 어머니로부터 배우는 수신과 인륜, 가사, 그리고 자녀교육의 내용을 내면화하고 실천함으로써 그러한 기초교육과 기본교육을 바탕으로 교육 전반의 깊이를 더하고 그 지평을 확대하기로 선택한 것이다.

부모로부터 물려받은 유전인자가 아무리 훌륭하고 개인의 능력과 역량이 아무리 뛰어나더라도 그것을 제대로 발휘하기 위해서는 시대가 그것을 허락해야 하고 정치 · 경제 · 사회 · 제도 등 외부적인 조건이 갖추어져야 한다. 계향의 경우, 비록 시대적으로는 필요충분조건을 갖추지 못했지만 가정 내에서는 누구 못지않게 재주를 부리고 재능을 발휘할 수 있었는데, 그런 맥락에서 계향은 분명 행운아였다. 계향은 어릴 때부터 총명했고, 아버지로부터 학문적인 훈련을 받았으며, 어머니로부터 규방일 배우는 것을 게을리 하지 않았다. 그러면서 자신의 내면에서 들려오는 소리에 귀를 기울였는데, 이것이 바로 계향이 동시대의 다른 여성들과 다른 점이다.

> 조금 뒤, 돌아와 안방에 들어와서 부인[계향]을 불러서 그 학설을 물으니, 부인은 나이가 겨우 열 살 남짓한데도, 잠시 동안 말없이 잠잠히 앉아 있다가 그 수를 낱낱이 세어서 대답하므로, 선생[아버지 경당]이 아주 기특하게 여겼다. 이로부터 아침저녁의 여가에 면전에서 가르치고 말로서 전하여 주니 이것이 모두가 성현의 격언이 아닌 것이 없었다. 부인께서 선생의 가르침을 존중하여 믿고 공경히 지켜서 반드시 이것을 일용의 행사에서 증험하려고 하였다. 그리하여 시를 짓거나 글씨를 쓰는데 있어서도 또한 배워 익히기를 기다리지 않고서도 잘하게 되었다.[31]

소녀였을 때 계향과 아버지의 관계를 미루어 짐작할 수 있는 부분이다. 계향이 소녀였을 때, 그러니까 17세기 초 당시, 계향이 남성 중심의 공교육을 받거나 아버지 수하의 다른 남자 제자들과 함께 동등한 교육을 받지 못한 것은 사실이다. 하지만 계향은 아버지께서 제자들을 가르치실 때 멀찌감치 서서 그 내용을 듣고 이해하고 습득했다. 그런 계향의 모습을 보고 아버지 경당은 흐뭇해하면서 계향을 배움의 장으로 이끈다.

경당이 제자들에게 가르친 내용은 송나라 학자 소옹이 쓴 『황극경세』에 나오는 원회운세의 운수 관련 학설인데, 복잡하고 이해하기 어려워 그 학설을 배운 경당 수하의 어느 누구도 깨달아 아는 사람이 없었다. 계향은 아버지 경당이 기특하게 여길 정도로 그 학설을 수로 세어 정확하게 설명했는데, 이 부분에서 우리는 계향이 얼마나 총명하고 영특했는지를 알 수 있다. 그때부터 아버지 경당은 아침저녁으로 틈만 나면 계향을 직접 가르치고 성현들의 격언을 딸에게 말로 직접 전해주었다. 이렇게 계향은 퇴계학파의 정통 학자인 아버지의 사상과 정신을 고스란히 전수받는다.

> 부인은 태어날 때부터 특이한 재질을 가지고 있었으므로, 효도하고 근신하는 행실과 아름답고 유순한 덕은 순수하게 10세 전후의 시기에 이미 성취되었는데, 문예까지 통달하여 배우지 않았는데도 잘 알았던 것이다.(실기, 40)

아버지 경당의 사랑과 가르침으로 계향은 17세기 조선의 딸이지만 자유롭고 당당하게 배울 수 있었다. 비록 그 당시 남성 중심의 공교육을 공식적으로 받지는 못했지만 특히 아버지로부터 여러 가지 면대면 교육을 받았다. 아버지 경당이 계향의 마음 밭에 뿌려준 배움과 사랑의 씨앗은 이후 계향의 삶 속에서 아름답게 꽃피우고 풍성하게 열매를 맺는다. 아버지의 사랑을 그대로 간직하여 그 사랑만큼 보답하고 아버지의 가르침을 하나하나 일상에서 실천해 나간다. 친정과 시댁 어른들, 남편과 자녀들, 그리고 손자와 증손자를 대함에 있어서 사람을 귀하게 여기고, 사람을 존중하며, 사람에게 예를 갖추는 삶을 평생 산다. 계향이 어려서부터 학문과 예술에 탁월한 재주를 보였기 때문에 아버지 경당은 계향이 아들이 아닌 점을 아쉬워하기도 했지만 딸 바보 아버지의 지극정성과 사랑으로 계향은 17세기 조선의 시대적인 제약과 제한적인 사회 환경에도 불구하고 자유로운 딸로서 아버지의 뜻을 기꺼이 따랐다.

이러한 계향과 아버지의 관계를 바탕으로 조선시대 딸과 아들의 관계를 조명해 보자. 조선이 건국된 14세기 말부터 19세기까지 재산분할에 관한 기록인 분재기는 다양하게 분포되어 있다. 특히 계향이 살았던 16, 17세기에 가장 많은 분재기가 존재하고 18세기 이후에는 분재기가 현저하게 줄어든다.[32] 이는 조선중기에서 후기로 넘어가면서 성리학이 조선인의 사고와 삶 속으로 보다 깊이 침투한 결과 가부장을 중심으로 하는 장자(우대)상속의 경향이 강해졌기 때문으로 볼 수 있다. 족보의 표기에 있어서도 마찬가지이다. 조선중기까지는 딸에 대한 족보표기방식이 아들을 먼저 족보에 올리고 딸을 마지막에 기재한 것이 아니라 출생순서에 따라 아들과 딸을 수록하는 일반적인 관행을 따르고 있다. 이는 딸을 아들과 마찬가지로 한 개인으로 존중하는 태도와 가정 내에서 아들과 딸이 비교적 평등한 위치에 있다는 것을 보여준다. 그러다가 18세기 초반부터 약 1세기 동안 편찬된 족보에서는 선남후녀先男後女의 원칙에 따라 족보 기록방식이 변화하기 시작한다.

> 내 시대의 가문이란 자아가 비대할 대로 비대해진 지금 사람들의 안목으로 보면 원천적인 억압 구조이다. 가문을 이루는 것은 개인들이지만 한번 가문이란 틀이 형성되면 개인은 그 속에 매몰되어 독립된 존재를 부정당한다. 가문은 개인을 우선하며 가문의 요구가 있으면 그 구성원들은 무엇이든 양보하고 희생하지 않으면 안 된다. 그래도 남성 쪽은 그리 억울할 것이 없다. 가문이란 가부장적인 대가족 제도의 동양적인 이념형 같은 것으로, 개인은 거기에 자신을 바침으로써 자아를 공간적으로뿐만 아니라 시간적으로도 무한히 확대할 수 있다. […] 그런데 그 가문은 남성의 혈통을 바탕으로 이루어진 까닭에 남성 쪽으로 보아서는 그대로 끝없는 자아의 확대가 된다. 하지만 여성의 쪽에서 보면 가문은 대가 없이 희생만 요구하는 억압 구조일 뿐이다. 제도적으로 성취의 길이 막혀 있어서이겠지만 여성의 성취는 가문의 성취에 들지도 않고 남성 구성원의 성취가 여성의 성취로 전화하는 것도 극히 제한적이다. 그것은 무엇보다 가문의 권화라고도 할 수 있는 족보의 표기법에서도 잘 드러난다. 극히 드문 예외를 빼면 여성은 거의 이름이 없고 부계의 성씨로만 특정된다.[33]

400년 전에 조선의 딸로 살았던 계향이 21세기를 살아가는 대한민국의 딸들에게, 그 딸들의 선택에 대해 말을 걸어온다. 계향은 어릴 때부터 자신의 관심에 대해 '유별난 선택'을 해 왔는데, 그러한 선택을 할 수 있었던 것에 대해, 그러한 선택에서 중요하게 작용한 것에 대해 깊이 생각해 보라는 것이다. 대한민국의 딸들은 어릴 때부터 지나치게 수동적이고 타율적인 삶을 살기 때문에 계향의 이러한 유별남에 당황스러울 수도 있다. 그렇지만 결국 환경에 의한 선택과 자유의지에 의한 선택 사이에서 늘 고민하고 방황하다가 결국 둘 중에 하나를 선택해야 하는 것이 우리의 삶 자체이다. 아주 사소한 것에서부터 매우 중요한 문제에 이르기까지 둘 중에 하나를 선택해야 하고, 그것에 대해 책임져야 하고, 그 선택에 대해 후회하지 않아야 한다. 자신의 의지대로 자신이 원하는 바가 분명히 있음에도 불구하고, 그것이 주어진 환경과 조건에 맞지 않은 경우, 대부분 그 환경과 조건에 순응하거나 굴복하는 방식을 선택한다. 그리고 한평생 형편에 따라 삶을 억지로 꾸려간다. 삶의 주체가 자기 자신이 아니고 삶의 중심에 자신이 빠져있기 때문에 살아가는 의미도 재미도 느낄 수 없고, 삶에 대해 감사하는 마음을 가지기는 더더욱 어렵다. 숨 쉬는 것을 포함해서 범사에 감사할 수 있고, 비록 어려움은 있지만 그래도 생활 속에서 재미를 느끼고 삶에 열정적일 수 있는 것은 어떤 선택과 결정을 해야 할 때 자신의 내면에 귀를 기울이기 때문에 가능한 일이다. 선택을 할 때 자기 자신을 다른 그 무엇에 내어주면 안 된다. 자신이 원하는 바대로 선택을 하고 자신의 선택을 믿고 그 선택이 옳았다는 것을 증명하기 위해 자신의 전부를 바칠 수 있어야 한다고 계향은 우리의 귓전에 속삭인다. 그 선택이 어떠한 것이라도, 그리고 그 선택의 순간이 되풀이된다고 하더라도 마찬가지라는 사실을 강조한다.

| 제2장 |

적인종부

시집을 가면 남편에게 순종하다

적인종부 편 아내 이야기에서는 페미니즘 담론이 훨씬 더 구체적으로 적용되기 때문에 남녀의 관계가 보다 더 첨예하게 대립된다. 결국 페미니즘 담론은 결혼과 맞물려 있고 결혼생활에서 남녀의 역할분담이 그 중심에 놓여있다. 따라서 결혼을 거부하는 여성들의 숫자가 많아지고 있는 작금의 상황에서 안동 장 씨 부인이 '선택'한 아내의 이야기는 페미니즘 관점에서 그 설득력을 잃을 수도 있다. 그러나 장 씨 부인이 걷게 되는 아내의 길은 결코 남편에게 지배받고, 남편을 위해 자신을 부득이 희생시켜야 하고, 여성의 정체성을 포기해야 하는 가시밭길이 아니다. 그 길 위에서 아내는 남편과 손에 손을 잡고 나란히 걸으면서 남편을 성장시키고, 남편과 더불어 삶의 성취감을 맛보고, 서로 사랑함으로써 백년해로를 한다. 가부장적인 권위를 넘보지도 않고 가부장적인 질서를 뒤엎지도 않는다. 함께 씨 뿌린 가정을 가꾸고 일구어 웃음꽃을 피우고 그 향기를 함께 맡으며 그 열매의 단맛을 함께 누린다.

적인종부 편에서 아내와 며느리 이야기는 동전의 양면에 해당한다.

현대여성이 결혼을 꺼려하는 이유 중 하나가 며느리로서의 삶에 대한 거부감 때문이다. 남편과의 사이에서 어느 정도 수평적인 관계를 유지한다고 하더라고 시댁 내지 시댁 어른들과의 관계에서 며느리가 수평적인 관계를 운운하는 것은 그 자체가 불가능할 뿐만 아니라 금기시되기까지 한다. 시대가 변했기 때문에 유교전통 역시 간소화되고 그 가치도 상당 부분 축소되었다 하지만 현대를 살아가는 며느리들은 시댁 제사에 심한 스트레스 받고 시댁 식구 맞이하기를 필요이상으로 불편해 한다. 그런데 무엇 때문에 안동 장 씨 부인은 며느리로서 시댁의 4대 봉제사를 기꺼이 모시고 사랑방 손님 모시기에 그렇게 정성을 쏟은 것인가? 며느리로서의 삶이 장 씨 부인에게 어떠한 의미로 작용했는지를 깊이 들여다보면 그 속에서 여성의 본래적 가치를 재발견할 수 있을 것이다.

넷. 결혼 이야기

계향이 살았던 조선중기의 혼인은 개인과 개인의 결합이라는 의미보다 가문과 가문의 연결의미가 훨씬 강했다. 그렇기 때문에 혼인날이 되어서야 신랑 신부가 서로의 얼굴을 처음 마주 대하는 것이 일반적이었다. 그런데 계향의 경우에는 후에 남편이 된 석계石溪 이시명李時明에 대해 일찌감치 얼굴과 신상을 알고 있었다.

내가 군자정부인이 남편을 높여 부르는 말 처음 뵈온 것은 열 살 이쪽 저쪽의 일로 군자께서 아버님 경당의 문하에 드시던 날이었다. 도굴산에서 글을 읽으시다가 도산 이부자李夫子의 도학을 들으시고 그 적전嫡傳: 정통의 혈통에서 정통으로 이어받음의 맥을 짚어 검제에 이르시게 된 것이라 한다. 뒷날의 인연에 끌려서였는지 어린 마음에도 훤출하면서도 기품 있는 군자의 용모가 인상 깊게 남았다. […] 군자께서는 여럿의 아낌과 기대를 모았고 어린 나도 흠모의 눈으로 우러른 적이 있으나 나와 혼인으로 맺어질 줄은 조금도 예측하지 못했다. 나도 그럴 것이 군자께서는 아버님의 문하에 찾아오실 때 이미 성가成家: 결혼한 몸이셨기 때문이다. […] 아버지께서도 처음에는 군자를 그저 앞날이 기대되는 제자로 받아들였을 것이다. 그러나 군자가 스물다섯에 상배喪配: 아내를 잃음하시면서 아버님의 뜻도 달라지신 듯하다. 그때 나는 한창 나이 열여섯이었다. 세상이 알아주는 경당선생의 외딸이요 재주 있다는 소문에 용색이 반드시 추루한 것도 아니어서 사방에서 혼담이 일었다. 그런데 그 모두를 마다하시고 나를 열아홉까지 미혼으로 잡아두신 까닭은 아마도 군자의 탈상을 기다리기 위함이셨던 듯하다.(선택, 62-66)

남편에 대해 존경하는 마음과 흠모하는 마음이 있었기 때문에 계향의 결혼 선택 자체가 힘들거나 문제될 만한 것은 없다. 그런데 조선중기에는 어찌하여 처녀가 상처한 남자의 재취가 되는 것이 아무렇지도 않았을까? 부모의 자기 자식 사랑하는 마음과 자기 자식에 대한 평가는 절대적인데, 어떻게 계향의 아버지는 여섯 살이나 많은 홀아비에게 딸을 선뜻 내 줄 수가 있었을까?[34] 그리고 계향이 남편의 전처와 어떻게 무덤을 같이 쓸 수 있으며 전처의 소생이 자기가 낳은 자식과 어떻게 같은 수 있을까? 계향의 남편이 된 이시명과 시댁의 입장에서 계향을 아내와 며느리로 맞이하고 싶다는 마음을 선뜻 내비칠 수 없었다는 것은 홀아비의 처녀장가가 계향과 계향의 친정아버지에게는 아무런 문제가 되지 않았지만 보편적인 사회분위기는 아님을 보여준다. 지금 우리들의 생각으로 이상하게 여겨지는 것이 한두 가지가 아니다.

정부인 장 씨가 가장 중요하게 생각하는 결혼의 조건은 사랑과 존경이다. 그렇다면 우리가 가장 중요시하는 결혼의 조건은 과연 무엇일까? 사랑과 경제력, 건강과 성격, 그리고 신뢰 등 여러 가지가 있을 수 있는데, 모르기는 해도 남편에 대한 존경심은 아마도 그 조건에서 비교적 후순위를 차지할 것이다. 남편에 대한 존경심은 결혼생활이 수월하면 수월한대로, 힘이 들면 힘이 드는 대로 결혼생활을 안전하게 유지시켜주는 안전장치이다. 남편에 대한 존경심이 있으면 남편이 어떠한 일을 하고 어떠한 상황에 놓이더라도 남편에게 함부로 하지 못한다. 결혼생활이 순탄하면 남편에게 감사하고 힘이 들면 남편을 위로하고 격려하는 마음이 존경심에서 생긴다. 물론 사랑하는 마음 없이 존경심만 가지고 결혼생활을 하는 데는 한계가 있을 것이다. 반대로 사랑하기만 하고 존경하는 마음이 없다면 결혼생활은 너무 경박해 진다. 사랑의 의미를 갈고 닦으면서 부부간에 사랑하는 마음을 돈독하게 해주는 것이 바로 존경심이다. 그것은 남편에 대한 아내의 존경심이든 아내에 대한 남편의 존경심이든 마찬가지이다. 존경심은 너무나 가깝고 친한 무촌인 부부가 서로에게 예의를 지킬 수 있도록 하는 기제이다.

계향의 결혼 이야기를 읽다 보면 비록 400년이라는 세월이 흘렀지만 그 당시의 결혼풍속이 지금과는 너무나 다르다는 사실을 알게 된다. 물론 400년은 긴 시간이다. 하지만 인류 역사 전체를 두고 보면 그 시간의 길이는 충분히 상대화될 수 있다. 그렇다면 400년 세월이 지나면서 결혼제도와 결혼에 대한 생각이 이렇게 변한 것은 무엇 때문인가? 모든 것이 물질적인 가치로 환산되는 현대사회에서 미혼 여성이 아이 딸린 홀아비에게 시집간다는 것은 수지타산이 맞지 않는 일이다. 경제적인 이유와 사랑하기 때문이라는 이유 외에 그러한 선택을 하는 여성은 매우 드물다. 그리고 그러한 선택을 했을 때 부모님의 반대는 너무나 당연하다. 설령 우여곡절 끝에 결혼을 한다고 하더라도 전부인과의 사이에서 난 아이들과의 관계에서 삐그덕거리는 것은 본능적이고 자연스럽다. 그런데 정부인 장 씨의 선택에 의한 결혼은 이 모든 것을 수용하고 껴안는다. 그리고 결혼생활을 하는 동안 이 모든 것들과 새로운 것들은 조화를 이루면서 아름다운 화음을 만들어 낸다. 조선중기의 사회적 분위기 때문에 계향이 별 갈등 없이 자신의 선택에 대해 기꺼이 책임을 질 수 있었겠지만, 그래도 중요한 것은 계향이 그러한 선택을 했다는 것과 그 선택이 계향의 삶을 아름답게 만들었다는 것이다.

계향이 문예와 서화에 다양한 재주를 가지고 있었기 때문에 신사임당이나 허난설헌처럼 여류 명사 내지 여류 작가로서 후세대에 이름을 충분히 떨칠 수도 있었을 것이다. 하지만 계향은 그 길을 걷는 대신 결혼을 선택한다. 그 이유는 과연 무엇일까?

> 그런데도 시문을 짓고 글을 쓰는 일은 부인의 직무가 아니기 때문에 마침내 예의로써 결단을 내려 이 일을 그만두고는 하지 아니하였다. 뒤에 [⋯] 석계선생에게 시집오게 되어서는 남편의 아내가 되고 자녀들의 어머니가 되어서 그 도리를 능히 다하고, 문예의 일에 대해서는 까마득하게 알지 못하는 듯하였다. (실기, 40)

계향과 비슷한 시기에 학문을 배우기 시작한 동학들이 사회제도적으로 마련된 절차와 시험을 통해 소기의 목적을 달성할 수 있었던 반면, 여자인 계향에게는 정계진출 내지 학문전념 등 남자아이들이 선택할 수 있는 어떠한 것도 허용되지 않았다. 무엇보다도 그때까지 계향이 닦은 기예만으로는 계향 자신이 스스로 만족하면서 충만한 삶을 살 수가 없었다. 설상가상으로 계향의 혼사에 노심초사하던 계향의 어머니가 장질부사[장티푸스]에 걸려 계향이 그동안 등한시하다시피 한 집안일을 도맡아 해야 했다. 비록 계향의 식구는 단출했지만 아버지의 제자들과 유생들, 그리고 아버지 벗들의 방문에 대해 어머니 대신 일일이 접빈하는 일은 계향에게 만만찮은 일이었다.

부모님의 삶의 방식에서 발견한 조선중기 남성과 여성의 불평등한 삶의 모습이긴 하지만 계향이 이러한 존재조건에 대해 불만을 가지고 있었던 것은 사실이다. 이처럼 여성의 사회진출이 제도적으로 허용되지 않았던 조선중기에도 의식이 깨어있는 계향과 같은 여성은 남녀 역할을 차별에 대해 비판적인 관점을 확보하고 있었다. 이러한 상황에서 계향 앞에 놓여있는 두 갈래 길 중에 계향이 '선택'한 것은 결혼이었다. 어머니를 대신해서 집안일을 맡아 한 일 년 남짓 기간 계향이 귀하게 발견하고 깨달은 것이 있었으니 총명하고 재주 많은 계향이 그때까지 배우고 익힌 진리의 빛이 계향의 선택을 위해 어둠을 밝혔고, 선택한 이후 계향의 삶 전반에 걸쳐 두루 비쳤다.

이 시대의 많은 여성들이 현실과 타협하거나 현실도피의 방식으로, 심지어는 현실적인 삶에 대한 보장 내지 안전장치로서 결혼을 선택했기 때문에 계향의 첫 번째 선택인 결혼에 대해서도 세상 사람들은 그렇게 색안경을 끼고 볼 수가 있다. 그런데 어쩔 수 없는 선택과 자발적인 의지에 의한 선택은, 그것이 무엇에 관한 것이든, 하늘과 땅 차이다. 조선중기 결혼한 여성으로서 살아가야 할 삶에 대해 지극히 회의적이면서도 불가피하게 그 선택을 했다면, 여성은 자신의 선택에 대해 책임질 수 없을 뿐만 아니라 그 선택에 의해 꾸려가는 삶에 대해 어떠한 가치와 의미도 부여할 수 없었을 것이다. 그것은 계향과 21세기를 살고 있는 우리에게 그대로 적용되는 문제이다. 그렇기 때문에 사회진출과 경제활동을 자유롭게 할 수 있는 현대여성들은 차라리 결혼을 최대한 늦추거나 결혼 자체를 아예 포기해 버린다. 결혼이 여성의 삶을 보장해주던 시대는 이미 지났다. 여성이 자신의 삶을 주도할 수 있는 시대에 우리는 살고 있다. 결혼에 대한 여성들의 생각이 지극히 독립적이기 때문에 거기에서 파생되는 문제점들 또한 매우 많은데, 이 지점에서 정부인 안동 장 씨의 목소리가 들려온다.

> 어머님이 복종을 굴욕으로 여기시고 봉사를 손익으로만 따져 내조를 거부했을 때, 혹은 당신이 좋아하시는 어떤 일에 몰두하시어 아버님께 가사의 분담을 요구해 오셨을 때 과연 춘파의 경당이란 선비가 있을 수 있었을까? 아버님께 학문적인 깊이와 수양의 두터움을 준 그 여가와 마음의 평온과 집중이 허용되었을까? 출산의 고통이 두렵고 기르는 성가심이 싫어 나를 낳고 기르지 않았다면 나는 어디에 있을까. 나의 고상한 선택과 그 선택이 품었던 꿈은 어디서 피었을 것이며 우아하고 기품 있는 규수로서의 나날은 어떻게 유지될 수 있었을까. 할아버지 할머니의 노년은 조시는 듯한 평안 속에 마감할 수 있었을 것이며 조상의 영혼들인들 따뜻한 흠향을 누릴 수 있었을까. 볼 수 없고 들을 수 없고 만질 수 없어도 존재하는 것이 있음을 아는 것이 사람의 귀함이다. 사람이 가장 높이 치는 가치는 오히려 그렇게 몸으로 느낄 수 없는 형태로 존재하는 것들이다. 참됨이 그러하고 아름다움이 그러하고 착함이 그러하고 거룩함이 그러하다.(선택, 59)

요즘 젊은 여성들에게 직접적으로 와 닿지 않는 메시지일 수도 있다. 요즘 여성들은 자신이 아닌 누군가를 위해, 심지어 그 대상이 부모나 자식이라고 하더라도, 자신을 온전히 희생하는 것에 대해 거리 두기를 한다. 효도와 사랑, 그리고 모성의 가치가 평가절하 되거나 상대화된 지도 오래다. 그런데 '자신을 사랑한다.'는 차원에서 정부인 장 씨의 말에 귀를 기울여보자. 우선 자신을 사랑하기 위해서는 자신의 존재함이 전제되어야 하는데, 자신은 어디로부터 왔는가? 당연히 부모님의 사랑과 그 사랑의 결실이 나의 존재를 가능하게 한 것이다. 그리고 출산을 위한 내 어머니의 이루 말할 수 없는 고통과 내 어머니 삶을 어느 정도 포기해야 가능한 어머니에 의한 육아와 교육, 그리고 보살핌이 없으면 지금의 내가 있을 수가 없다.

역사는 진행형이고 역사는 할머니와 어머니, 그리고 나의 대물림에 의해 그 명맥이 유지된다. 부인할 수도 거부할 수도 없는 사실이다. 삶의 방식이 다르고 그 몫의 정도가 다르지만 여성의 삶은 여성의 삶이다. 시대가 변했다고 해서 여성의 삶과 남성의 삶이 본질적으로 뒤바뀔 수는 없는 것이다. 물론 여성적인 것과 남성적인 것이 확정적이거나 규정적인 것이 아니기 때문에 그 성질과 현상에 대해 왈가왈부할 필요는 없다. 여성적인 것이 여성의 고유한 속성이 아닐 수 있고, 그것은 남성적인 것도 마찬가지이다. 여성이 점점 보이시해지기도 하고 남성이 점점 다소곳해지기도 한다. 20대 남성과 여성이 함께 생활을 하는 대학 캠퍼스와 교실에서 그러한 현상이 자주 나타난다. 보이시한 여성들에게 여성다움을 강요하고 수줍어하는 남성들에게 박력을 요구하면서 여성적인 것과 남성적인 것을 강조한다면 그것은 시대착오적인 발상일 것이다. 생물학적인 성구분에 의한 남성과 여성의 대립성이 사회학적인 성 개념인 젠더에 의해 그 경계가 희미해지는 것은 지극히 당연한 일이다. 그런데 그렇다고 해서 여성과 남성의 생물학적인 성 구분 자체를 부인하거나 거부할 수는 없다. 아무리 과학이 발달하고 유전공학과 생명공학이 최첨단의 기술을 자랑한다고 하더라도 여성의 난자와 남성의 정자가 결합해서 생식하는 자연의 질서를 거역하거나 파괴할 수는 없을 것이다. 여성의 자궁을 남성에게 이식시키고 수정란을 그 자궁에 착상시킬 수는 없는 노릇이다.

> 먼저 세상이 이렇게 만들어졌을 때는 이렇게 되어야 할 까닭이 있었으리라는 것, 그 까닭을 모른다 해서 까닭이 없다거나 그릇되었다는 근

거는 아니라는 것이 세상에 대한 무턱 댄 반발을 가라앉혀 주었다. 이어 남녀의 위치를 바꾸어 봄으로써 어느 쪽도 거부할 수 없는 그 까닭을 나는 더 강하게 추측할 수 있었다. 어떤 일은 신체의 구조나 기능 때문에 대체가 불가능하고 어떤 일은 대체가 가능해도 현저하게 효율이 떨어진다.(선택, 58)

지금까지 사회구조적으로 남성들이 여성들보다 더 많은 권리와 더 큰 권력을 가지고 있었기 때문에 남성이 원하는 방식대로, 남성에게 유리한 방향으로 사회질서가 유지되어 왔다. 그리고 지금은 여성이 자신의 능력을 발휘하는데 그렇게 큰 제한을 받지 않고, 남성과 여성의 능력 대결에서 여성이 남성을 능가하는 경우가 많은 것이 사실이다. 그 결과 분명히 상하 관계에 놓여있었던 남성과 여성의 위상이 점차적으로 수평의 관계를 지향하고 있다. 그리고 그 과정에 가속이 붙었다. 그 다음 단계가 어떻게 진행될 지는 불 보듯이 뻔하다. 한 번쯤은 상하관계를 역전시켜보고도 싶을 것이다. 그래서 실제로 전복과 역전을 위해 여성들이 과격하게 투쟁하기도 했다. 그런데 결혼과 출산을 거부하고 포기한다면, 그것을 통해 여성이 얻을 수 있는 것이 과연 무엇일까?

물론 지금 여성으로서 우리가 결혼과 다른 생산적인 활동 중에 반드시 하나를 선택할 필요는 없다. 결혼과 다른 활동을 함께 할 수 있고, 더군다나 둘 다를 잘 할 수 있는 환경 속에 살고 있다. 물론 기로에 서서 둘 중 하나를 반드시 선택해야 한다면 결국 자신이 가치를 더 두는 것을 선택하게 된다. 이것은 어쩌면 당연하고 자연스럽다. 둘 다 선하지만 불가피하게 충돌하는 두 개의 가치 중에 하나를 선택해야 할 경우, 충분히 고민하고 갈등하고 난 후 둘 중 하나를 선택하고 그 선택에 책임을 진다면 역사는 아무런 문제없이 이어지고 역사의 흐름과 더불어 인간을 포함한 인간 활동이 전반적으로, 그리고 점진적으로 발전하고 진보할 것이다. 그런데 역사의 진행과 진보가 반드시 정비례 관계만이 아니라는 것을 우리는 잘 안다. 이는 역사를 이어가는 주체인 인간이 그 선택과 책임에 너무 경솔했기 때문이다. 이를 증명하는 수많은 경우 중에 하나가 바로 여성들이 자신의 권리와 지위를 확보해 주고 보장해 주는 다른 활동을 위해 결혼과 출산을 너무 쉽게 포기하는 것이다. 20대 여대생들에게, 결혼적령기에 놓여 있는 여성들에게, 그리고 적령기를 넘어선 골드미스들에게 자신이 앞으로 하게 될 선택에 대해 무엇이 그 기준이 되어야 하는지 정부인 장 씨는 우리들에게 분명한 메시지를 전한다. 혼기에 찬 계향은 결혼이라는 첫 번째 조선중기 여성의 길을 기꺼이 선택하고 그 선택에 대해 충실히 책임을 졌다. 그리고 그 가운데서 자신의 의미와 가치, 그리고 삶이 주는 행복을 만끽했다.

다섯. 남편 석계 이시명

계향의 남편 이시명은 1590년선조 23에 경상북도 영해에서 태어나 1674년현종 15에 사망했다. 이시명의 본관은 재령이고 호는 석계石溪이다. 이시명의 아버지는 살아생전 현감을 지냈으나 사후에 이조참판으로 관직이 높아진 운악 이함1554-1632이다. 이시명의 가문은 원래 한성부의 남인계 사대부였지만 할아버지가 영해로 내려와 정착한 이래 아버지가 그곳에서 뿌리를 내리고 석계가 경상도를 중심으로 퇴계의 학풍과 가문의 대를 잇는다. 석계 이시명은 일찍이 퇴계 학파의 적통을 잇는 계향의 아버지 장흥효 문하에 들어가 수학했고, 스승의 눈에 들어 사위가 되었으며, 장계향과의 사이에서 학자 이휘일과, 훗날 이조 참판과 판서를 지낸 남인의 대표 학자 갈암 이현일을 아들로 두었다.

석계고택

1612년광해군 4 사마시생원진사시(일종의 성균관 입학시험)에 합격하여 성균관에 들어갔지만 광해군의 폭정과 난행을 목격하고 정치에 회의를 느껴 성균관을 중퇴하고 과거를 단념해 버린다. 이후 고향에 돌아와 스승이자 장인인 장흥효의 문하생이 되어 퇴계 학풍을 계승하다가 후에 서실을 짓고 후학 양성에 전념한다. 1623년 인조반정 이후 여러 번 천거를 받지만 고사하고, 특히 1624년에는 과거시험에 응시하여 1등을 하기도 한다.[35] 더군다나 참봉조선시대 문관 종구품 최말단 관직에 제수된 적도 있지만 부임하지 않는다. 정묘호란과 병자호란을 겪은 후 1640년인조 18에는 영양의 석보에서, 1653년효종 4에는 영양의 수비에서, 그리고 1672년현종 13부터 사망할 때까지는 안동 도솔원에서 후진을 양성하였다.

능양군은 1595년 선조의 아들이자 광해군과 배다른 형제인 정원군원종으로 추존과 부인 구 씨인헌왕후로 추존 사이에서 첫째 아들로 태어난다. 그러니까 광해군과는 삼촌과 조카 사이다. 광해군의 패륜적인 만행과 대북파의 안하무인격인 전횡이 자행되는 동안 공동 목적을 가진 서인들이 능양군을 중심으로 결집하고 반정을 도모한다. 특히 능양군은 반정 당일 친위부대를 진두지휘할 만큼 반정에 깊이 개입하는데, 반정이 성공함으로써 능양군은 인조로 추대되고 권력의 중심에서 밀려나 있던 서인들이 다시 권력을 장악하게 된다.

> 상[인조]이 친병을 거느리고 […] 밤 3경에 창의문에 이르러 빗장을 부수고 들어가다가 선전관으로 성문을 감시하는 자를 만나 앞장 선 군대가 그를 참수하고 드디어 북을 울리며 진입해 곧바로 창덕궁에 이르렀다. 이홍립은 궐문 입구에 포진해 군사를 단속해 움직이지 못하게 했다. 초관 이항이 돈화문을 열고 의병이 바로 궐내로 들어가자 호위군은 모두 흩어지고 광해는 후원 문을 통해 달아났다.
>
> – 『인조실록』 권 1, 인조 1년 3월 13일

인조로 즉위한 능양군과 반정을 주도한 서인들은 광해군의 패륜적인 악행과 명 · 청 관계에 대한 책임을 물어 광해군 일가를 강화도로 유배 보내고 대북 세력을 철저하게 제거한다. 하지만 이러한 명분만으로는 반정 세력의 정당성을 확보하기가 어렵다. 따라서 정치적 기반이 확고하지 못했던 인조 즉위 초기에는 여론도 그렇게 좋지 않았고 여러 가지 역모를 도모하는 사건과 반역을 고발하는 사건이 끊이지 않았다. 특히 반정 당시 종묘사직을 바로 잡겠다고 반정까지 도모한 서인 세력들이 자신들의 목적을 달성하자 다시 권력을 등에 업고 전횡을 일삼았다. 그래서 인조는 대북파의 독주가 초래한 결말을 거울삼아 서인의 독주를 견제할 남인 세력을 조성하는데, 결과적으로는 이 남인 세력이 제 역할을 제대로 하지 못한다. 오히려 서인 내부에서 공신 세력을 견제하고 북인과 남인의 배제를 강력하게 주장하는 청서 세력이 생긴다. 이렇게 해서 서인은 공서와 청서로 갈리고 병자호란 때 강경파인 청서는 척화를, 공서는 주화를 주장하면서 팽팽하게 맞선다.

인조와 서인 정권이 들어선 후 조선은 광해군 때와 달리 친명배금 노선을 확실히 정한다. 이에 자극을 받은 후금 태종이 1627년인조 5 조선을 침략하는데, 이것이 정묘호란이다. 정묘호란은 후금과 조선이 형제의 맹약을 맺는 조건으로 마무리된다. 하지만 1636년인조 14 후금이 국호를 청으로 바꾸고 군주의 호칭을 황제로 바꾸면서 조선에 형제가 아닌 군신의 관계를 요구한다. 청의 요구에 대해 조선 조정에서는 요구를 들어주고 청과 평화의 관계를 유지하자는 주화파와 전쟁을 하더라도 청의 요구를 거절하자는 척사파로 나뉜다.

조선 조정에서 당파 싸움을 하는 동안 1636년인조 14 12월, 청나라가 15만 대군을 이끌고 다시 조선을 침략한다. 인조와 대신들은 속수무책으로 우왕좌왕하다가 12월 15일 도성을 빠져나와 남한산성으로 피난을 간다. 그 즉시 청군은 삼전도지금의 서울시 송파구 송파동 일대에 있던 나루에 진을 치고 화의를 제안한다. 인조는 남한산성에서, 청군은 삼전도에서 각각 진을 치고 한겨울 내내 대치하는데, 군사 1만 정도에 한 달분 양식밖에 없는 상황에서 45일 이상 계속되는 전쟁을 도저히 버틸 수 없게 되자 인조는 청의 요구대로 항복한다. 이때도 척화파는 항복을 반대한다.

1637년인조 15 1월 30일, 인조는 삼전도에서 청 태종에게 세 번 절하고 아홉 번 머리를 조아리는 항복의식을 치른다. 이때가 조선 역사상 가장 치욕스러운 순간이었다. 청에 항복함으로써 조선은 청나라에 엄청난 공물을 바치고 수많은 인질을 보내야만 했는데, 인질 중에는 인조의 두 아들인 소현세자와 봉림대군도 포함되어 있었다. 병자호란으로 인해 인조와 장자인 소현세자 사이에 돌이킬 수 없는 갈등이 생긴다. 1645년인조 23 청나라에 인질로 끌려갔던 소현세자와 세자빈 강씨가 8년 만에 귀국한다. 청나라에서 소현세자는 봉림대군과 정반대로 행보한다. 조선과 청의 관계 개선을 위해 애쓰고 인질에 대한 속환 자금을 마련하기 위해 영리 활동을 했는데, 그것을 인조가 오해한 것이다. 인조는 청나라가 자신들에게 우호적인 소현세자를 조선의 왕으로 세울 것을 우려한 나머지 소현세자가 귀국하자 소현세자를 노골적으로 경계한다. 그 와중에 소현세자는 귀국한 지 두 달 만에 병을 얻어 죽는다.

소현세자에게 아들이 있었기 때문에 세자가 죽은 후 그 아들을 세손으로 책봉하는 것이 원칙이다. 하지만 인조는 소현세자의 아들이 아닌 자신의 아들 봉림대군에게 세자 자리를 물려준다. 그리고 소현세자의 식구는 전부 의문의 죽음을 당한다. 결국 반정으로 왕위에 오른 인조는 정통성 확보에 필요한 명분도 세우지 못하고, 서인을 견제한다는 명목으로 남인을 모으지만 그것이 결과적으로 당쟁만 초래한다. 더군다나 병자호란 중에는 조선 최대의 치욕만 당하고 어떠한 국익도 챙기지 못한다. 그리고는 1649년 인조 27 5월, 54세의 나이로 죽는다.

조선중기의 시대적 특징을 한 마디로 요약하면 전쟁의 시기이다. 정부인 장 씨의 이야기에서 임진왜란과 병자호란이 중요하게 다루어지는 이유는, 임진왜란은 아버지 삶의 한 축을 이루고 병자호란은 남편 이시명이 은둔생활을 선택하게 되는 직접적인 계기가 되기 때문이다. 또한 양대 전란을 겪고 난 후 조선이 점차 후기로 접어들기 때문이다. 조선후기의 정치 · 경제 · 사회 · 문화는 조선중기의 그것들과 현저한 차이를 보이고, 그 중에서도 과도기적인 특징을 가지고 있는 조선중기 여인들의 삶과 삶의 조건이 조선후기의 그것들과는 다르다. '조선시대 여인'이라고 했을 때 우리가 일반적으로 떠올릴 수 있는 이미지는 정부인 장 씨 이후 조선후기의 엄격한 유교질서에 의해 포장되고 만들어진 여인상이다. 조선후기 가부장적 질서 속에서 그 질서에 순응하면서 현모양처를 꿈꾸던 여인상이다. 그리고 여성의 권리와 관련해서 벗어 던져 버리고자 하는 것도 바로 그러한 '조선시대 여인'의 이미지이다.

정부인 장 씨의 남편인 이시명은 삼전도의 치욕 병자호란 당시 인조가 삼전도에서 청 태종에게 세 번 큰절을 올리고 아홉 번 머리를 조아린 사건이 있었던 병자년부터 세상을 등지기 시작했는데, 그 후 가사를 전혀 돌보지 않고 오랫동안 은둔생활을 했기 때문에 부인 장 씨가 딸린 식구가 많은 큰살림을 혼자 꾸려나가야만 했다. 그럼에도 불구하고 그것이 아내가 남편을 가벼이 여기는 구실은 될 수 없었다. 남편을 〈귀한 손님〉으로 자리매김하고, 남편에게 예를 갖추며 존경하는 마음을 평생 간직하고 있었으니 계향의 깨어있음을 가히 짐작할 만하다.

인조 임금이 남한산성에서 청나라 오랑캐에게 무릎을 꿇고 머리를 조아리자 장 씨의 남편 이시명은 그것에 대한 치욕스러움과 분개하는 마음을 칠언시에 담는다.

건공호탕대무변乾坤浩蕩大無邊 하늘과 땅 넓게 펼쳐져 아득히 끝이 없고
일월정명자고연日月貞明自古然 해와 달 곧게 비추는 건 예와 다름없건만
수유호진생오예誰遺胡塵生汚穢 누가 오랑캐의 먼지로 [이 땅을] 더럽혔나
남성일계오조선南城一計誤朝鮮 남한산성 한 계책이 조선을 그르쳤어라.[36]

이석계, 「유감」

어제와 오늘 하늘과 땅이 그대로 있고, 해와 달은 아침과 저녁에 그대로 떠오르는데, 청나라가 조선의 땅을 짓밟고 조선의 임금을 치욕스럽게 함으로써 조선의 명예가 땅에 떨어져 버렸다. 그래서 이시명은 어제를 살아온 방식으로 오늘을 견딜 수가 없었던 것이다. 인조가 청 태종에게 허리 굽히고 머리 조아리는 것 자체가 너무나 굴욕적이고 오랑캐와의 화친을 주장하여 임금으로 하여금 그러한 치욕을 감당하게 한 사문난적유교를 어지럽히는 도적(양명학자) 무리의 행동에 분개한 것이다. 그리고는 그때까지 이어온 과업을 폐하고 세상을 등지기 시작한다.

탁족청천수濯足淸川水 맑은 냇물에 두 발을 씻고
승량벽헌송承涼碧巘松 푸른 소나무 아래 바람을 쐬네.
심전무외념心專無外念 마음에 바깥 생각 전혀 없으니

운물역한용雲物亦閑容 구름 또한 한가로운 모습이구나.[37]

이석계, 「우음」

그리고는 자연과 벗하여 평생을 자연과 더불어 살아간다. 세상은 어지러운 정치로 혼란스럽고 외세의 침략으로 위태롭지만 석계 이시명은 그 소용돌이에 휘말리지 않은 채 유유자적한 생활을 영위한다. 더럽고 탁해빠진 세상과 달리 냇물은 맑디맑고 그 냇물에 발을 담가 발에 묻은 세상의 온갖 때를 말끔히 씻어낸다. 그리고는 푸른 소나무 아래에서 바람에 온 몸을 맡기니 아무리 더운 여름이라고 하더라도 개운함과 시원함을 느낄 수 있음은 당연하다. 게다가 출세나 세상적인 것에 대한 욕심이 전혀 없으니 마음의 분주함이나 일상의 번거로움으로부터도 자유로울 수 있다. 한편으로는 이러한 이시명의 한가로운 삶 자체가 군자의 삶이고 성인의 삶이다. 하지만 다른 한편으로는 이시명의 삶이 한 가정의 가장 내지 남편, 그리고 아버지의 삶으로서 바람직한 것만은 아니다.

이시명은 계향의 아버지 경당의 문하생이었다. 이시명이 경당의 문하생이 된 것에 대해 "석계가 경당을 뵌 후로는 학문의 큰 도를 듣기를 기뻐하여 믿기를 돈독히 하였"고 석계가 경당의 학문이 가지고 있는 "오묘함을 전수받아 광명정대한 지결결단의 뜻을 자득하여 깨달았다."[38]고 전한다. 또한 성誠과 경敬에 대해 건과 곤과의 상관성을 묻는 경당의 질문에 대해 "성이란 가득 찬 것입니다. 건의 체는 가득 찬 것이므로 성으로서 말한 것이며, 경에는 비어있고 곧다는 뜻이 있으니 곤의 체는 비어있으므로 경으로서 말한 것입니다."[39]라고 하는 석계의 대답은 경당을 매우 흡족하게 했는데, 이 대답 속에 경당 가르침의 핵심인 지경의 삶과 학문적인 도가 다 들어있었고 두루 통했던 것이다. 이 일화는 경당의 고명딸 계향의 어린 시절을 상기시켜줌과 동시에 계향을 자연스럽게 시명과 이어준다.

이시명은 1614년에 첫째 부인이 사망한 후 1616년에 안동 장 씨 가문의 장계향을 두 번째 아내로 맞이하면서 경당의 사위가 되고 퇴계학파의 계보에 정식 편입된다. 퇴계학파의 대표주자 서애 유성룡과 학봉 김성일의 학문과 사상을 두루 섭렵한 경당 장흥효의 문하생으로 있다가 장흥효의 고명딸 계향과 결혼을 함으로써 장인의 학풍과 사상을 잇고, 자신이 전수받은 것을 아들들에게 고스란히 물려줌으로써 퇴계학파의 적통을 이어받은 적자로서 임무를 다한다. 그리고 그 방식에 있어서 장계향의 아버지인 경당이 걸어오면서 세워 놓은 이정표를 따라 그대로 걷는다.

계향이 조선시대의 딸이었기 때문에 경당이 자신의 학문적 자산을 그대로 물려주지 못했지만 석계는 전처 김 씨 소생의 자녀와 장 씨 부인과의 사이에서 난 여러 자녀들을 교육하는데 있어서 열성적이었다.[40] 물론 은둔 생활을 시작하면서 바로 자녀들의 교육을 담당하거나 책임진 것은 아니었다. 하지만 아내의 지엄한 간청을 받아들인 후에는 그 어느 스승보다 자녀들의 교육에 깊이 관여했고 자녀들 역시 아버지의 가르침에 따라 지행합일의 도를 실천함으로써 퇴계학파의 적통을 잇는 조선의 대표 유학자가 된 것이다. 아버지 석계의 가르침이 자녀들에게 어떠한 영향을 미쳤는지에 대해서는 장남 상일[41]과 차남 휘일[42], 삼남 현일[43]과 사남 숭일[44], 오남 정일[45], 육남 융일[46], 그리고 칠남 운일[47]의 시를 통해 확인할 수 있다.

이시명이 평생 은둔 생활을 했지만 그렇다고 해서 그 생활이 현실부정과 현실 도피에 의한 것은 아니다. 병자호란의 치욕을 도저히 씻을 수 없었기 때문에 차라리 눈과 귀를 막고 입을 다문 채 자연 속에서 자연과 더불어 살기로 결정했을 뿐이다. 은거하면서 이시명이 청나라에 대해 척화론과 북벌론을 주장했다는 사실은 조선중기에서 조선후기로 넘어가는 혼란한 시대에 조선의 미래를 준비하는 일에 석계가 그 어느 누구보다 적극적인 입장을 표명했음을 보여준다. 또한 은거하는 동안 어느 누구 하나 예외 없이 일곱 명의 자식 모두를 훌륭하게 키웠다는 사실은 그 어느 누구보다 자식교육에 열정적이었고, 자식들에게 지극 정성을 쏟았으며, 사랑으로 자식들을 키웠다는 것을 말해준다.

석계서당

여섯. 시집을 가면 남편에게 순종하다

나이 19세 때에 계실로서 나[갈암 이현일]의 선군先君: 남에게 돌아가신 자기 아버지를 이르는 말에게 시집왔는데, 선군의 휘는 시명, 자는 회숙이고, 성은 이씨이다. 시아버지와 시어머니를 섬김에는 효도하고 근신하는 절차를 갖추고 있었으며 선군자를 받들어 섬기면서 근 60년 동안 서로가 손님을 대접하듯이 공경하였으며, 모든 일을 반드시 남편에게 먼저 아뢰어 명령을 받은 뒤에 실행하였다. (실기, 25)

기독교국가에서는 종교적 · 정치적 단체의 창립기념일이나 개인의 특정 기념일을 애너버서리anniversary라고 하여 축하하는 풍습이 있는데, 결혼기념일도 애너버서리 중 하나이고 결혼 25주년과 50주년을 축하하고 기념하는 은혼식과 금혼식이 비교적 널리 알려져 있다. 영국에서는 결혼 후 5년째 되는 해를 목木으로 정하고, 15년째를 동銅, 25년째를 은銀, 50년째를 금金, 그리고 60년째를 다이아몬드금강석로 정해 애너버서리로 기념하는데, 미국에서는 결혼 75주년을 다이아몬드 결혼기념일로 축하한다. 이러한 풍습은 시간이 지남에 따라 그 횟수도 늘어나고 기념하거나 축하하는 분위기도 점점 사치스럽고 화려해지는 경향이 있다. 결혼기념일의 선물로 결혼 1주년이 되는 지혼식에는 종이와 상관있는 선물을 주로하고 은혼식에는 남편이 아내에게 은제품을 선물하거나 가족이나 친지가 그 부부에게 은제품 선물한다. 한국에서는 해로한 부부가 혼인한 지 60년이 되는 해에 회혼례를 올리기도 하는데, 주로 자손들이 그 부모를 위해 베푼다. 장 씨 부인도 전실 자식 세 명을 포함해서 슬하에 10남매를 두고 서로가 서로에게 〈귀한 손님〉으로서 함께 60년을 해로했다.

세상살이에서 지나침도 있고 치우침도 있는 남편과 60평생을 해로한다는 것이 말처럼 그렇게 쉽지 않으며 장 씨 부인에게 그 시간이 순조롭고 순탄하지 만은 않았을 것이다. 아무리 장 씨 부인이 남편을 〈귀한 손님〉으로 자리매김하고 예를 갖추어 받들어 섬긴다고 하더라도 오랜 세월 세상과 등진 채 살림살이에 아무런 보탬을 주지 않는 무심한 남편에 대해 한결같을 수만은 없었을 것이다. 그래서 남편이 은둔생활을 한 지 몇 해가 지난 후 장 씨 부인은 전쟁으로 인한 치욕이 아무리 크고, 그 때문에 세상과 등지고 산다고 하더라도 사람 키우기를 그만두면 안 된다고 하면서 남편에게 자신의 뜻을 간곡하게 전한다. 그리고 남편의 나라를 사랑하는 깊고 높은 뜻이 제대로 발현되기 위해서라도 자식들과 조카들에게 남편이 학문을 전수해 주어야 한다고 설득한다. "세상이 망해도 사람은 길러야 합니다. 사람이 없으면 아름다운 뜻이 무슨 소용이겠습니까? 더구나 지금 슬하의 여러 자질자식과 조카 또는 자식과 손자이 아무 배움도 없이 나이만 먹어가니 장차 이 일을 어찌해야 될는지 알지 못하겠습니다."라고 한 것은 분명 남편의 뜻을 거스르는 말이다. 하지만 장 씨 부인이 남편에게 충분히 예를 갖추고 공손하게 자신의 뜻을 전했기 때문에 결국에는 남편이 아내의 뜻을 존중해주고 아내의 요청을 기꺼이 받아들인 것이다.

부부가 큰소리를 내면서 싸우는 것은 사소한 이유 때문이다. 말 한마디가 천 냥 빚을 갚기도 하지만 말 한마디 때문에 큰 다툼이 일어나기도 한다. 한 마디 말이 불씨가 되어 부부 간에 싸움이 극단으로 가고 서로가 서로에게 깊은 상처를 주며 결국에는 서로 헤어진다. 요즘 젊은이들에게 흔히 일어나는 일이다. 장 씨 부인이 남편의 뜻을 거스를 수밖에 없는 상황에서 어떻게 했는지를 눈여겨보면 그 지혜를 터득할 수 있을 것이다.

> 하지만 수비산은 너무 깊고 외진 곳이라 자손들과 더불어 오래 터 잡을 곳은 못 되었다. 자라는 아이들의 학문과 진취를 위해서도 좀 더 세상에 가깝고 트인 땅이 필요했다. 이에 나는 숨어 살고 싶어 하시는 군자의 뜻을 다시 한 번 거스르기로 작정하고 이번에는 세월과 재력을 들여 채비를

갖추었다. […] 나는 가만히 사람을 풀어 아무도 살지 않는 [안동]부근의 땅을 헐값에 사들인 뒤 그곳에 논과 밭을 열었다. 그런 다음 농막 몇 채를 넣고 동네 이름을 대명동이라 쓰게 하니 원래 사람이 살지 않던 곳이라 곧 모두에게 그렇게 불리게 되었다. 그 일에 여러 해가 걸려 그때 내 나이는 벌써 육순을 넘기고 있었다. 그러나 나는 참고 기다리다가 그 모든 채비가 갖춰지고서야 군자께 말씀드렸다. […] 나는 더욱 얼굴빛을 부드럽게 하고 목소리를 낮추어 아뢰었다. […] 그러자 군자께서는 한동안 가만히 헤아리시더니 처연히 고개를 끄덕이셨다. 수비산에 은거한 지 거의 스무 해 만의 일이었다. […] 군자께서는 뒷날까지도 대명동의 이름이 어디서 유래했는지를 알지 못하신 듯하다. 속임은 거스름 중에서도 큰 거스름이니 나는 그때 군자를 가장 크게 거스른 셈이 된다. 그러나 조금만 뜻이 달라도 낯성부터 먼저 내고 심하면 맞고함에 삿대질조차 서슴지 않는 요즘의 너희에게는 그게 거스름의 축에나 들지 모르겠다.(선택, 121-124)

얼굴을 붉히고 언성을 높여서는 상대방에게 얻어낼 수 있는 것이 아무 것도 없다는 것을 잘 알면서도 의견이 다를 때 우리는 상대방의 의견을 들어보지도 않고 자기주장만 강하게 한다. 그러면서 상대방이 자기 이야기를 들어주지 않는다고 먼저 흥분하고 분노한다. 서로에게 예를 갖추기는커녕 상대방을 깎아 내리기에 급급해한다. 지금 우리가 사는 방식대로 살았다면 장 씨 부인이 남편과 평생을 해로하지 못했을 것이다.

남편의 결심과 오랜 세월 지속된 남편의 은둔 생활에 대해 장 씨 부인이 그 결정을 존중하기는 했지만, 그렇다고 해서 무조건 남편의 결정을 받아들이고 무작정 그 시간을 참고 견딘 것만은 아니다. 남편의 뜻이 옳고 남편의 결정이 위대하기는 하지만 그것이 지나친 분한에 의한 것이면 지나칠 수 있고, 세상과 등지고 살면서 외골수가 되면 세상을 바라보는데 있어서 한쪽으로 치우치기 쉽다는 것도 분명히 알고 있었다. 그렇기 때문에 과업을 폐하고 은둔생활을 선택한 남편의 뜻을 장 씨 부인이 존중하기는 했지만 분명 그것이 지나치고 치우친 바가 있다고 생각했다. 그렇다고 해서 남편의 그러한 치우침이 장 씨 부인이 남편에게 예를 갖추는데 부정적으로 작용했다거나 방해가 된 것은 아니었다.

그런데 이 지점에서 선뜻 납득이 가지 않는 부분이 있다. 자신의 뜻과 맞지 않다고 가족과 세상을 버리고 은둔생활을 선택한 남편에 대해 장 씨 부인이 어떻게 그 오랜 세월 동안 한결같이 남편을 〈귀한 손님〉으로 모시고 살 수 있었을까? 남편과 아내의 관계가 장 씨 부인에게 있어서 주종으로 맺어진 것은 결코 아니다. 경제력이 변수로 작용하기 때문에 이시명과 장 씨 부인의 관계를 납득할 수 있는 것도 아니다. 그렇다면 장 씨 부인이 남편을 섬기는 마음과 그 방식은 도대체 어디에서 나오는 것일까?

> 만약 나의 시대가 남자가 여자의 보살핌을 받아야 할 필요가 없을 만큼 문화적 기술적으로 발전되고, 국가가 어머니보다 더 영양이 풍부한 식단과 전문적인 교육 능력으로 육아를 맡아주며, 사회 보장 제도가 늙은 부모를 즐겁고 편안하게 모셔준다면 나도 나의 [결혼 전] 선택을 지켜갔을지도 모른다. 그러나 다시 말하지만 우리가 이 세상에서 하는 선택 중에 상황이나 여건에서 온전히 자유로운 선택이라는 게 과연 있던가? 더군다나 그 어떤 세상이 온들 남녀가 서로를 보살피고 다독이며 조화롭게 세상을 유지하고 그 자녀들을 통해 보다 아름답고 살기 좋은 다음 세상을 준비하는 일보다 더 큰 일이 있을 수 있겠는가. 나는 그때 바로 그 일을 새로운 선택으로 껴안았다.(선택, 61–62)

자율적인 선택과 타의에 의한 선택, 그리고 그 선택에 대한 책임문제에서 장 씨 부인처럼 스스로 자신의 길을 선택하고 자신의 선택에 대해 최선을 다하는 사람이 이 세상에는 더러 있다. 그들은 긍정적인 마인드를 가지고 있기 때문에 살면서 갈등과 어려움에 직면하더라도 자신의 선택을 후회하기보다는 현실적인 문제들을 원만하게 해결해 나간다. 장 씨 부인이 그랬다. 그래서 현실적인 면에서 볼 때 치우침과 지나침이 있는 남편과 60년을 해로하면서 행복한 삶을 영위할 수 있었던 것이다.

그런데 요즘 아내들이 남편을 〈귀한 손님〉으로 자리매김하는 경우가 과연 있을까? 사위가 백년손님인 시대도 이미 지나가 버린 것 같다. 사위조차 손님으로 대접하지 않는 이 시대의 모녀가 만들어 가는 남편의 자화상은 장 씨 부인이 생각하는 남편상과는 거리가 멀다. 수직적인 관계에서 남편을 받들어 모시고 섬기는 방식이 시대착오적인 것이고 구시대의 유물이지만, 수평적인 관계에서 부부가 서로를 존중하고 서로를 배려하는 방식은 시대를 초월하여 통용되는 방식이다. 요즘 젊은 세대 남성들은 여자 친구 내지 아내를 끔찍이 생각한다. 결혼한 경우 가정에서 청소는 물론, 음식물 쓰레기 버리기와 분리수거를 도맡아 한다. 아이를 배낭에 태워 뒤로 업거나 앞으로 매기도 한다. 그리고 결혼 전 데이트를 할 때 보면 여자 친구의 핸드백을 들고 다니는 것은 다반사이고 식당에서 여자 친구의 식판을 챙겨주고 반납해 주는 일도 여사다. 남성이 여성을 위하는 방식에서 변화가 생기는 것은 시대적인 요구이고 여성들이 원하는 바이기 때문에 당연한 것일 수도 있고 어쩌면 그러한 보상 정도는 여성들이 마땅히 받아야 한다고 생각할지도 모른다. 그런데 대학생들을 대상으로 설문조사를 해보면 시어머니와 장모가 결혼을 반대할 경우, 장모보다 시어머니가 반대할 경우에 결혼이 성사될 확률이 훨씬 높다고 한다. 며느리에 대한 선택권보다 사위에 대한 선택권이 더 중요해진 것처럼 보인다. 게다가 여성의 중성화 내지 남성화, 남성의 여성화 현상이 점점 더 심해지고 있다. 이렇게 역전현상이 일어나는 상황에서 장 씨 부인이 우리들에게 들려주는 이야기는 무엇일까? 여성이 남성에게 종속되어 남성의 지배를 받은 것이 억울하고 원통해서, 남성에 대해 남성의 방식을 그대로 답습하려고 하는 현대 여성들에게 장 씨 부인이 할 수 있는 말은 과연 무엇일까?

> 다행히도 바람의 방향은 바뀌었다. 전 시대의 억압과 질곡은 끝나고 여성들도 제도 속에 매몰되었던 자아를 찾아 나섰다. 이제는 누구도 이 세찬 흐름을 되돌려 놓지는 못할 것이다. 그런데도 너희를 보는 이 마음이 기껍기만 하지는 못한 것은 무슨 까닭일까. 우리는 역사에서 수많은 혁명의 밤을 찬연한 꿈으로 지새웠다. 그러나 아침이 되면 달라진 것은 통치자의 이름과 빼앗고 억누르는 구실뿐이었음을 환멸 속에서 깨달아야 했다. 지나친 비관일지 모르지만 나는 결혼제도를 둘러싼 의식의 혁명적인 전환에서도 같은 경험을 하게 될까 두렵다. 왜곡되고 경직된 전 시대의 이념에서 힘들여 벗어난 결혼과 가족 제도가 그대로 벌거숭이 이기利己에게 내맡겨지는 것 같아 불안하기 그지없다.(선택, 75)

장 씨 부인의 기우가 현실로 나타나지는 않을 것이라고 생각한다. 왜냐하면 일상에서 자주 증명되듯이 남성과 여성이 충돌할 경우, 여러 가지 면에서 여성들이 남성들과는 다른 방식을 취함으로써 폭력이 아닌 타협을 통해 문제를 해결할 줄 알기 때문이다. 여성들이 남성 위주의 질서와 권위에 도전한 것은 여성의 잃어버리고 빼앗긴 권리를 회복하고 되찾기 위함이지 당한 만큼 그대로 되갚아주기 위함이 아니다. 가부장적인 질서 내에서 남편과 아내의 관계가 수직적이었기 때문에 대립적이었다면, 탈 가부장적인 질서 속에서는 수평적인 관계의 부부가 상극이 아닌 상생의 길을 함께 모색하고 그 지형도를 함께 그려나간다. 정正과 반反이 합合을 지향하는 과정에서 충돌과 반목, 그리고 다툼을 충분히 경험했기에 '바람의 방향이 바뀌었다'고 해서 불가피하게 파괴를 감수해야 하는 역전의 변증법적인 합일을 굳이 한 번 더 경험할 필요가 없다. 그것이 미련한 짓이고 아무런 득이 없다는 것을 안다. 여성의 권리가 충분히 확보되고 여성의 목소리가 커진 것은 사실이다. 상대적으로 남성의 권위가 위축되고 목소리가 작아진 것도 사실이다. 그렇다고 해서 하늘과 땅이 업 앤 다운 되지는 않는다. 그렇게 되어서도 안 된다. 남성들이 하늘임을 자처하고 끝없이 올라가려고 하는 동안 여성들은 비상하는 것보다 터를 잡아 땅을 일구는 일에 전념했고, 지금도 하늘이 되기보다 터를 가꾸어 싹을 내고, 꽃을 피우고, 그리고 열매 맺는 일에 몰두한다. 아무리 시대가 변하고 남녀 역할이 바뀌었다고 해도 생명과 생산에 관한 일이 여성의 몫임을 잘 안다. 그럼에도 불구하고 지나치게 결혼을 늦추고 출산을 기피하는 여성들의 숫자가 점점 많아지고 있다. 이에 대해 장 씨 부인의 따끔한 충고가 날카롭게 귓전에 들려온다.

> 자기 성취를 위해 아이 갖기를 거부하는 여성에게서 나는 오직 자신의 혈통 승계를 위해 출산을 강요하던 전 시대 남성들의 독선적인 논리와 다름없는 맞은편의 극단을 본다. 성가심과 불편함을 이유로 임신을 회피하는 너희에게서는 지난 시대 남성들의 무책임에 못지않은 또 다른 무책임을 느끼며, 젊음을 즐기는데 방해가 된다고 해서 또는 몸매를 망친다는 이유로 아이 갖기를 거부하는 너희들에게서는 전 시대 남성들에 의해 저질러진 종족 보존 기능의 그 어떤 왜곡보다 더한 거부를 읽는다.(선택, 76)

요즘 젊은이들에게 결혼의 조건에 대해 물어보면 여러 가지 조건들 가운데 배우자에 대한 존경심을 꼽는 경우가 간혹 있다. 그 이유를 들어보면 사랑과 물질도 물론 중요하지만 사랑을 지속시키는 힘과 물질적으로 풍요롭지 못함에서 오는 불편함을 감수하는 힘이 서로에 대한 존경심 내지 예에서 나오기 때문이란다. 어떻게 그런 생각을 할 수 있었는지 물어보면 서로 예를 갖추는 부모님의 경우나 정반대의 경우를 예로 든다.

남남으로 태어나 서로 알게 되고, 서로에게 호감을 느껴 사랑하게 되고, 그러다 부부의 연을 맺어 한 몸 한마음이 되고, 둘이 하나 되어 자식 낳고 살다가 때 되어 둘 중 한 사람이 먼저 세상을 떠나게 되는 것이 부부의 한 평생이다. 나를 낳아준 부모보다 나와 오랜 세월을 함께 하며 내 목숨을 내어주어도 아깝지 않은 내 자식들을 나에게 선물로 주고 나의 반쪽으로 내 옆에 있어주는 남편에 대해 무슨 근거와 무슨 자격으로 함부로 하고 무시하고 심지어는 구박까지 할 수 있단 말인가? 그리고 그것은 아내에 대해서도 마찬가지이다.

성리학적 질서에 입각한 조선시대의 부부유별을 이제는 더 이상 근대적인 의미로 해석하면 안 된다. '부부사이에 구별이 있어야 한다.'는 의미가 남편과 아내 사이에 선험적인 차이가 있고, 부부간에 우열이 분명히 존재하기 때문에 우세한 남편이 열등한 아내 위에 군림하고, 아내가 남편에게 절대 복종해야 한다는 식으로 해석한다면 그것은 더 이상 설득력이 없다. 이제는 아무도 부부관계를 그렇게 규정짓지 않는다. 시대가 변함에 따라 남녀뿐만 아니라 남편과 아내 관계에서도 상당한 지각변동이 있었고, 그것이 부부간 지분상의 변화를 동반했기 때문에 이제는 '부부유별'을 남편과 아내의 역할 구분 정도로 이해할 수 있을 것이다. 그리고 그 역할을 구분하는 기준 내지 경계조차 희미해지고 상대적이 되었다.

행복한 가정을 만들기 위해 가장 선행되어야 할 조건이 부부간의 사랑이고 부부가 서로를 존중하는 마음이다. 부부간에 예를 갖출 수 있다면 그 가정에 속한 자녀들 역시 부모를 거울로 삼아 사랑하는 마음으로 부모를 공경하고 형제간에 우애를 나눌 수 있을 것이다. 가화만

사성은 동서고금을 막론하고 통용되는 진리이다.

이 씨 가문의 맏며느리 역할을 해야 하는 셋째 며느리 장 씨 부인이 며느리로서 자신의 정체성을 찾아가고 만들어 가는데 있어서 그 내면적인 갈등이 심했을 것이라는 것은 가히 짐작할 수 있다. 특히 장 씨 부인은 출가 전에 여성으로서 학문의 맛을 보고 그 성취감에 취해 보기도 했다. 말하자면 자의식이 강하고 어떤 문제에 대해 비판적인 판단을 할 수 있었기 때문에 자신을 무조건 시댁 가문과 동일시할 수도 없었고 가문의 영광을 자아의 확대와 일치시킬 수도 없었다. 그럼에도 불구하고 장 씨 부인은 결국 자신보다 시댁의 가문을 우선시하고 가문의 유지와 발전을 자신의 영광으로 삼았는데, 장 씨 부인이 그러한 선택을 한 최종적인 논리가 제법 설득력이 있다.

> 〈어차피 너는 육십 년 혹은 칠십 년의 제한된 시간만을 살고 가야 한다. 그러나 가문이란 것에 너를 던지고 동일시를 얻게 되면 그 안에서 앞서 살아간 조상들의 삶을 네가 이었듯이 대대로 이어질 네 자손에게까지 네 삶은 연장된다. 또한 네 삶은 한정된 공간에 갇혀 있다. 높아야 여덟 자에 못 미치는 시각과 멀어야 십 리에 못 미치는 사력과 빨라야 한 시간에 백 리도 이동하지 못하는 몸속에 갇혀있다. 그러나 아직 태어나지 않은 미래의 구성원들까지 포함된 가문이란 존재의 틀 속에 들어가게 되면 너의 공간은 무한이라고 해도 좋을 정도로 넓혀진다. 그 확대된 시간과 공간의 성취가 모두 너의 것이 된다. […]
>
> 피할 수 없는 강요에도 선택의 여지는 있게 마련이다. 맹목적인 순응과 적극적인 수용은 다르다. 우리 시대 여성들에게 가문은 피할 수 없는 강요였다. 그러나 나는 맹목적으로 순응한 게 아니라 그런 나름의 논리를 통해 적극적으로 그 이념을 껴안았고, 그런 뜻에서 감히 가문을 내가 결혼 뒤에 첫 번째로 한 선택이었다고 말하고 싶다.(선택, 105-108)

정부인 장 씨가 남편을 섬긴 방식을 그대로 답습하는 경우는 요즘 거의 없을 뿐만 아니라, 그 방식이 오히려 낯설고 이상하기까지 하다. 우리는 그것이 당연하지 않은 시대에 살고 있고 그렇게 교육받지 않았다. 남편의 자기실현이 중요하다면 아내의 자기완성도 똑같이 중요하다고 생각한다. 그리고 우리는 견디기보다 누리기 위한 삶을 선택하기 때문에 남편과의 관계에서 오는 긴장감을 불편해하고 버거워한다. 정부인 장 씨와 180도로 다른 시공간에 살고 있는 우리에게 정부인과 같은 아내로서의 삶을 요구하는 것은 어불성설이다. 이 점은 간과할 수도, 부정할 수도 없다.

그렇다고 해서 정부인 장 씨의 아내로서의 삶을 폄하할 수는 없다. 내가 그런 삶을 선택하지 않았다고 해서 그러한 삶을 선택한 장 씨 부인에게 비난의 화살을 날릴 수는 없다. 게다가 정부인 장 씨가 그러한 아내로서의 삶을 선택한 데는 분명한 이유가 있다.

> 군자의 자리매김을 두고 한 내 여러 날의 고심은 바로 거기에 있었다. 남편에게 순종함은 우리 시대의 철칙이었지만 나는 그것이 진심에서 우러난 내 행동 원리가 되기를 바랐다. 강요에 의한 굴종이 아니라 스스로 한 선택이기를 원했다. 그리고 마침내 찾아낸 군자의 딴이름이 실기에서 이른바 〈귀한 손님〉 이었다. 이제 와서 돌이켜 보아도 내가 군자를 그같이 자리매김한 것은 자랑할 만한 선택으로 느껴진다. 귀하다는 것은 군자를 향한 내 우러름과 사모함을 간략하게 드러낸 말이다. 손님은 비록 가깝고 익숙하더라도 예를 잃지 않으리라는 내 다짐의 표현이다. […] 세상이 지금 이대로 끝나게 되어 있지 않다면 다음 세대를 낳고 기르는 일보다 더 크고 무거운 일은 없다. 후손들을 통한 자아의 확장 따위를 믿지 않아도 좋다. 사람들의 세상을 이어가는 일은 그 자체로도 넉넉한 무게와 값을 지닌다. 그런데 바로 그 다음 세상을 나와 함께 마련하고 가꾸어 나갈 분이 군자이시다- 이 얼마나 귀한가.(선택, 113)

남편이 누구인지 설명해주는 여러 가지 말 중에 장 씨 부인이 선택한 것은 '존빈'이다. 이 지점에서 우리는 남편을 어떻게 자리매김하는지 한 번 생각해 보자. 성별이 다른 벗, 협력자, 동반자라는 이름은 그래도 남편과 아내의 수평적인 관계를 전제한다. 보호자, 후견인 등의 이름에는 남편을 자신의 든든한 배경으로 생각한다는 의미가 들어 있다. 섹스 파트너, 물주 역시 남편의 다른 이름이다. '하늘같은 남편'도 있고 '발톱의 때' 같은 남편도 있다. 남편을 일컫는 수많은 이름 중에 장 씨 부인이 선택한 〈귀한 손님〉은 계향이 결혼의 제1조건으로 내세운 존경심과 상관있고 그 존경심은 가장 본능적으로 결합되어 있기 때문에 가장 가까운 사이인 부부간에 지켜야 할 예와 밀접한 관계가 있다.

> 일생을 한 집안에서 함께 할 사람, 서로에 대해 가장 많이 알고 언제나 익숙한 사람, 피와 살을 합쳐 태어난 자손들로 인해 죽은 뒤조차 나뉘기 어려운 존재가 되어버린 사람을 억지스런 예절로 대하기는 선뜻 내키지 않거나 힘들기 조차하다. 하지만 남편이란 바로 그런 존재이기 때문에 그를 대하는 데 오히려 예가 필요하다. 사람과 사람을 맺는 관계 중에서 본능이 가장 깊게, 그리고 오래 관여하는 것이 바로 부부관계이다. 본능은 예로 조절되지 않으면 금세 그 이기심과 폭력성을 드러낸다. 그런데 부부는 함께하는 긴 세월 때문에 가장 많이 그 본능의 이기심과 폭력성에 노출되어 있다. 짐승의 암수와 사람의 부부를 구별할 수 있는 것은 오직 예뿐이다.(선택, 115)

부부간에 예를 지킨다는 것이 무엇을 의미하며 부부간에 어떻게 하는 것이 예를 지키는 일인지 우리의 삶을 통해 한 번 살펴보자. 결혼을 하고 나면 남녀는 부부라는 이름으로 본능적으로 결합하고 서로 간에 흉허물이 없어진다고 한다. 육체적인 결합이 자연스러워지기 때문에 사실 부부간에는 못 볼 것도 없고 가릴 것도 없다. 그렇기 때문에 부부간에 예를 지킨다는 것이 더욱 어렵다. 그런데 아무리 부부라고 하더라도 결혼한 지 얼마 되지 않는 남녀가 서로가 보는 앞에서 아무런 생각 없이 속옷을 갈아입거나 어떨 때는 방귀를 뀌고, 또 어떨 때는 트림을 하는 것 등은 서로가 서로에게 예를 갖춘다면 도저히 할 수 없는 일이다. 아무리 사소한 일이라고 하더라도 하지 않아야 할 것은 끝까지 하지 말아야 한다. 부부라는 단어에는 불편함이나 어려움보다는 편안함과 친숙함이라는 단어가 더 잘 어울리지만, 그렇다고 해서 그것을 빌미로 상대방이 당혹스러워할 행동을 반복적으로 하면 안 된다. 그리고 요즘 젊은 세대들 사이에서는 출근하는 남편 아침밥 차려주기가 이미 아내의 몫이 아닌지 오래되었다. 잠든 아내를 깨워 아침밥을 달라고 하는 남편도 별로 없다고 한다. 혼자 뭐든지 먹고 출근하거나 아니면 출근해서 뭔가를 먹는다고 한다. 길들여진 식생활 습관에 따라 하루에 세 끼를 먹어야 하는 상황에서 아내의 역할 중 소홀히 할 수 없는 것이 남편의 건강인데, 식구들의 하루 세 끼 전부가 전적으로 아내의 몫이 될 필요는 없지만 그래도 출근하는 남편에게 아침밥 차려주기는 갈등해서 선택해야 할 문제가 아닌 것 같다. 결혼해서 아이가 생기면 가정 내의 모든 리듬이 아이에게 맞추어지는데, 그것은 어느 정도의 시점까지는 불가피한 일이기도 하다. 그런데 문제는 아이들이 성장하면서 아내들은 아내의 자격을 스스로 반납하고 학부모로서 모든 신경과 에너지를 아이에게 집중한다. 식사를 하는 것과 심지어 메뉴를 정하는 일에 있어서도 남편은 뒷전이고, 지나칠 경우, 남편의 존재 자체를 거추장스러워 하기도 한다. 경제력이 부족한 남편인 경우 온갖 구박을 다 받는다. 경제력이 탄탄한 남편이라고 하더라도 아이 교육비 명목으로 아내가 요구하는 금액에서 조금이라도 부족하면 그 남편은 홀대받기 일쑤이다. 그러다가 자녀들이 출가하고 난 후 부부만이 남게 될 때, 아내는 남편 수발에 대해 불평불만하게 되고, 그것은 결국 사회적인 문제로까지 확대된다. 남편에게 예를 지킨다는 의식이 없는 상태에서 사회제도적으로 남편의 아내, 남편을 위한 아내, 그리고 남편에 의한 아내이기를 계속 강요받아 온 아내들이 일종의 반란을 일으킨 것이라고 보면, 그렇게 터무니없는 일도 아니겠지만 그것은 부부라는 이름으로 한데 묶인 두 사람 중 어느 누구를 위한 일도 아닌 것이다. 남편에게 조금만 예를 갖춘다면, 정부인 장 씨처럼 남편을 〈귀한 손님〉으로 여긴다면, 남편에게 함부로 할 수 있는 일은 상당부분 줄어든다.

그렇다고 해서 예를 갖추는 것이 아내의 몫만은 아니다. 남편도 아내에게 예를 갖추어야 한다. 기존의 질서가 혁명에 의해 뒤집혀지거나 무용지물이 된 것이 아니기 때문에 남편이 아내에게 예를 갖추는 방식 역시 하늘에서 뚝 떨어지지 않는다. 시대가 변하고 상황이 달라졌지만 아내가 남편에게 예를 강요할 수는 없다. 그래도 남편은 아내에게 예를 갖추어야 한다. 아내에게 예를 갖추지 않고서는 자의식이 발달한 아내와 포스트모던 시대에 조화롭게 사는 것 자체가 불가능하다. 그렇다면 남편이 아내에게 예를 갖추어야 한다는 것은 무슨 뜻인가? 속옷과 방귀, 그리고 트림 등과 같은 것은 예와 관련해서 아내든 남편이든 조심해야 할 부분이다. 나머지는 상당 부분 아내에 대한 배려심이 있으면 그것이 자연스럽게 아내에게 예를 지키는 것으로 귀결된다. 이렇게 보면 아내가 남편에게 예를 지키는 것보다 남편이 아내에게 예를 지키는 것이 조금 더 수월해 보이지만 결국 배려와 예는 동전의 양면이기 때문에 하나가 없이는 다른 하나가 불가능하고 둘이 함께 있어야 아름다운 부부의 이야기가 꽃피게 된다.

남녀의 불화로 인류의 지속이 심각한 위협을 받거나 더 큰 반동에 의해 너희가 보다 가혹한 제도의 억압과 질곡 속으로 되끌려가게 될 지도 모른다. 옛적에 일어났던 일이 다시 일어나지 못할 까닭은 없다. […] 이제 내가 빛날 것도 자랑스러울 것도 없는 아내로서의 내 삶을 돌이켜 보려는 것은 어쩌면 기우일지 모르는 그런 걱정에서 비롯되었다. 내가 한 남자의 아내로 살았던 그 시대는 결혼제도의 억압과 질곡이 그 절정을 이루었던 삼백년 전이다. 이미 모든 것을 훌훌 털고 자신의 길을 걷고 있는 아내들은 불행했던 시절을 추억 삼아, 아직도 온전히 헤어나지 못한 아내들은 고단한 삶을 헤쳐 나가는 데 참고로 들어주기 바란다. 그리고 아주 드물겠지만, 다른 쪽을 선택할 기회가 있는데도 나와 같은 길을 선택한 이들이라면 모자란 대로 본보기를 삼아도 좋다.(선택, 78)

| 제3장 |

부사종자

남편이 죽으면 아들의 뜻을 좇다

부사종자 편 어머니 이야기에서는 또 다른 차원의 페미니즘 담론이 형성될 수 있다. 안동 장 씨 부인이 살았던 유교전통의 조선시대에는 현모양처가 동시대 여성들이 지향하는 삶의 방식이었고 대부분의 여성이 그 방식대로 그 가치에 순응하면서 살았다. 그런데 지금의 페미니즘적인 관점에서 보면 현모양처는 조선시대 여성에 대한 지배 이데올로기로 작용을 한다. 현모양처라는 이데올로기 속에 다산을 여성의 미덕으로 삼아 여성들로 하여금 출산과 양육에 몰두하게 함으로써 여성의 요구 내지 욕구를 내면화하는 기제가 숨어있다는 것이다. 소위 이상화된 여성의 역할을 강조하고 그 역할에 충실하게 함으로써 여성의 여성성을 억압하는 장치가 바로 현모양처라는 이데올로기의 작동이라는 것이다. 따라서 그것에 대한 반작용으로서 다산을 포기하고 심지어는 여성 고유의 기능이자 권리인 출산 자체를 포기해 버리는 극단적인 선택을 한다. 이 지점에서 안동 장 씨 부인은 이 시대를 살아가는 여성들에게 조심스럽게 말을 걸어오고 간곡한 부탁의 말을 전한다. 그 목소리에 귀를 기울여 그 언어를 이해할 수 있을 때 여성은 생명의 존재로서 거듭날 수 있을 것이다.

부사종사 편 할머니 이야기에서는 딸과 아내, 며느리, 그리고 어머니의 이야기를 만들고, 기록하고, 들려 준 할머니의 지혜가 오롯이 우리에게 전달될 것이다. 이 지혜 속에는 모든 다툼과 갈등이 함께 있는데도 서로 상극이지 않고 상생한다. 할머니 이야기의 중심에는 페미니즘적인 공격도, 반페미니즘적인 비판도 그 힘을 잃는다. 페미니즘의 연장선상에 서 있는 젊은 할머니들의 '철없는' 행동도 물론 있지만 삶의 희로애락을 몸소 체험한 할머니는 집안과 이웃의 '큰 어머니'로서 자손들의 사랑을 받고 이웃들의 존경을 한 몸에 받는다. 자손들을 위한 한밭 갈기에 충실했고 이웃을 위한 밭의 곡식 나눠주기에 인색하지 않았던 할머니에게 죽음 내지 '지는 해'의 의미란 새로운 삶과 내일의 태양에 대한 전제다.

일곱. 열 손가락 깨물어 안 아픈 손가락 없다

다소 이상하게 들리겠지만 내가 나라골로 시집갔을 때 맏아이 상일은 벌써 다섯 살이었다. 군자의 전취 광산 김 씨 소생이라 태교 열 달은 베풀지 못했으되 상일은 틀림없이 나의 아들이며 그 아이에게 바친 정성 또한 세상의 그 어떤 어미에게 뒤지지 않는다고 자부한다. [⋯] 상일은 나이 다섯에 이르도록 가르침다운 가르침을 받을 수가 없었다. 나는 먼저 군자께 상일의 일을 말씀드려 보았다. 하지만 그 때 군자께서는 전혀 동몽남자아이을 가르쳐 보신 적인 없을뿐더러 아직 그럴 겨를이나 흥심도 없으셨다. 이에 하는 수 없이 이웃에 알아보니 마침 나라골에서 십리쯤 되는 곳에 남경훈이란 선비가 서당을 열고 동몽을 받고 있었다. 나는 상일을 업고 그 서당에 찾아가 첫 배움을 열어주었다. 시집가던 첫해 겨울이니 내 나이 열아홉일 때였다. 그 뒤 상일이 소학을 익힐 때까지 거의 5년 동안 나는 그 아이를 업고 그 십리 길을 오갔다. 사람들이 계모 된 어려움을 말하나 나는 진심으로 말하거니와 내 아이로 그를 길렀다. 그 5년의 내 정성은 그 아이에게 못 베푼 태교 열 달에 갈음하기 위함에 지나지 않았다. 조상의 유덕에 자신의 노력을 더하여 상일도 훌륭한 선비로 자라주었다.(선택, 171-172)

장 씨 부인은 한 마디로 생명의 어머니이다. 전실 소생의 아이들을 양육함에 있어서 본능에 자신을 내맡기지 않은 것도 생명의 어머니만이 할 수 있는 일이고, 자기 자식을 여덟 둔 것도 생명의 어머니이기 때문에 가능했다. 물론 장 씨 부인이 살았던 시대의 여성들이 출산과 육아를 자유롭게 선택하거나 그것으로부터 자유로울 수는 없었다. 그 시대에는 이유를 불문하고 불임이 칠거지악 중에 하나였기 때문에 결혼 후의 임신과 출산은 여성의 당연한 의무였다. 그리고 그 전통은 우리 할머니나 어머니 세대까지 이어오고 있다.

그 시대에도 회임의 거북함과 분만의 고통은 있었고, 새로운 생명을 이 땅으로 불러내는 모체의 주저와 불안도 있었다. 따라서 그것들을 극복하기 위해서는 나름의 내면적인 선택이 있어야 했다. […] 하늘과 땅 그리고 그 사이에 펼쳐진 모든 것은 저마다 존재하는 것이기는 하지만 사람이 없으면 아무런 의미를 가지지 못한다. […] 사람이 곧 세상이다. 그런 뜻에서 아이를 낳고 기른다는 것은 세상의 바탕을 이룩하는 일이 되고 그 한 가지만으로도 출산의 가치를 부인하는 천만 가지 교묘한 논리를 대적할 수 있다. 세상을 있게 하는 일, 지금 여기 있는 모든 것에 이름을 매기고 뜻을 주고 값을 셈하는 존재를 만드는 일- 그보다 더 크고 아름다운 일이 어디 더 있겠는가.(선택, 157-159)

장 씨 부인은 생명의 어머니로서 여성의 자리매김을 확실히 하고 한 생명체를 잉태해서 열 달 동안 품고 있다가 세상 밖으로 내보내는 일에 대해 신성한 가치를 부여한다. 그리고는 '스승에게 십 년을 배우기보다 어머니의 태교 열 달이 더 중하고, 태중 열 달의 가르침보다 남편이 아내를 대하는 마음가짐이 더 귀하다.'고 하는 옛말을 그대로 실천한다. 요즘 젊은 부부는 우리 할머니 또는 어머니, 그리고 심지어 우리 세대와는 달리 함께 태교를 하면서 태교에 지극정성을 다한다. 시대가 변함에 따라 아이의 교육에 아버지가 적극적으로 나서고 임신 중에 남편이 아내를 귀하게 여기는 모습을 보면 그나마 아이와 세상의 미래가 밝아 보인다.

> 잠잘 때 모로 눕지 아니하며
> 맛이 이상한 음식은 먹지 아니하며
> 앉을 때 한쪽으로 치우치지 아니하며
> 설 때 한쪽 발에만 의지하지 아니하며
> 반듯하게 썬 음식이 아니면 먹지 않고
> 자리가 바르지 않으면 앉지 아니하며
> 눈으로 좋지 못한 빛을 아니 보고
> 귀로는 바르지 않은 소리를 듣지 아니하며
> 밤에는 소경으로 하여금 시를 외게 하여 듣고
> 옳고 바른 일만 이야기 한다.(선택, 160)

태교 10단계

임신을 계획하는 것이 바로 태교의 시작이기 때문에 태교는 임신 후가 아니라 임신 전부터 시작해야 한다. 아이를 바르게 키우는 것도 중요하지만 정자와 난자가 수정되는 그 순간도 아주 중요하기 때문이다. 건강한 정자와 건강한 난자가 만나야 건강한 수정란이 만들어지는데, 일반적으로 난자는 배란된 지 8시간이 지나면 노화되기 시작한다. 노화된 난자가 수정이 되면 기형아를 만들 확률이 높아지기 때문에 전통 태교에서는 부부가 합방하는 시간과 장소도 중요하게 여겼다. 이런 맥락에서 건강한 아기를 가질 확률을 높여주는 계획 임신이 바로 태교의 시작인 것이다.

1개월 가임 여성은 뢴트겐 촬영이나 약을 복용할 때 항상 조심해야 한다

이 시기의 태아는 키 1㎝, 몸무게 1g밖에 안되는 작고 연약한 상태이다. 태아의 뇌는 임신 3주째부터 분화하고 발육하기 시작하는데, 이 시기에는 임신에 대한 자각이 거의 없는 시기이므로 임신 가능성이 있는 여성들은 **뢴트겐 촬영**이나 약을 복용할 때 항상 주의하여야 한다. 또한 술과 담배를 이 시기부터 끊어야 한다.

2개월 본격적인 태교 스케줄을 세운다

임신 7주에 들어서면 머리와 몸체, 팔, 다리 형태가 분화되고 서서히 두뇌도 형태를 드러낸다. 물론 이 시기 태아의 뇌가 외부의 정보를 받아들일 만큼 발달된 상태는 아니다. 하지만 이때부터 태아의 뇌는 급속도로 성장한다. 이 시기의 태아는 여전히 양수 안에서 닫힌 채로 생활하지만 양수 안의 생활환경에 따라 태아의 발달 정도가 달라지므로 산모는 항상 몸과 마음을 편안하게 유지해야 한다.

3개월 기억력이 생기기 때문에 음악태교나 태담을 시작할 수 있다

임신 3개월 무렵부터는 엄마의 행동에 의해 어떤 자극을 받게 되면 그 중에 일부를 기억할 수 있다. 그래서 음악태교나 태담을 시작할 수 있다. 이 시기의 태교는 태아의 이해 여부보다 엄마의 마음을 차분하게 하는데 중점을 두는 것이 좋다. 입덧이 심해지면 태교에 신경을 쓰기 힘들어지므로 입덧 완화와 영양 관리에도 신경을 써야 한다.

4개월 태아에게 감정이 생긴다

4개월부터는 기억과 관계있는 기관이 생기기 시작하므로 태교를 본격적으로 시작한다. 아기와 정서적으로 유대를 갖기 위해 태담을 많이 하고 동화책이나 시집을 많이 읽어 준다. 태아의 기쁨과 불안, 노여움 등의 감정도 이때부터 생긴다. 태아의 감정이 언제나 엄마의 감정과 같이 반응한다는 것을 명심하고 엄마가 항상 즐겁고 행복할 수 있도록 노력해야 한다. 자연친화적인 활동을 하는 것도 태아의 정서 발달에 좋은 방법이다.

5개월 청각이 완성되고 목소리를 기억한다

이때부터 청각기능이 성인처럼 발달하기 때문에 외부에서 들려오는 모든 소리를 들을 수 있다. 이 시기부터 음악태교와 태담을 적극적으로 할 수 있다. 이전의 태교가 엄마의 기분을 태아에게 전달하는 것이었다면, 이때부터의 태교는 외부 자극을 직접 태아에게 전달하는 것이 된다. 태아가 좋은 기억을 많이 할 수 있도록 자주 다정다감하게 말을 걸고 노래를 불러

주는 것이 좋다.

6개월 **야외에서 다양한 자연의 소리를 들려주는 것이 좋다**

임신 후 엄마의 활동이 가장 편해지는 시기로 태아의 움직임이 크고 활동적이 된다. 태아가 심리적으로 안정되고 뇌의 신경세포가 왕성하게 발육하기 때문에 엄마와 아빠의 목소리를 구분한다. 이때부터 태아가 바깥 세상으로 관심을 돌리기 때문에 외부로부터 오는 어떤 자극이나 신호에도 민감하게 반응한다. 따라서 야외에 나가 태아에게 다양한 자연의 소리를 들려주는 것이 좋다. 태동이 심해지므로 수시로 배를 쓰다듬으며 아기와 이야기하는 것이 좋다.

7개월 **삼림욕을 자주 하고 몸과 마음을 가볍게 하는 것이 좋다**

두뇌의 발달이 거의 마무리되는 시기로 영양과 산소를 충분히 공급해 주어야 한다. 삼림욕을 자주 하고 뇌 호흡 태교명상 · 단전호흡 · 뇌 체조 등으로 충분한 산소를 공급하여 굳어졌던 뇌를 운동시킴으로써 뇌를 건강하게 하고 뇌의 기능을 활성화하여 태아의 정서 안정과 잠재 능력을 계발시키기 위한 태교로 몸과 마음을 가볍게 하는 것이 좋다. 이 시기의 태아는 좋고 싫은 소리를 구별하여 발차기 등을 통해 반응을 보이기 때문에 아기에게 끊임없이 말을 걸면서 교감한다.

8개월 **소리의 강약과 바깥 세상의 밝고 어두움을 구별한다**

엄마 목소리의 강약에 따라 엄마의 기분을 알 수 있고 가족의 목소리를 구별할 수 있기 때문에 서로 다른 반응을 보인다. 따라서 동화책을 읽어줄 때도 실감나게 읽어주는 것이 좋다. 이 시기에는 엄마의 경험과 체험이 전부 태교가 된다. 바깥 세상의 밝고 어두운 것을 구분하는데, 이것은 눈이 아닌 뇌의 작용이다. 멜라토닌은 밝으면 줄어들고 어두우면 늘어나는데 엄마의 눈과 뇌를 통해 아기에게 전달된다. 따라서 엄마는 일찍 자고 일찍 일어나는 규칙적인 생활을 하도록 노력해야 한다.

9개월 **뇌가 완성되고 감정이 풍부해 진다**

태아의 뇌가 완성되어 복잡한 감정과 미묘한 정서를 잠재적으로 기억한다. 배냇짓은 엄마 뱃속에서 시작되는 행동인데, 혼자 웃고 우는 배냇짓을 자주 하는 것은 그만큼 감정이 풍부해졌다는 증거이다. 아이의 감정이 더욱 풍부해질 수 있도록 엄마는 행복하고 즐거운 생각만을 하면서 출산을 준비해야 한다. 엄마가 슬프하거나, 놀라거나, 흥분하면 태아의 수면에 방해가 되므로 가능한 한 마음을 편하게 해야 한다.

10개월 기다리던 아기의 탄생을 구체적으로 준비한다

아기는 온전한 인간으로 세상 밖에 나오기위한 준비를 끝내고 엄마의 자궁을 떠날 시기만을 기다린다. 발길질도 멈추고 몸을 작게 오므린 다음 머리를 아래쪽 골반에 두고 바깥 세상으로 나올 채비를 한다. 태아의 감정과 반사 신경은 어느 때보다 민감하기 때문에 만남을 기다리고 있다는 말을 자주 해 주는 것이 좋다. 무엇보다 출산에 대한 두려움을 없애는 것이 중요한데, 이를 위해 좋은 생각과 명상을 하고 편안한 자세로 가벼운 운동을 하는 것이 좋다.[48]

모태의 심리상태와 태아의 의식형성이 불가분의 관계에 있다는 것은 전통 태교와 현대 태교에서 본질적으로 중요시하지만 태교의 방법에서는 과거보다 훨씬 세분화되고 다양해졌다. 장 씨 부인도 어느 훌륭한 어머니 못지않게 태교에 힘을 쏟았다.

> 자신이 애기를 갖게 되자, 옛날 『열녀전』에 있는 경계를 생각하고는 비록 과일과 채소 등의 식물일지라도 모양과 빛깔이 완전하고 바르지 않은 것은 모두 입에 대지 않았다. 같은 마을에 어머니의 장수를 축하하는 잔치가 있어 족친과 인척의 내외 사람들이 모두 모이게 되고, 기생과 음악이 같이 펼쳐지고 처용무의 귀면회신라 처용의 귀신 얼굴을 그린 탈을 쓰고 추는 춤놀이가 자리 앞에 번갈아 펼쳐졌다. 부인께서 때마침 애기를 갖고 있었으므로, 즉시 머리를 낮게 숙이고서 마음이 쏠리지 않았으며 종일토록 눈을 들어 보지 않았다.(실기, 26)

장 씨 부인은 직접 태교를 하지 못한 전실 자식들에게는 태교 이상으로 교육에 정성을 쏟고, 자신의 태중 아이들에게는 더 할 수 없는 태교를 하고 교육을 함으로써 7남 3녀의 자식을 남부럽지 않게 키워낸다. 그 중에 특히 셋째 아들 현일이 벼슬과 명성, 그리고 덕망이 높아서 이름을 세상에 드러낸 덕분에 장 씨 부인이 정부인이라는 외명부의 직첩을 받을 수 있었다.

교지

여덟. 7남 3녀 이야기

처음에 선군돌아가신 아버지를 남에게 일컫는 말께서 아들 7인과 딸 3인을 두었다. 아들로 맏은 상일인데, 장릉참봉이고, 딸로 맏은 사인벼슬을 하지 않은 선비 여국헌에게 시집갔는데 모두 전부인 김 씨가 낳은 자녀이고, 나머지 자녀들은 모두 부인[장 씨 부인]의 소생이다.

부인의 아들로서 맏은 휘일이니 경기전참봉이고, 다음은 현일이니 이조판서이고, 그다음은 숭일이니 의령현감이고, 그다음은 정일과 융일과 운일이다. 딸 두 사람은 사인 김영과 김이에게 각각 시집갔다.(실기, 34)

장 씨 부인의 셋째 아들 갈암 이현일이 부인의 사후 어머니에 대해 기록한 글의 일부이다.[49] 정부인 장 씨의 아버지 경당이 문하생 이시명을 사위로 선택한 것도 의아하지만 부인 스스로 아버지의 뜻을 받들어 전실 소생이 두 명이나 있는 홀아비 석계를 남편으로 받아들인 점도 쉽게 이해가 되지 않는다. 더군다나 전부인이 낳은 아들과 자기 소생의 아들을 차별하지 않고 사랑한 것과 전처 소생의 아들을 지극히 가르치고 정성껏 키운 것, 그리고 시집 장가를 보낼 때 자기가 낳은 아들딸보다 전처소생의 남매에게 혼수와 물건을 더 많이 준 것 등은 이 세상의 보통 어머니들이 쉽게 할 수 있는 일이 아니다. 왜냐하면 어머니도 인간이기 때문이고, 더군다나 모성은 지극히 본능적이기 때문이다.

하지만 장 씨 부인은 전실 자식을 그렇게 지극정성으로 키웠는데, 이 부분에서 특히 부인의 인간됨과 가치관, 그리고 위대함이 다 드러난다.[50] 자기 자식을 둘 키우는 것도 힘들어하는 요즘 젊은 엄마들은 상상도 할 수 없는 것을 부인은 과감하게 선택하고 자신의 선택에 기꺼이 책임을 진 것이다. 한편으로 생각하면 도저히 불가능하고 무모한 일일 수 있지만 다른 한편으로 보면 장 씨 부인에게는 그 일이 그렇게 어렵지 않은 일일 수도 있다. 왜냐하면 아버지의 가르침이 자연스럽게 몸에 배고 아버지의 가르침대로 '지경'을 실천한 삶을 살았다면 '빈' 마음으로 선택을 함에 있어서 충분히 생각하고 신중하게 결정을 했을 것이기 때문이다. 그리고 일단 선택을 했으면 그 선택에 집중함으로써 사랑으로 그 빈 마음을 채울 수 있었을 것이다. 쉽게, 그리고 저절로 되지 않는 부분이기 때문에, 그래서 자신이 없기 때문에 선택을 하지 않거나 못하는 것과 신중하게 결정을 했기 때문에 쉽지 않은 일을 해내고 저절로 되지 않는 일에 대해 끊임없이 노력하는 것은 별개의 문제이고 선택의 문제이다. 둘 중 어느 선택이 절대적으로 옳다고 말할 수는 없다. 하지만 정부인 안동 장 씨는 후자를 선택했고 자신의 선택을 믿고 스스로를 격려하고 응원하면서 자신의 책임을 다했다.

상일은 장 씨 부인의 남편 석계와 전처 사이에서 태어난 장남이다. 상일에 대한 부인의 정성은 상일과 자신이 낳은 첫 아들 휘일의 교육을 자신의 친정아버지인 경당에게 맡기고 두 아들이 똑같이 교육을 받을 수 있도록 여건과 환경을 만들어 준 것으로 확인이 되고 증명이 된다. 상일의 경우 어릴 때 어머니를 여의고 할머니 손에 자라다가 장 씨 부인을 새어머니로 맞았으니, 그때까지, 그리고 그때 이후 일정 기간 동안 정서적으로 불안정했을 수도 있을 것이다. 하지만 장 씨 부인의 인품과 성품을 미루어볼 때 상일과 상일의 누이를 가슴으로 낳은 자식으로 삼고 그 아이들에게 측은지심을 가졌을 것이 분명하기 때문에 전처소생의 맏아들과 맏딸에게 사랑을 베풀면서도 차별하지 않았을 것이고 잘못을 꾸짖을 때도 자기 소생과 똑같은 마음과 방식으로 했을 것이다.

상일은 서애 류성룡의 넷째 아들인 류진의 딸과 혼인을 한다. 일반적으로 류진은 아버지 서애로부터 학문을 배우고 익혀 퇴계학문을 계승한 것으로 알려져 있지만 류진이 장 씨 부인의 아버지인 경당에게 찾아와서 묻고 답하면서 배우고 익히는 모습도 자주 포착된다.[51] 특히 1620년 경당과 류진은 함께 묵으면서 사단四端과 칠정七情에 대해 문답을 하기도 한다. 류진이 인간의 본성에서 우러나오는 마음씨, 즉 선천적으로 타고나는 도덕적 능력인 사단–측은지심남을 불쌍히 여기는 타고난 착한 마음 · 수오지심자신의 옳지 못함을 부끄러워하고 남의 옳지 못함을 미워하는 마음 · 사양지심겸손하여 남에게 양보하는 마음 · 시비지심잘잘못을 분별하여 가리는 마음–과 인간의 본성이 사람이나 사물, 그리고 세상과 접하면서 표현되거나 표출되는 인간의 자연적인 감정인 칠정–희기쁨, 노노여움, 애슬픔, 구두려움, 애사랑, 오미움, 욕욕망–에 대해 전자가 천지의 성性으로부터, 후자가 기질의 성으로부터 생긴 것이라고 대답하자 경당은 "매우 옳다."[52]고 하면서 류진의 사단칠정설을 전폭적으로 지지하기도 한다.

경당과 류진의 사상적인 교류와 학문적인 전수가 경당의 문하생이었던 이시명과 류진의 아들과 딸 혼사에 어떤 영향을 미쳤는지 알 수 없고 경당의 사위 이시명과 서애의 아들 류진이 사돈지간이 되는데 석계와 수암의 직접적인 만남과 주선이 있었는지는 알 수 없지만 어쨌든 석계의 장남 상일과 수암의 여식은 부부의 연을 맺었다. 상일에게 아들이 없어서 휘일의 아들 중 하나가 양자로 들어가 대를 이은 것을 제외하고는 7현자의 맏형으로서 그 이름에 걸맞은 삶을 살다 간 셈이다.

조선의 왕을 만나다_효종

효종은 1619년에 인조와 인렬왕후 사이에서 둘째 아들로 태어난다. 인조반정 후 봉림대군으로 봉해지는데, 효종의 형은 소현세자이고 아우는 인평대군이다. 인조의 장자 소현세자가 8년 동안 청나라에서의 인질 생활을 청산하고 귀국한 지 두 달 만에 죽자 봉림대군이 인조의 뒤를 이어 조선의 왕이 된다.

병자호란이 발발하자 봉림대군은 동생인 인평대군과 강화도로 피란을 가는데, 강화도가 함락되자 청군이 두 왕자를 삼전도로 데리고 간다. 삼전도에서 봉림대군은 부왕인 인조가 청 태종에게 치욕을 당하는 모습을 지켜본다. 전쟁이 끝난 후에는 형인 소현세자와 청나라 심양으로 압송되어 그곳에서 함께 8년간 인질 생활을 하는데, 부왕의 삼전도 치욕을 목격해서 그런지 봉림대군은 심양에서 소현세자와 너무나 다른 방식의 삶을 산다. 소현세자가 청나라의 문명을 적극적으로 받아들이고 청나라 사람들과 거리낌 없이 사귀는 반면 봉림대군은 자신의 처지와 백성들의 참상을 수시로 떠올리면서 철저하게 반청주의자가 된다.

효종은 즉위하기 전부터 친명배금명나라를 숭상하고 청나라는 배척함의 외교 노선을 확실히 정했기 때문에 즉위하자마자 구체적인 북벌 계획을 수립한다. 1652년효종 3부터 효종은 북벌을 위한 본격적인 준비를 시작하는데,

이를 위해 군사 조직을 확대 개편한다. 군비를 확충하고 무기를 신식화하기 위해 노력하는데, 이때 제주도에 표류한 하멜 일행이 훈련도감에서 신식 총기를 제작하기도 한다. 북벌 계획은 조정에서 뿐만 아니라 각 가정에서도 실현되는데, 모든 가정에서 좋은 말을 길러야 하고 마을 단위로 수백 명씩 모여 활과 조총 쏘는 연습을 해야 한다.

그런데 청나라에 복수하기 위한 북벌의 기회는 도무지 찾아오지 않고 오히려 청의 파병 요청에 의해 러시아 정벌에 나서게 된다. 청의 요청을 거절할 만한 명분이 없었기 때문에 효종은 러시아 정벌에 두 차례나 군사를 파견한다. 그리고 두 번 다 기대 이상의 전과를 올리는데, 이것은 한편으로 효종의 북벌 계획이 제대로 이루어졌다는 것을 의미하고 다른 한편으로 북벌 계획의 본래 목적을 달성하지 못했다는 것을 반증한다. 청에 대한 복수는커녕 결과적으로 청을 도와준 것이 되었기 때문에 효종의 북벌 계획은 벽에 부딪치게 된다.

효종 치세에 있었던 또 하나 중요한 일은 사림의 정계 진출과 그에 따른 붕당의 형성이다. 인조 대에 이미 김장생의 제자들이 모여 호서 사림이라는 큰 세력을 형성하는데, 호서는 충청도를 말하고 김집, 송시열, 송준길 등이 호서 사림파에 속하는 인물들이다. 인조반정을 성공시킨 서인들은 공서와 청서로 나뉘는데, 효종 대에 이르러 공서와 청서는 각각 낙당과 원당, 한당과 산당으로 더 잘게 나뉜다. 공신 세력과 신진 세력 내에 누구의 학파를 따르느냐에 따라 붕당이 또 형성되어 서로가 서로를 견제하는 것이다.

이러한 붕당 구조 하에서 중앙 정부로 대거 진출한 호서 출신의 신진 사림들이 낙당과 원당을 공격하여 공서 세력을 완전히 무너뜨리고 자신들의 시대를 연다. 문제는 청서에서 갈라진 산당과 한당의 성향이 너무 달라 청서 사림들끼리 서로 대립하고 반목하는 데서 발생한다. 산당은 도학을 중시하는 중소 도시나 시골 출신의 유학자들이 만든 당이고 한당은 한양과 한양 근교에 살면서 관료 지향적인 성향을 보이는 사림들이 만든 당이다. 성향이 다른데다가 지향점도 다르기 때문에 두 당은 물과 기름처럼 섞일 수 없고 그 결과 대동법 시행 문제를 놓고 벌인 싸움에서 유교적 명분론을 내세워 대동법 시행을 반대한 산당이 효종의 지지를 얻지 못하자 낙향을 해 버린다. 이때 송시열도 조정에서 물러난다. 이렇게 해서 효종 즉위 후

난립했던 낙당과 원당, 산당과 한당 중에서 한당만이 살아남아 정국의 주도권을 장악한다.

하지만 1658년효종 9에 한당의 영수가 죽고, 효종의 북벌 계획이 구체화되면서 척화론자인 산당이 다시 조정에 발을 들인다. 특히 송시열은 대의명분론에 입각한 반청론을 주장함으로써 효종 북벌 계획의 또 다른 축으로서 자리매김한다. 물론 척화의 방식에서 근본적인 관점의 차이가 있었기 때문에 효종과 송시열은 뜻을 함께 펼치지는 못한다. 말하자면 효종의 북벌론이 군사력을 기반으로 하는 실질적이고 구체적인 것이라면 북벌론의 또 다른 한 축인 송시열의 생각은 상대적으로 추상적이고 관념적인 편이다. 효종은 군비 확충을 중시하고 송시열은 수신 또는 내실을 강조한다. 1659년효종 10에 효종이 송시열과 만나 자신의 구체적인 북벌 계획을 밝히지만 송시열은 효종의 계획을 다 듣고도 자신의 생각을 바꾸지 않는다. 이에 효종은 송시열과 더 이상 함께 할 수 없음을 알고 탄식한다. 송시열과의 독대 후 1659년 5월 4에 효종은 급사하는데 그때 효종의 나이 41세였다.

존재 휘일은 석계와 장 씨 부인 사이에서 태어난 첫째 아들이다. 이복형인 상일과 함께 외할아버지 경당으로부터 퇴계학문을 직접적으로 전수받았기 때문에 퇴계학파의 전통을 잇는 적자의 대열에 편입된다. 존재 휘일보다 갈암 현일의 활약이 컸고 명망이 높았기 때문에 일반적으로 현일이 퇴계학파의 계보를 잇는 적통으로 회자되지만 정작 퇴계에서 학봉과 서애, 그리고 경당으로 이어지는 퇴계학파의 대는 현일이 아닌 휘일이 이은 셈이 된다. 현일은 휘일로부터 경당의 학문적인 유산을 간접적으로 전수받았는데, 이런 맥락에서 갈암이 존재의 행장에서 존재가 경당의 학문적 유산을 전수받았다고 쓴 것은 타당하다.

존재와 경당의 관계는 특별하다. 스펀지에 물이 흡수되듯이 존재는 경당의 가르침을 그대로 받아들인다. 존재가 예를 갖추는 스승은 여럿이 있지만 존재가 "마음을 보존하여 성품을 기를 줄 알고, 천하 사물의 이치를 궁리하되 정조정밀한 것과 거친 것와 내외를 둘로 여기지 않은 것은 오로지 경당의 문하에서 발단되었고, 스스로 미루어 넓힌 것이 많았다."[53]라고 고백하는 것은 외할아버지와 손자의 사상적 · 학문적 긴밀성과 연계성이 얼마나 깊은지를 단적으로 보여준다. 존재가 열다섯 살 되는 해 경당이 세상을 떠나고 존재가 13세에 공식적으로 경당의 문하생으로 입문했기 때문에 존재가 경당의 가르침을 받은 것은 두 해 남짓밖에 되지 않는다. 그럼에도 불구하고 존재에게 참된 스승은 오로지 경당뿐이었고 그것에 대해 존재는 『존재행장』에서 다음과 같이 말한다:

> 처음에 경당선생이 서애와 학봉이 전한 계문심학퇴계학파의 마음공부의 지결을 얻었으나 그 분이 돌아가신 뒤로 은미겉으로 드러나지 않거나 속이 깊어 알기 어려움한 말이 끊겨 세상에서 이른바 '학'이라는 것이 괴이하고 황당한 데 빠지지 않으면 의장의식에 쓰이는 문장이나 도수되풀이되거나 거듭되는 말 따위의 말단만 추구하고 다시는 이치를 궁구하여 실천하고 내면으로 들어가 위기지학을 해야 한다는 것을 모르게 되었으니, 이른바 '존심의 지결'이 거의 민멸흔적이 다 사라짐 되어 전하는 이가 없게 된 것이다. 공[휘일]이 동자로서 다행히 경당의 문하에서 배워 비록 요지를 질정여러모로 사리를 따지고 잘 헤아려 결정함하여 전해 내려오는 깊은 뜻을 듣지는 못했으나, 총명하고 숙성하였기 때문에 상고하고 근거할 바를 알아서 마침내 깊이 생각하고 연구하여 만년에 다시 마음에 계합사물이나 현상이 서로 꼭 들어맞음된 바가 있어 "심이 보존되지 않으면 양성과 궁리의 근본이 될 수 없다."고 여겼다. 그래서 그가 살고 있는 집을 존재라 이름 짓고 아침 일찍부터 밤늦게까지 그곳에서 지내며 스스로 성찰하여 그 명칭을 돌아보고 그 뜻을 생각하는 터전으로 삼았다.[54]

존재고택존재와 갈암이 함께 살았던 집

장 씨 부인이 친정에서 휘일을 낳았기 때문에 태어나면서부터 휘일은 경당의 사랑과 귀여움을 독차지했을 것이다.[55] 아내 권 씨가 병으로 죽은 지 한 달도 채 되지 않아 첫 외손자가 태어났기 때문에 경당이 아내 잃은 슬픔을 외손자의 탄생으로 다소나마 위로받을 수 있었을 것이다.[56] 더군다나 경당 사후 존재의 삶이 경당의 가르침을 익히고 새기고 실천하는 것으로 점철되었기 때문에 외조부와 손자 사이에 사상적 · 학문적 · 실천적인 연대감이 엄연히 존재하고 이러한 연대감과 유사점은 존재가 쓴 글 여기저기에서 발견된다.

「전가팔곡田家八曲」[57]은 1664년 휘일이 지은 시조인데, 8개의 평시조가 연이어져 있다. 이 시조에서 휘일은 농촌에서의 삶, 즉 자연과 더불어 밭 갈고, 씨 뿌리고, 가꾸고, 거두는 일에 대해 아름답게 노래하고 아침에 일어나 농기구 챙겨 밭에 나가 하루 종일 일하다가 저녁에 돌아오는 하루를 행복하게 그리고 있다. 외조부 경당이 그랬던 것처럼 휘일 역시 세속적인 욕심을 버리고 자연으로 돌아와 자연과 더불어 사는 것을 선택한다. 물론 자연과 조우하는 방법에 있어서는 외할아버지와 휘일이 분명히 다르다. 말하자면 경당은 자연의 현상을 관찰하거나 자연 속에 들어있는 생명체들과 교감하는 방식으로 자연과 벗하지만 존재는 보다 적극적으로 자연에 개입한다. 존재에게는 농사짓는 행위도 유의미하고, 농산물의 수확도 중요하며, 농부들과 어울리는 것도 필요했다. 사대부로서 휘일이 직접 농사를 지었을 가능성은 희박하다고 하더라도 최소한 농업, 즉 인간이 자연에 손을 대는 '문화적인' 행위에 대해서는 긍정적으로 생각했던 것이다.

동생 현일이 쓴 『정부인 안동 장 씨 실기』에는 어머니와 휘일이 주고받은 편지가 각각 한 통씩 들어있다. 이 편지에는 정부인 안동 장 씨의 자식에 대한 마음과 사랑, 그리고 자녀교육방법이 고스란히 담겨있다:

> 여섯 째 아이[융일]로 인해서 네가 물을 많이 마시면서 형체가 매우 야위어졌다는 말을 들으니 그 근심을 말할 수 있겠느냐. 너는 부모가 너를 생각하는 마음으로써 너의 마음을 삼고 마음과 정신을 편안하게 가지고 병을 조섭건강이 회복되도록 몸을 보살피고 병을 다스림해야만 한다. 부모가 마음으로 기뻐하게 되면 네가 효자가 되는 것이니, 학문에 힘써서 천하의 큰 재간을 이루어야 한다. 무신년1668(현종 9) 2월 2일 편지는 세상에서 신용하지 않기 때문에 이 한문 편지를 써서 보낸다.(실기, 19)

이 편지에서 부인은 자기 소생의 첫 아들인 휘일이 조갈병, 즉 당뇨병에 걸려 물을 너무 많이 마신다는 이야기를 듣고 휘일이 자신의 병에 대해 경계하고 다스릴 수 있도록 경신敬身의 도와 자녀의 도리에 대해 분명하게 말하고 있다. 그러면서 자식에 대한 부인의 애절한 사랑과 간절한 마음을 고스란히 담는다. 부모가 자식을 생각하는 마음은 모든 마음의 근원이 된다. 그 마음에는 계산도, 치우침도, 흐트러짐도 없기 때문에 자식이 부모의 마음을 알게 되면 어지러운 마음을 다스릴 수 있음은 물론 육체적으로 병든 몸도 낫게 할 수 있다. 부모로부터 받은 몸을 중히 여겨 그 몸을 온전하게 보호하는 것이 부인이 강조하는 경신의 기본이고, 경신의 도를 다할 때 비로소 부모에게 효도할 수 있고, 학문에 몰두할 수 있으며, 나아가 세상을 위해 큰 일을 할 수 있다고 보는 것이 부인의 경신에 대한 생각이다.

> 삼가 어머니께서 손수 쓰신 편지를 받들어 읽어보니 편지에서, 저에게 부모가 자식을 생각하는 마음을 본받아서 천하의 재간을 이루도록 기대하였으니, 감히 두 번 절하고 가르침을 받아서 부모에게 욕되는 일이 없기를 기약하지 않을 수가 있겠습니까.(실기, 19)

부인이 보낸 편지에 대한 휘일의 답신이다. 어머니의 사랑과 마음을 '본받아서' 어머니의 말씀대로 하겠다는 휘일의 다짐과 어머니의 가르침을 그대로 따르겠다는 휘일의 각오가 그대로 담겨있다. 모자가 주고받은 이 짧은 편지글에서 우리는 엄격하되 자상하고 가르치되 일방적이지 않는 정부인 안동 장 씨의 자녀 사랑법과 교육법을 한꺼번에 알 수 있다. 병이 나아야 하는 이유와 건강을 유지해야 하는 이유를 가장 본질적이고 근본적으로 설명하기 때문에 휘일은 어머니의 뜻과 조언을 기꺼이 따른다. 부인 스스로 필요 이상의 말이나 과한 감정의 표현을 삼가고 대신 애정과 믿음으로 자식을 대하기 때문에 휘일이 자식의 도리를 다할 수 있는 방법을 스스로 터득할 수 있는 것이다.

조선의 왕을 만나다_현종

현종은 1641년인조 19, 효종이 봉림대군 시절 청에 볼모로 잡혀 있을 때 심양에서 태어난다. 1649년인조 27, 9세의 나이로 왕세손에 책봉되고, 1651년효종 2에 11세의 나이로 왕세자가 되며, 1659년효종 10 5월, 아버지 효종이 승하하자 그 뒤를 이어 왕위에 오른다. 현종이 아버지 효종의 북벌 계획을 승계하지 못한 반면 효종의 북벌론에 오히려 걸림돌이 되었지만 그래도 북벌론을 주장했다는 이유만으로 송시열은 조정의 실세로 남아 있게 된다. 다시 말하면 북벌론을 구심점으로 하는 트라이앵글 구조에서 효종은 사망하고, 현종은 능력도 관심도 없으며, 송시열은 이름뿐인 북벌론을 주장하기 때문에 결국 북벌론은 알맹이 없는 허울로 전락한다. 그리고 그 상황에서 송시열과 현종은 다른 문제로 팽팽한 긴장 관계를 유지한다.

송시열과 현종 사이에 있었던 두 번의 예송궁중 의례를 골자로 하는 예절에 대한 논란 사건은 현종과 송시열 사이에 힘의 무게가 어디로 실리는지를 잘 보여주는 사건이다. 첫 번째 예송은 효종의 죽음과 동시에 일어나는데, 효종의 어머니인 자의대비 조 씨의 상복을 어떻게 할 것인가가 논쟁의 핵심이었다. 이때 송시열을 비롯한 서인들은 효종이 인조의 둘째 아들이기 때문에 그 어머니인 자의대비가 1년 상복을 입어야 한다고 주장하지만 남인들은 효종이 인조의 왕위를 승계한 적자이기 때문에 그 어머니가 3년 상복을 입어야 한다고 주장한다. 그런데 이것은 단순한 예송의 문제만이 아니다. 사안의 핵심에는 효종의 정통성 문제가 들어 있는데, 효종의 정통성을 문제 삼는다는 것은 효종의 아들인 현종의 정통성을 위협하는 중대한 일이다.

두 번째 예송은 1674년현종 15 2월, 효종의 비인 인선왕후 장 씨가 죽었을 때 다시 한 번 불거진다. 이때도 시어머니인 자의대비 조 씨의 상복 문제가 다시 거론되는데, 효종 때와 마찬가지로 효종의 비를 대비의 맏며느리로 볼 것인지 둘째 며느리로 볼 것인지의 문제가 제기되고 이 문제가 현종의 심기를 불편하게 한다. 우여곡절 끝에 현종은 어머니 상에 대한 할머니의 복제를 1년 복으로 확정한다.

> 가 씨賈氏의 소에 의하면 "첫째 아들이 죽으면 적처가 낳은 둘째 아들을 취해 세우고 이를 역시 장자라 한다."고 했으니, 경들이 오늘날 종묘의 일을 주장하지 못하는 사람을 가지고 인증한 것은, 종묘의 일을 주장하지

못하는 자는 산 사람을 일컫는 것이요, 세워서 역시 장자라고 부른다는 것은 죽은 자를 일컬음이니, 경들이 이와 같은 이치에 맞지 않은 어그러진 말을 가지고 예율로 정하고, 선왕을 가리켜 체이부정적자이면서 장자가 아닌 경우이라고 하니, 임금에게 박하고 어느 누구에게 후하게 한단 말인가. 내 실로 심히 못마땅하게 여기니 결단코 막중한 예법을 자기 당파에 덩달아 붙은 의논으로써 제도를 단정할 수 없으니, 당초에 마련한 국가의 법전에 있는 기년 제도에 의해서 시행하도록 하라.

–『연려실기술』 권 31, 현종 조 고사 본말

송시열을 비롯한 서인들이 문제로 제기한 효종과 자신의 정통성을 바로 세우기 위해 현종은 '둘째가 아버지의 보위를 물려받으면 맏이가 된다.'는 결의를 도출해 성문법화 하려고 하지만 서인들의 반대에 부딪쳐 결국 뜻을 이루지 못한다. 그러자 서인의 세력을 제거하기 위해 현종은 남인 세력을 끌어들인다. 이렇게 해서 조정에는 서인들의 반대 세력으로 남인들이 득세하고 남인들이 판을 치는 동안에 서인들은 자신들의 칼날을 쉬지 않고 벼린다. 1674년 8월, 현종은 갑작스럽게 병세가 악화되어 34세의 나이로 서거한다.

갈암 이현일은 1600년대 거의 한 세기 전반을 살다간 조선의 대표적인 유학자요 철저한 주자학자이다. 그의 성리학에는 당대의 시대정신이 일정하게 잘 반영되어 있다. 결국 갈암은 자신의 성리학을 통해 퇴계와 율곡에게서 제기된 사칠론을 더욱 철저하게 추구하였는데, 서애 유성룡, 학봉 김성일, 경당 장흥효의 뒤를 이어 퇴계학파의 성리설을 이론적으로 심화하는데 중요한 기여를 하였다.

갈암 성리학에서는 사단과 칠정의 분리, 이理: 모든 사물의 생성과 변화의 원리를 주관하는 근본 원인와 기氣: 이의 원리가 현상적으로 구체화되는 요소의 구분, 그리고 인심人心과 도심道心의 이원화에 따른 사단과 도심, 그리고 칠정과 인심의 연결 등이 특징이다. 퇴계가 주자학의 정통론을 확립하고 유학 내에서 양명학을 이단으로 배척함으로써 조선 유학사의 흐름에 결정적 영향을 끼친 것과 마찬가지로 갈암 역시 주자학 정통론을 주장함으로써 퇴계학풍의 적통을 이어받는다. 퇴계의 철저한 추종자로서 퇴계학파의 적통을 이은 외조부인 경당의 가르침을 바로 위의 형인 휘일을 통해 간접적으로 수용하고 능동적으로 실천함으로써 17세기 말 퇴계학을 부흥시키는 데 지대한 공을 세운다.

갈암고택

갈암이 태어난 1627년은 바로 정묘호란이 일어난 해이다. 임진왜란과 정유재란 이후 향촌의 복구활동이 한창인 때 갈암은 영남 영해 인량리라는 향촌에서 이석계와 안동 장 씨의 둘째 아들로 태어난다. 그리고 갈암이 열 살이 되던 해 병자호란이 일어난다. 이때 갈암의 외조부인 경당은 이미 세상을 떠났지만 아버지인 석계는 병자호란의 삼전도 치욕을 감당하지 못해 속세와의 모든 연결고리를 스스로 끊고 은둔생활을 하게 된다. 아버지와 맏형 상일, 바로 위의 형인 휘일의 생애에서도 알 수 있듯이 병자호란은 당시 사대부 출신의 엘리트 지식인들을 패닉상태로 빠뜨렸는데, 그것은 한편으로 전쟁의 파괴력 때문이기도 했지만 다른 한편으로 청나라에 의한 인조의 굴욕적인 행동이 이들의 자존심을 크게 상하게 했기 때문이었다.

추우종조독엄문秋雨終朝獨掩門	가을비가 저녁부터 아침 내내 와 홀로 문을 닫고 있다가
만래무사섭선원晩來無事涉仙原	늦게 일이 없어 선원을 건너갔다.
한류촉석장오옥寒流觸石鏘嗚玉	차갑게 흐르는 물이 돌에 부딪쳐 옥소리를 내는데
원수경상적사돈遠岫經霜赤射暾	멀리 산굴은 서리를 맞아 아침 해에 붉게 반사된다.
요곽고금하집목寥廓古今夏集目	광원한 고금에 근심만 눈에 모이니
풍진관한혈성신風塵關寒血腥神	풍진의 관문과 변방은 피비린내 나는 땅이다.
천추소사방형직千秋少似邦衡直	천추에 방형 같은 곧은이가 적을 것이니
통곡수능규구혼痛哭誰能叫九閽	통곡을 하고 누가 임금께 아뢸 것인가.[58]

이현일, 「복차가군감시운伏次家君感時韻」

현일 역시 병자호란의 충격을 심하게 받은 듯하다. 이미 병자호란이 일어난 해에 열 살짜리 소년으로서 울분을 토로했던 터,[59] 그 이후에 지은 시 속에도 그러한 감정은 반복적으로 드러난다. 위의 시에서는 갈암의 자연에 대한 관조와 전쟁에 대한 근심을 함께 읽어낼 수 있다. 시의 전반부에서 갈암이 자연과 자연 현상을 관찰하면서 그것을 자신의 내면과 삶에 빗대어 노래했다면 후반부에서는 자연을 파괴하고, 정국을 혼란에 빠뜨리고, 인간에 대한 신뢰를 잃게 하는 전쟁에 대한 분노와 좌절을 표출했다. 시의 전반부에서 자연을 대하는 갈암의 태도 내지 방식이 경당과 석계의 그것과 닮아있는데, 그것도 그럴 것이 아버지 석계가 경당의 문하생으로서 스승의 영향을 누구보다 많이 받았고 스승의 가르침을 누구보다 솔선수범해서 실천했으니, 병자호란의 삼전도 치욕이 있은 후 모든 것을 청산하고 은둔생활에 들어간 아버지 석계를 보고 자란 갈암에게 그것은 어쩌면 자연스러운 현상일 수도 있다.

시의 첫 두 행에서 밤새도록 내리던 가을비가 아침에 그쳤다는 것은 화자 역시 밤늦도록 학문에 전념했다는 것으로 해석할 수 있다. 보통 하루의 일과는 아침에 시작해서 밤에 끝난다. 하지만 가학집에서 학문을 배우고 익힘하는 가풍에서 자란 갈암의 일상에서는 밤낮이 바뀔 수도 있고, 학문에 열중함에 있어서 밤과 낮의 구별이 불필요할 수도 있다. 물론 그렇다고 해서 갈암이 불규칙하거나 무절제의 삶을 살았다는 것을 의미하지는 않는다. 밤새도록 학문에 몰두하고 비가 그친 아침에 눈을 부친 화자가 아침 늦게 '선원을 건너가' 자연과 벗하는데, 그 다음에 이어지는 시의 삼사 행에서 특히 자연을 대하는 경당과 갈암의 유사점이 발견된다. 경당은 경敬 사상을 매우 중요시했고 평생 경을 실천하는 삶을 살았다. 경당의 경 사상에서 매우 중요한 것 중에 하나가 '경청'하는 것인데, 경당이 사람의 말뿐만 아니라 자연의 소리에도 귀를 기울였기 때문에 사람을 공경하고 자연과 보이지 않는 힘에 대해 경외할 수 있었던 것이다. '경청'함으로써 '공경'하고 '경외'하는 것이 바로 경당 경 사상의 핵심인데, 이러한 경 사상이 갈암이 지은 이 시에서도 잘 드러난다. 물이 돌에 부딪쳐 나는 옥소리에 귀를 기울이니 자연이 살아 움직이고, 그러한 자연의 생명력이 산굴에 내린 서리에 작용하니 아침 햇살에 서리가 녹아 없어지는 대신 오히려 빛에 반사되어 붉게 빛나는 것이다. 이것이 자연의 생명력이고 위대함이다.

시의 후반부는 전반부와 지극히 대조를 이룬다. 병자호란이 발발했기 때문에 자연의 생명력은 쇠잔하고 자연의 위대함은 사라진다. 게다가 조선의 왕은 씻을 수 없는 굴욕을 당하고 조정은 사분오열되어 국가의 운명이 풍전등화에 놓인다. 전쟁의 소용돌이에 휩쓸려 자연은 자연대로 파괴되고 사람은 사람대로 죽어나간다. 전쟁은 지금까지 이룩해 놓은 것을 대부분, 그것도 단번에 집어삼킨다. 게다가 치욕적인 굴복으로 전쟁의 피해를 복구하고 전쟁이 할퀴고 간 상처를 치유하는 일은 요원하기만 하다. 전국토가 피로 물들고, 산천이 주검으로 뒤덮이며, 초목은 송두리째 뽑힌다. 병자호란의 치욕으로 임금의 권위가 땅에 떨어지니 충성스러운 신하들은 온데간데없고, 조정에는 반목과 불신만이 팽배하며, 세상만사 어수선하기만 하다. 갈암의 아버지와 상일, 휘일이 이러한 현실과 타협하는 대신 세상과의 모든 인연을 끊고 재야에 묻혀 학문에 전념하고 후학을 양성한 것처럼 갈암 역시 50살까지는 자연을 벗 삼아 아버지와 형에게 배우고 익히며 학문을 연마하고 실력을 키웠다. 이 시기에 갈암은 형제들과 가학에 힘쓰고, 독서를 많이 했으며, 영남의 다른 학자들과 교류하면서 시도 많이 지었는데, 특히 휘일과 갈암의 관계에서 석계 집안의 가학 분위기가 단적으로 드러난다.

> 임자년 세수새해 초에 내[갈암]가 간소한 술상을 양친께 올리고 우리 형제들이 함께 지내며 종일토록 기쁘게 이야기하였는데, 마지막에 공[존재]이 한 마디 경계해 주기를 "너는 재주는 있으나 이렇게 할 것인지 저렇게 할 것인지를 결정하는 힘이 부족하니, 이것이 단점이다. 너는 이것을 고치려고 노력하기 바란다." 하시기에 내가 일어나 절하고 말하기를 "공경하며 말씀을 받들겠습니다." 하였는데 이 날이 1월 8일이니 공이 돌아가시기 겨우 20일 전이다.[60]

형제들 간에 우애가 좋은 것은 말할 것도 없고, 형이 사랑하는 마음으로 아우에게 진심어린 충고를 하고 아우가 공경하는 마음으로 그 충고를 기꺼이 받아들이는 아름다운 모습이 잘 드러나는 글이다. 이러한 분위기와 가풍은 하루 이틀 만에 생기는 것이 아니다. 그리고 조상이 물려준 가풍을 후대가 지속적으로 유지시키는 것은 말처럼 쉬운 일이 아니다. 퇴계-학봉-서애-경당-석계-존재-갈암으로 이어지는 학풍과 경당-석계-존재-갈암으로 전수되는 가풍을 천칭저울의 양쪽 접시에 올려놓고 정부인 안동 장 씨가 무게중심을 잘 잡았기 때문에 가능한 일이었다. 아버지 경당과 남편 석계, 그리고 일곱 명의 아들들이 원심력을 최대한 발휘할 수 있도록 정부인 안동 장 씨가 구심점으로서의 역할을 잘 수행했기 때문에 이 아름다운 풍경이 연출될 수 있었고, 쉰 살이 넘어 관직에 나간 부인의 셋째 아들 갈암이 이조 판서에 오를 수 있었으며, 그 영광을 정부인 자신이 누릴 수도 있었다.

갈암의 주된 사상은 근본적으로 퇴계를 바탕으로 한다. 퇴계는 보통 율곡과 대비되는데, 퇴계와 율곡이 한 세대의 시간적인 간격을 두고 태어나지만 율곡이 퇴계학을 공부하기 위해 퇴계를 찾아가 직접 배우기도 한다. 성리학은 우주의 근본과 인간의 마음을 구성하는 질서를 이理와 기氣로 나누어 생각하는 이기론을 바탕으로 연구하는 학문이다. 그리고 성리학은 크게 주리론과 주기론이라는 두 가지 계통으로 나누어지는데, 주리론을 대표하는 인물이 퇴계 이황이고 주기론의 대표주자가 바로 율곡 이이다. 주로 향촌 사회를 중심으로 중소 지주 규모의 경제적인 기반을 둔 사림들이 주리론를 펼쳤는데, 퇴계를 비롯해서 학봉과 서애, 경당, 석계, 갈암 등이 속하는 영남학파 퇴계 계승자들은 '리'에 입각해서 구체적인 경험이나 현실 문제보다는 도덕적인 원리와 그것에 대한 인식 및 실천을 중요시한다. 반면 화담 서경덕과 율곡 이

이, 그리고 우암 송시열로 이어지는 기호학파들은 구체적이고 현실적인 '기'를 중요시하고 우선시하는데, 이들은 '기'에 의해 '리'가 실현될 수 있고 '기'가 '리'를 포괄한다고 본다.

조선중기의 주리론과 주기론은 사단칠정론에서 보다 더 분명하게 구분된다. 스승과 제자였던 퇴계 이황과 고봉 기대승이 사단과 칠정에 관한 이기론적 해석을 다르게 함으로써 그 논쟁이 시작되고 이후 영남학파와 기호학파로 나뉘어져 사단칠정논쟁은 본격화된다. 이황은 이기호발설이와 기가 서로 생겨난다는 학설을 내세워 이와 기가 발동하는 시간과 공간이 분리되어 있기 때문에 일단은 각각 생기고 그 다음에 상호 작용한다고 주장한다. 반면 기대승은 이기겸발설을 주장하는데, 고봉에 의하면 이와 기가 시·공과 분리되지 않고 구분해서 생각할 수 없기 때문에 항상 함께 생긴다고 본다.

퇴계의 이기호발설에 의하면 '이'를 통해 나타나는 마음인 사단과 '기'를 통해 생기는 칠정은 시간과 공간의 분리에 따라 각각 생겨나는 시점도 다르고 장소도 다르다. 퇴계학파의 적통인 경당의 사상을 형존재에게 간접적으로 전수받기는 했지만 퇴계학파 계보에 이름이 올라가 있는 갈암 역시 사단과 칠정이 근본적으로 다르기 때문에 그것이 생기는 시공과 맥락 역시 다르다는 퇴계의 이기호발설을 따른다.

단 이理는 약하고 기氣는 강하여 이가 기를 관섭일을 겸하여 주관하는 것하지 못할 수가 있다. 그러므로 사람이 도를 크게 하되 도가 인간을 크게 하는 것이 아니라는 설이 있게 되었다. 비록 그렇지만 인의예지가 마음에 뿌리를 두고 있어서, 비록 사물에 유혹되고 욕심을 끝까지 발휘하는 일을 반복하여 곡망어지럽게하여 멸함하는 가운데에서도 혹은 자신을 돌이켜 구하고 혹은 야기밤의 차고 눅눅한 기운의 휴식으로 인하여, 측은하게 여겨 마음이 움직이고, 홀연히 발동하는 것은 천리가 애초부터 없어지지 않았던 것이다. 그런데도 이가 무위소용이 없음한 것이고 단지 공허한 존재에 불과하다고 말할 수 있는가?[61]

갈암 이현일은 사단과 칠정을 도심道心과 인심人心으로써 해석한다. 인간의 본성에서 우러나오는, 즉 본래 타고나는 도덕적인 능력이 사단이고, 이러한 사단이 사물과 만날 때 표현되는, 말하자면 인간의 경험에 의해 생기는 자연적인 감정이 칠정이기 때문에 전자를 도심으로, 후자를 인심으로 두고 도심과 인심의 상호작용을 설명한다. 인간이 태어나 살면서 가지거나 느끼게 되는 대표적인 감정, 즉 인간의 희로애구애오욕은 자신과의 관계에서나 타인, 세계와의 관계에서 자연스럽게 발생하는 것으로서 그것은 선한 것일 수도 있고 악한 것일 수도 있으며 긍정적일 수도 있고 부정적일 수도 있다. 그렇기 때문에 기뻐할 수도 있고 슬퍼할 수도 있으며 선을 베풀 수도 있고 욕심을 부릴 수도 있다. 하지만 이러한 인간의 감정을 다스리는 것이 결국 선천적으로 타고나는 인간의 도덕적인 능력이라고 보는 것이 갈암의 입장이다. 따라서 갈암은 인간이 '비록 사물에 유혹되고 욕심을 끝까지 발휘하는 일을 반복해서' 행하지만 결국 자신을 돌이켜 보고, 남을 불쌍히 여기며, 세상을 아름답게 만들 수 있는 것은 '인의예지가 마음에 뿌리를 두고 있'기 때문이라고 본다. 그래서 갈암에게는 도심을 키우기 위해 학문하고 익히고 수양하고 노력하는 것이 인심을 따라 세상적인 것을 좇는 것보다 더 중요했고, 그것은 외할아버지 경당과 아버지 석계, 형 존재에게도 똑같이 중요한 문제였으며, 이러한 퇴계의 학풍이 정부인 안동 장씨를 축으로 면면히 이어진다.

조선의 왕을 만나다_숙종

숙종은 1661년현종 2 8월 15일에 현종과 명성왕후 김 씨의 외아들로 태어난다. 아들에 대한 애정이 특별했던 현종은 송시열과 송준길 등 조정의 대학자들을 직접 선발해서 원자의 교육을 담당하게 한다. 1667년현종 8에 왕세자에 책봉되고 1674년현종 15 8월 18일, 현종이 서거하자 14세의 나이로 즉위한다. 아버지 현종과 달리 숙종은 즉위 초반부터 당당하게 자신의 입지를 세운다. 남인과 서인의 대립과 당쟁을 자신의 정치적 목적에 맞게 이용하기 위해 소위 말하는 환국정치를 함으로써 왕권을 강화한다.

세 차례의 환국을 통해 숙종은 서남 당쟁의 균형을 잡고자 했고, 어느 한 당파에 병권이 집중되는 것을 원치 않았기 때문에 일찌감치 병권을 장악함으로써 강력한 왕권을 유지한다. 숙종은 세 차례의 환국을 감행하는 동안 고질적인 당쟁의 병폐에 환멸을 느끼고 자신의 정치적 행보를 결정한다.

> 국가가 불행하게도 동인과 서인을 표방한 이래 백 년이 지났는데, 시간이 갈수록 그것의 병폐가 고질적이 되니 한탄스러움을 어찌 금할 수 있겠는가? 우리나라는 국토가 좁고 작은데다가 문벌을 숭상하기 때문에 인재를 골라 등용하는 길 역시 협소하다. 그런데도 한쪽이 조정에 나가면 다른 한쪽은 물러나야 한다. 나라의 절반에 해당하는 사람들에게도 그 길은 대부분 막혀 있으니, 어떻게 나라를 다스릴 수가 있겠는가?
>
> –『숙종실록』 권 65, 숙종행장

숙종이 즉위할 당시에는 남인이 득세하고 있었지만 송시열을 비롯한 서인 역시 조정에 남아있는 상태였다. 하지만 남인은 현종 때 벌어진 두 차례의 예송 문제에서 송시열을 비롯한 서인 대신들의 태도를 문제 삼아 서인을 맹렬하게 공격하고 이에 숙종이 서인 대신들을 삭탈관직한다. 그리고 서인이 차지하고 있던 관직에 남인을 대거 기용한다. 이로써 숙종 즉위 초반에는 남인 중심의 정국이 펼쳐진다. 하지만 남인의 세상은 그들이 생각하는 만큼 오래가지 못한다. 1680년숙종 6, 궁중에서 사용하는 '유악기름을 먹인 장막사건'이 계기가 되어 숙종은 경신환국을 감행하고 남인들을 제거한다. 그리고 그 자리를 서인들로 채운다. 결국 경신환국은 숙종의 총애를

빙자해서 권력을 오 · 남용하는 남인을 제거하기 위해 숙종이 내린 결단이다. 이렇게 해서 정국은 서인 중심으로 돌아간다.

하지만 조정에 복귀한 서인은 노론과 소론으로 갈라져 서로 반목하고 그것도 모자라 서인의 대표 송시열은 숙종의 원자 책봉에 반대하는 상소를 올린다. 숙종의 첫째 부인인 인경왕후가 후사 없이 죽고 두 번째 부인으로 인현왕후가 들어온다. 그런데 인현왕후에게 자식이 없는 상태에서 궁녀인 장 씨가 숙종의 총애를 받아 1688년숙종 14에 아들을 낳고 희빈으로 봉해진다. 그리고 숙종은 희빈이 낳은 아들을 원자로 책봉해 버린다. 이때 송시열이 숙종의 뜻을 거스르는 상소를 올리는데, 이것이 빌미가 되어 기사환국이 일어난다. 기사환국으로 송시열은 제거되고, 인현왕후가 폐출되며, 희빈 장 씨가 중전의 자리에 앉는다.

숙종은 1694년숙종 20 갑술년에 또 한 번의 환국을 감행하는데, 갑술환국을 통해 다시 남인이 제거되고 서인의 세상이 열린다. 갑술환국의 직접적인 계기가 된 것은 서인이 폐비 민 씨를 복위시키려고 한 사건이다. 하지만 이 사건의 전모가 밝혀지면서 오히려 숙종의 총애와 세자의 생모라는 지위를 남용해 온갖 악행과 만행을 저지른 장 씨의 본색이 드러난다. 그리고 서인을 지나칠 정도로 제거하려고 하는 남인의 행동이 숙종의 심기를 불편하게 한다. 그래서 결국 숙종은 다시 한 번 환국을 일으켜 집권당인 남인을 몰아내고 서인을 다시 등용하는데, 이것이 바로 갑술환국이고 이때 남인의 세력이 재기 불가능할 정도로 몰락한다.

갑술환국 후 1717년숙종 43 7월 19일, 숙종은 자신과 장희빈 사이에서 태어난 세자 교체 문제를 놓고 노론 출신 좌의정 이이명과 단독으로 이야기를 나눈다. 그런데 이 독대 후 숙종은 갑자기 건강상의 이유를 들어 오히려 세자의 대리청정을 명한다. 그런데 이것은 숙종과 노론이 맺은 일종의 정치적 술수이고 이것을 세자의 지지 세력인 소론들이 모를 리가 없다. 말하자면 숙종과 노론은 세자의 대리청정을 통해 하자를 만들고 그것을 빌미로 세자를 교체하고자 합의한 것이다. 소론들이 격렬하게 반대하지만 숙종은 자신의 뜻을 관철시켰고 결국 세자는 숙종을 대신해 3년 동안 정사를 돌본다. 그러다가 1720년숙종 46 6월 8일, 숙종이 60세의 나이로 세상을 떠나 결국 숙종 생전에 세자 교체는 이루어지지 않고 세자가 그대로 왕위를 이어받아 경종이 된다.

아홉. 남편이 죽으면 아들의 뜻을 좇다

정부인 안동 장 씨는 퇴계학파의 대학자로 알려진 장흥효의 고명딸로서 이시명에게 시집을 와서 둘째 아들 휘일과 이조판서를 지낸 셋째 아들 현일을 비롯해 일곱 아들을 칠현자로 양육하고, 손자인 재와 손자의 손자인 상정, 그리고 광정 등이 퇴계학파의 학통을 이어감으로써 명실 공히 '퇴계학파 집안의 대모'로 불린다. 그렇다면 퇴계학파의 학통이 장 씨 부인을 매개로 어떻게 이어져 왔는지 살펴봄으로써 퇴계학파의 대모로서 장 씨 부인을 자리매김 해보자. 우선 장 씨 부인의 친정 아버지 경당 장흥효에 관한 기록이다.

> 조선중기 이후 영남의 학맥이 대개 그러하듯 아버님의 학맥도 도산 이부자로부터 발원한다. 부자의 수많은 문도 중에 팔고제八高弟라 하여 특히 높이는 여덟 분이 있는데 누가 적전정통의 혈통에서 정통의 혈통으로 이어 받음인지에 대해서는 논란이 많다. 그러나 후세에 영향을 미친 학통으로 따지면 대개 월천 조목, 학봉 김성일, 서애 유성룡, 한강 정구 네 분을 손꼽을 수 있을 듯하다. 아버님은 그 네 분 중 학봉 문하에서 먼저 학문을 시작하셨다. […] 듣기로 아버님은 「근사록중국 송나라 주자와 여조겸이 함께 엮은 책」을 위주로 하시되 모든 경전에 두루 통하셨으며 배움에서는 언제나 읽고 듣는 것에 거치지 않고 자신의 고구자세히 살펴 연구함에 더해 간추려 나가셨다. 일찍이 도산 이부자께서 말씀하신 박약양지진리를 널리 배우고 그것을 요약할 줄 아는 학문의 두 경지를 흠모하셨음이라. 거기다가 품성과 인격을 높이는 일에도 게으름이 없으니 스승 되신 학봉 선생께서도 그런 제자에게 기대하신 바가 크셨던 듯하다.(선택, 33-34)

장 씨 부인의 남편 이시명은 우리가 잘 알다시피 아버지 경당의 문하생이었다. 도산 이부자의 도학을 듣고 퇴계학문의 정통 혈통을 찾아 장 씨 부인의 친정동네인 검제로 왔고, 그런 이시명을 경당이 사위로 삼은 것이다. 이시명의 인품이 고매하고 학문이 특출했음에도 불구하고 특히 병자호란의 치욕을 겪은 후 이시명은 산 속 깊이 들어가서 오랫동안 은둔생활을 했기 때문에 장 씨 부인은 맏이 상일과 둘째 휘일을 친정아버지 경당의 문하에 들여보내 도산의 정통 혈통을 잇게 했다.

휘일은 서른 살에 이미 도산서원에서 강도하였고 쉰 넷에 명을 다할 때까지 11년 동안 도산서원 장을 지낸 바 있는데, 정부인은 "셋째 현일이 현달하여 세상 사람들은 흔히 도산의 학통이 아버님 경당에게서 현일에게로 이어졌다고 말하나 [···] 아버님의 적전을 물려받은 것은 둘째 아이 휘일이다."(선택, 174)고 한다.

셋째 현일의 배움은 특별한 사승없이 아버지와 형 휘일로 이어지는 가학에 바탕을 두고 있다. 일반적으로 현일을 도산의 삼전제자로 꼽는데, 이는 현일을 가르친 가학의 연원이 외할아버지 경당에게 있고, 경당 앞에 도산 이부자의 삼고제가 있기 때문이다. 도산의 학통을 외할아버지로부터 정통으로 이어받았는데, 현일은 후에 정승에 올라 안동 장 씨에게 정부인 칭호를 선물한 장본인이다.

이처럼 정부인 안동 장 씨는 퇴계학파의 대학자인 둘째 아들 존재 이휘일과 이조판서를 지낸 셋째 아들 갈암 이현일을 비롯해 일곱 아들 전부를 칠현자로 키워 내고, 손자인 밀암 이재, 외현손인 대산 이상정과 소산 이광정 등이 아버지 대를 이어 퇴계 학통을 이어감으로써 명실공히 '퇴계학파의 대모'로 불리게 된다.

정부인 안 동 장 씨가 '선택'한 어머니로서의 길이 아름다운 것은 부인의 그 '선택'이 자식들에게는 물론이고 부인의 가문과 당시의 사회 내지 국가에 좋은 영향을 미치고 후대에도 그 향기가 은은하게 퍼지고 있기 때문일 것이다.

나는 일찍이 성취가 있었던 학문과 재예를 버리고 부녀의 길을 선택했다. 그 부녀의 길에서 가장 큰 것은 어머니의 길이고 그 성취는 자식으로 드러난다. 나는 내 아이들이 으뜸으로 뛰어나고 내가 가장 잘 그 아이들을 길렀다고 생각하지는 않는다. 세상에는 내 아이들보다 더 훌륭한 인물도 많고 나보다 더 잘 자식을 기른 어머니도 많다. 그러나 나는 처녀 적의 그 선택을 후회하지 않는다. 내가 무슨 큰 성취처럼 아이들을 얘기할 수 있는 까닭은 그 아이들이 저마다 삶을 귀하고 무겁게 여겨 삼가고 애쓰며 살았음에 있다. 나도 그 아이들에게 무엇에든 으뜸이 되는 꿈을 건 적이 있으나 꿈꾸는 것은 사람이고 이루는 것은 하늘이다. 설령 그 이름이 우뢰처럼 떨쳐 울리지도 못하고 남긴 자취가 뒷사람을 눈부시게 하지 못했더라도, 사람의 도리를 알고 아는 것을 실천하려고 애쓰며 살았다면 어미로서 무엇을 더 바라랴. 뒷날 내 고장 사람들은 행실이 반듯하고 학문이 깊은 젊은이를 보면 〈물어보지 않아도 안릉 씨네 자제들임을 알겠구나〉라고 했다 한다. 안릉 씨는 우리 성씨의 별칭으로, 이는 특히 내 아이들 이후의 얘기가 된다. 거기다가 그 아이들로부터 다시 뻗어나간 수백 수천의 무한한 가능성을 보면 옛날의 선택을 자부심으로 떠 올릴 수조차 있다. 백 권의 책을 남기고 천 폭의 그림과 만 수의 시를 남겼다 한들 아이들과 아이들의 아이들로 이어지는 끝없는 세상과 어찌 바꿀 수 있으리.(선택, 196-197)

보통 할머니라고 하면 호호백발에다 꼬부랑 허리를 떠올린다. 몸은 노쇠하고 정신은 흐려져서 자식의 보호와 봉양을 필요로 하는 노인을 일컫는다. 그런데 세월이 흐르고 시대가 바뀌면서 할머니의 개념도 많이 달라졌다. 요즘 할머니는 참 젊다. 과거와 같은 나이의 할머니라고 하더라도 의술과 미용술의 발달, 그리고 경제적인 능력 등으로 말미암아 몸도 마음도 청춘이다.

65세 이상의 인구수가 총인구수의 7%를 넘으면 그 사회를 고령화사회라고 하는데, 우리 사회를 포함해서 많은 선진국은 이미 고령화사회로 접어들었으며 머지않아 고령사회 내지 초고령 사회로 진입하게 된다고 한다. 이러한 변화에 편승하여 할머니의 역할도 많이 바뀌고 있다. 노년이 길게는 수십 년 길어졌기 때문에 더 이상 무기력하고 수동적으로 노년을 맞이해서는 안 된다. 세대별 종속 관계 역시 과거처럼 긴밀하지도 당연시되지도 않기 때문에 정신적으로나 물질적으로 '당당한' 노년을 준비해야 한다. 그리고 그 방법에 대해 구체적으로 고민해야 한다. 이 지점에서 정부인 안동 장 씨가 들려주는 할머니의 이야기에 귀를 기울여 보자.

할머니로서의 삶은 '선택'의 범위 밖에 놓여있다. 아내와 며느리, 그리고 어머니로서 여인의 삶은 어떻게 보면 선택에 의한 삶이지만 할머니로서의 삶은 선택에 상관없이 주어지는 삶이고 일정한 나이가 되면 다 맞이하게 되는 삶이다. 자손을 둔 할머니든 그렇지 않은 할머니든 삶의 연륜과 지혜를 발휘해야 하는 영역과 방법은 다양하고 그러한 할머니의 역할은 어느 사회와 어느 시대를 막론하고 보편성을 확보할 수 있다.

> 할머니라는 말의 뜻은 〈큰 어머니〉이다. 실제로 영남 지방에서는 얼마 전까지만 해도 할머니를 큰 어머니라고 불렀다. 요즘 여인들이 곰곰이 새겨볼 만한 뜻이다. 어머니보다 더 큰 존재라 함은 먼저 어머니로서의 영역이 그만큼 넓어졌음을 말한다. 바로 자기 몸에서 난 자식만이 아니라 그 자식의 자식에게까지 모성이 드리움을 뜻하며 나아가서는 이웃과 사회에까지 모성이 드리워야 함을 뜻한다. 죽을 때까지 핏줄에만 얽매인 어머니는 진정한 〈큰 어머니〉가 아니다.(선택, 198)

할머니가 모성의 범위를 확대할 수 있다는 의미를 한 번 되짚어보자. 일차원적인 모성은 짐승이 제 새끼를 어떠한 위험으로부터 보호하고 방어하기 위해 저항하고 공격하는 방식의 모성이다. 지극히 자연적이고 본능적이기 때문에 제 새끼의 안전을 보장하는 것 외에는 어떠한 것도 중요하지 않고, 제 새끼를 위해서라면 심지어 다른 놈의 새끼에게 어떠한 해도 가할 수 있는 그러한 모성이다. 그런데 문제는 이러한 본능적인 모성이 짐승의 전유물만이 아니라는 사실이다. 많은 인간의 어머니들이 제 자식의 배를 채우기 위해 남의 자식 입에 들어가는 음식을 빼앗아 자기 자식 입에 넣어준다. 물론 남의 자식 배고픔을 자기 자식 먹을 것으로 나눌 수 있는 '위대한' 모성을 소유한 어머니들도 있다. 그러한 어머니들이 나이가 들어감에 따라 그 베풂의 범위를 확대하면 큰어머니로서의 할머니가 된다는 것이다. 큰 어머니로서의 할머니는 수직적으로 자식의 자식에 대해서, 그리고 수평적으로 핏줄과 상관없이 이웃과 사회에 대해서 가진 것을 기꺼이 내어주고 베풀면서 봉사한다. 이런 의미에서 정부인 안동 장 씨는 진정한 의미에서 큰 어머니로서의 할머니이다.

안동 장 씨 부인이 이순이 넘어 쓴 시 중에 여섯째 아들의 맏아들인 손자 신급이 쓴 「별우시」를 보고 지은 「증손신급」이라는 시와 셋째 아들의 셋째 아들인 손자 성급에게 내린 「증손성급」이라는 시가 있는데, 이 두 시를 통해 부인이 어떻게 수직적으로 모성의 범위를 확대하고 확장했는지 잘 알 수 있다.

견이별우시見爾別友詩　네가 벗을 작별한 시를 보니
중유학성어中有學聖語　그 속에 성인을 배우려는 말이 있었다.
여심희복가余心喜復嘉　내 마음이 기뻐 다시 칭찬하여
일필지증여一筆持贈汝　짧은 시 한편을 지어 너에게 준다.
(실기, 17)

장계향, 「증손신급」

신세작계문新歲作戒文　새해에 네가 자신을 경계하는 글을 지었으니

여지비금인汝志非今人　네 뜻은 지금의 사람과는 다르구나.
동자이향학童子已向學　어린 아이가 벌써 학문에 뜻을 두니
가성유자진可成儒者眞　참다운 선비를 이루게 될 것이다.
(실기, 17)

장계향, 「증손성급」

정부인은 손자의 성장과 성취를 지켜보면서 아낌없이 칭찬하고 손자들이 성인의 말씀을 가까이 하고 학문에 뜻을 둘 수 있도록 격려를 하는데, 여기에서 장 씨 부인의 할머니 상이 부각된다.

요즘은 맞벌이를 하는 아빠와 엄마를 대신해서 할머니가 손자와 손녀의 교육을 대신 맡아 하는 경우가 많다. 그런데 문제는 손자와 손녀의 교육을 책임지고 있는 할머니가 어머니로서 자녀 교육을 어떻게 하는지를 살펴보면, 할머니가 감당할 수 있는 손자 손녀의 교육범위도 어느 정도 정해진다. 요즘 부모들은 자녀 교육의 대부분을 사교육에 의존한다. 방과 후 비싼 돈을 들여 소위 말하는 '좋은' 학원을 여러 군데 보내는 것으로 스스로를 위로하고 스스로 만족한다. 고액과외를 몇 과목 하느냐에 따라 입시의 당락이 결정되기 때문에 부모의 경제적인 능력에 따른 명문대 입학이 관건이고 부모의 관심과 사랑은 뒷전이다. 공교육을 신뢰하지 못하고 학교 선생님을 믿지 못하는 입시 위주의 현재 교육에서 '학문에 뜻을 두고 학문에 열중한다는 것'이나 자녀 교육에 안동 장 씨 부인과 같은 부모의 역할을 운운한다는 것 자체가 어불성설이다. 자녀 교육을 전적으로 남의 손에 맡기고 점수 한 점 더 높이는데 혈안이 되어있는 어머니들이 일정한 연령이 되어 물리적으로 할머니가 될 경우, 그 할머니는 도저히 큰 어머니로서의 할머니가 될 수 없고, 따라서 수직적으로 모성을 확대할 수도 없다. 이러한 할머니들

에게는 손자의 교육보다 자신의 자유로운 삶과 노화방지, 그리고 몸매 유지 등이 훨씬 더 중요하다.

그렇다면 수평적으로 모성을 확대하는 것은 어떠한가? 이웃과 사회에 대해 모성을 발휘하는 것이 그것인데, 장 씨 부인의 수평적인 모성 확대 방식은 현대식 봉사활동과도 맞닿아 있다.

> 내가 스스로 할머니 됨을 껴안은 뒤부터 죽어 눈감을 때까지 하루도 빼지 않고 한 일 중에는 아침마다 비복을 풀어 내 사는 마을을 둘러보게 한 것이 있다. 이는 굴뚝에서 연기가 나지 않는 집이 없나를 살피기 위함이었다. 굴뚝에 연기가 나지 않는다 함은 끼니를 거른다는 뜻이기 때문이다. […] 이제는 내가 〈큰 어머니〉가 되어 내 자손들뿐만 아니라 이웃의 모든 굶는 이들을 먹여야 한다는 생각에서였다. […] 틀림없이 나는 일생 베풀기에 유리한 처지에 놓여 있었다. 하지만 따지고 드는 이들이 추측하는 만큼 넉넉하지는 않았다. 거기다가 나는 또 그런 이들에게 말해 주고 싶은 게 있다. 사람이 핑계를 찾기 시작하면 일생 단 한 번도 남에게 베풀 여유가 생겨나지 않을 것이라고. 그리고 사람이 늙어 한 시대의 어른이 되었는데도 아랫사람에게 베풀 아무것도 없다면 그 사람은 잘못 살아도 크게 잘못 산 사람이라고.(선택, 209−211)

귀감이 되는 아름다운 〈큰 어머니〉들이 척박한 삶의 현장 여기저기에서 노년의 지혜와 전문성을 발휘하고 계신다. 그리고 그것들이 고스란히 전수됨으로써 세대별 교체가 자연스럽게 이루어지고 새로운 세대의 장 또한 펼쳐진다. 이것이 바로 역사이다. 한 평생 살아오는 과정에서 생활의 달인이 되고 삶의 전문가로 자리매김한 할머니의 삶을 인정하지 않거나 그 가치를 제대로 평가하지 않고서는 그 할머니로부터 시작되어 이어지는 자기 삶의 고귀한 가치 또한 온전히 지킬 수 없다. 그럼에도 불구하고 우리는 할머니의 존재 가치에 대해 크게 고민하지 않고 쉽게 평가 절하해 버리거나 심지어는 그 가치를 무시하기도 한다.

이것은 결국 자신의 살을 자신이 갉아먹는 일이다. 우리가 지금 마라톤의 출발지점에 서 있다고 해서 출발신호가 울리는데도 출발하지 않을 것인가? 결국 달리게 되고 언젠가는 결승점을 얼마 남겨두지 않는 지점에 있게 된다. 인간이라면 어느 누구에게도 예외 없이 적용되는 진리이다. 마라톤에서 각 구간별 주자의 전략이 제대로 맞아떨어져야 결승지점에 골인할 수가 있다. 그리고 마지막 구간에서 얼마만큼 질주하느냐에 따라 그 경기의 승패가 좌우된다. 마라톤의 마지막 구간을 달리는 역할을 할머니가 해낸다. 지금까지 계속 달렸기 때문에 몸은 지치고 다리에는 힘이 빠지지만 그동안의 연습과 현지 적응훈련, 그리고 시행착오를 통해 터득한 달인으로서의 면모를 갖추고 축적한 전문성을 발휘해서 결승점을 향해 사력을 다해 달린다. 주저앉고 싶을 때도 있고 목이 타들어가는 때도 있다. 잠시 속도를 늦추기도 하고 걷기도 한다. 그러나 결국 골인한다. 잠시 동안이지만 쉬었다가 간다. 그리고 또 다른 형태의 경주를 반복한다. 이것이 삶이고 반복되는 마라톤 방식의 경주가 결국 삶의 여정이다.

열. 여성이 아름다워야 세상이 아름답다

힘들고 고된 삶의 전체 여정 가운데 가끔씩 만나게 되는 정리와 휴식의 시간도 있으니 정부인 안동 장 씨가 소위 말하는 '봉우리의 휴식'을 취하면서 지극히 만족스럽게 삶을 결산할 수 있었던 것은 부인의 나이 일흔이 넘어서였다. 그때 부인의 마음이 「희우희」라는 시에 고스란히 담겨져 있다.

인생칠십고래희人生七十古來稀 사람이 세상에 나서 칠십 세까지 사는 것은 옛날부터 드문 일인데
칠십가삼희우희七十可三稀又稀 칠십 세에 셋을 더 사니 드문 중에 또 드문 일이네.
희우희중다남자稀又稀中多男子 드물고도 드문 중에서 사내 아이가 많으니
희우희중희우중稀又稀中稀又稀 드물고도 드문 중에서 드물고도 드문 일이네.(실기, 17-18)

장계향, 「희우희稀又稀: 드물고도 드문 경사」

조선중기 평균연령이 40-50세였다는 점을 감안하면 안동 장 씨 부인이 건강하게 일흔을 넘긴 것 자체가 드물고 귀한 일이다. 거기다가 남편의 나이 여든에 가까울 그 때까지 부부가 해로하는 것도 드물고 귀하며 아들과 손자가 하나같이 가문에 영광을 가져다준 것도 귀하고 드문 일이었다. 또한 부모를 앞서 간 자식을 가슴에 묻고 절도 있게 슬퍼할 줄 아는 것도 귀하고 드문 일이며 헛된 시름에 잠겨 시간을 허비하는 대신 그 시간을 견디는 방식으로 생산적인 일을 해낼 수 있는 것도 드물고 귀한 일이다. 일흔 셋 당시 정부인 안동 장 씨의 삶을 나름대로 정산해 봄으로써 부인이 들려준 이야기에 대한 답을 우리 스스로 한 번 찾아보자.

정부인 안동 장 씨의 '드물고도 드문' 한 평생 속에 조선시대 중기의 여러 가지 가치와 현상들이 스며들어 있는데, 실기에 기록되어 있는 정부인 안동 장 씨의 자식과 손, 그리고 증손의 계보를 훑어보면 그것들을 읽어낼 수 있다.

상일은 아들이 없어서 융일의 맏아들 은을 데려다가 후사로 삼았다. 딸

네 사람은 정지석 · 조옹 · 박서 · 이덕순에게 각각 시집갔다. 휘일은 아들이 없어서 현일의 둘째 아들 의를 대려다가 후사로 삼았다. 현일은 아들 네 사람을 두었으니 연 · 의 · 재 · 심이고, 딸 세 사람은 사인 김이현 · 홍억 · 김대에게 각각 시집갔다. 숭일은 아들 두 사람을 두었는데 식 · 직이고 딸 한 사람은 생원 권두기에게 시집갔다. 정일은 아들 두 사람을 두었는데 억 · 력이고, 딸은 두 사람인데, 맏은 사인 정후홍에게 시집갔고 막내딸은 나이가 어리다. 융일은 아들 여섯 사람을 두었는데, 맏은 은이고 그 다음 아들은 경 · 만 · 영 · 삼이고, 막내 아들은 나이가 어리다. 딸 세 사람은 사인 권동무 · 김경렴에게 각각 시집갔으며 막내딸은 나이가 어리다. 운일은 아들 한 사람을 두었는데 수이고, 딸 두 사람은 사인 권진명과 정욱에게 각각 시집갔다.

증손자와 증손녀는 21인이나 되는데, 증손자는 지익과 지후이고 나머지는 모두 나이가 어리다.

부인께서 세상을 떠나신 그해 9월 15일에 안동부 수동 동쪽 산기슭 정좌남과 서남을 등지고 동북과 북을 향한 자리 언덕에 장사했으니 선군의 무덤 뒤에 겨우 30보 떨어진 거리이다.

아아! 선비와 같은 부인의 의절과 규범은 마땅히 명을 짓는 사람을 찾아서 무덤에 비석을 새겨야 할 것인데도 지금은 이미 일을 할 겨를이 없었다.

불초자 현일은 광중시체가 놓이는 무덤의 구덩이 부분에 사적개인에 관계되는 일을 이렇게 기술한다. 어버이의 은혜는 하늘과 같이 넓고 커서 다함이 없으니 아아! 슬프도다. (실기, 35)

셋째 아들 현일이 못다한 일을 거의 300년이 지난 1966년에 유학자 김우림이 명을 지어 대신했다.

현부지교賢父之教 덕행이 높은 아버지의 교훈을 받아서
군자지구君子之逑 재덕을 겸비한 선비의 배필이 되셨다.
후사지유後嗣之悠 후사들이 장구히 계승했으니
군휘정사裙徽正士 여인의 정사이다.
규곤사종閨閫師宗 부녀들의 사종스승이 되었으니
광고수동曠古誰同 공전절후비교할 만한 것이 이전에도 없고 이후에도 없음에
누가 부인 같겠는가.

천비지수天卑之殊 하늘이 내신 특수한 인물이고
인륜지돈人倫之惇 인륜의 순후온순하고 인정이 많음한 본보기다.
유덕망훤維德罔諼 덕행을 잊을 수가 없으니
팔용유수八龍有繡 팔용을 수놓은 것이다.
실기유편實記有編 실기를 편찬했으니
가보시전家寶是傳 가보를 전할 수가 있다.
최자중미最茲衆美 이와 같은 여러 가지 미행을
사불진의詞不盡意 글로써는 뜻을 다 표현할 수가 없으니
추지가류推之可類 서로 비슷한 점을 미루어 그 밖의 것을
짐작할 수가 있다. (실기, 53-54)

그리고 20년이 지나 영양 두들마을 입구에 정부인 안동 장 씨 유적비가 세워지는데, 유적비 내용을 한글로 풀어씀으로써 조선중기 여중군자 정부인 장계향의 생애와 업적 및 인품을 일목요연하게 정리해 본다.

정부인 안동 장 씨 유적비문

정부인 안동 장 씨 유적비

정부인 안동 장 씨는 고려태사 정필의 후예인 경당 흥효를 부친으로 하고 첨지 권사온의 딸을 모친으로 하여 1598년 선조 31년 11월24일에 안동 금계리에서 탄생하셨다. 어릴 때부터 재주가 많고 행실이 특출해 원근에 칭송이 자자하였는데, 19세 되던 해에 재령 이 씨 가문에 재취로 출가하니 부군은 곧 여말절사 모은 오午의 후예 석계 시명이다.

출가하신 지 64년 동안 오직 경敬과 성誠으로 시아버지와 시어머니를 봉양하고 남편을 받들며 7남 3녀를 훌륭하게 길러냈다. 이 씨 가문 삼대에 사불천위가 모셔지게 된 것은 부인의 공이 지대하셨기 때문이다. 만년에 셋째 아들 갈암 현일이 사림의 추천으로 이조판서에 올랐는데, 전례에 따라 조정에서 정부인의 교지를 내렸다. 1680년 숙종 6년 7월 7일에 이 곳 석보촌에서 서거하시니 향년이 83세였다.

부인은 선천적으로 총명하고 자애로우시며 효심이 뛰어났고, 항상 성현의 말씀을 좇아 착한 일 하는 것을 즐겨하고 의로운 일 하는 것을 좋아하셨으며, 시부모와 친정부모를 위한 정성과 효심이 극진하였다. 출가 전 친정 모친의 병수발에 남다르시더니 출가 후에도 안동 영해 이백리 길을 멀다 않고 나들며 정성을 다하셨다.

친가부모 경당이 육순에 부인을 잃고 후사가 없게 되자 친정에 자주 들려 아버지를 봉양하시는 한편 부친에게 간청하여 새 부인을 맞이하게 하여 3남 1녀를 두게 하였으며 또한 경당이 별세하신 후에는 친정 식구들을 시댁 가까이로 데려와 생계를 보살피고 배다른 동생들의 혼사까지 돌보며 친정의 대를 잇게 하였으니 부모에 대한 효행과 동기간의 우애가 이토록 지극하셨다.

부군을 섬김에 있어서 항상 귀한 손님처럼 존경하고, 매사에 자문을 구해 내조하였으며, 잦은 이사로 생계가 곤란하였으나 조금도 원망의 빛이 없었다. 시아버지 별세로 부군이 삼년상을 치르는 동안 수십 명의 한 집 식구를 통솔하고 모든 가사를 규범에 맞게 잘 처리하셨다.

회임 중에는 불결한 음식을 들지 않으시고 부정한 자리를 피하시는 등 몸가짐을 반드시 열녀전의 훈계를 좇아서 태교하셨으며 자녀들을 자애함이 또한 지극하셨다. 하지만 교회나쁜 짓을 한 사람을 잘 가르치고 타일러 지난날의 잘못을 뉘우치게 함함이 심히 엄격하셨는데 언제나 부모에 대한 효도와 형제간의 우애, 임금에 대한 충성과 친구와의 신의, 그리고 경과 의를 강조하셨다.

전실 광산 김 씨의 자녀를 보살핌에 있어서도 자기 소생 자식과 다름없이 무육어루만지듯이 잘 보살펴 기름하시는 등 다자녀를 깨우치고 이끌어 준공이 이처럼 지대하시더니 마침내 저 퇴계학통의 정맥을 전수한 대유학자 존재 휘일, 갈암 현일, 항재 숭일을 비롯한 소위 말하는 칠현자를 두었으며 손자 밀암 재와 고재 만과 같은 석학을 두셨으니 이 어찌 우연일 수 있으며 양정부자송나라 정명도와 정이천를 낳은 후부인이 무엇이 부럽다 하겠는가.

비복계집종과 사내종을 부리되 친 자녀처럼 여겨 아플 때는 친히 간호하시고 비록 잘못을 저질러도 분노하여 소리를 놓이거나 안색이 바꾸지 않고 조용히 타일러 감복하게 하시니 동리 하인들이 모두 부인 댁 종이 되지 못함을 한으로 여겼다. 가련한 이웃과 환과고독홀아비와 과부, 고아와 늙어서 자식 없는 사람을 불쌍하고 가엾게 여겨 베풀어 주기를 내 몸과 같이하시니 모두 부인에게 보답하기를 원하더라.

일상의 의식은 간소하고 담백하고 정갈하고 나무랄 데가 없을 따름이요 세속의 향기 짙고 화려하고 진기하고 이상한 것을 좋아하지 않으셨다. 겨우 10세에 재주가 비범하셨고 문학과 예술에 있어서도 천재적인 재능이 있어 시 9편과 글1편 그림과 서예 3편을 남기셨는데 시는 과연 백낙천중국 당나라 시인 백거이의 자을 따를 만하고 초서 또한 능하시어 당대명필인 정청풍자 조차도 그 필체의 호방함과 강함에 놀라 이는 동국인의 서법이 아닌 중국인의 필적이라고 평가하였다.

음식조미에도 출중하시어 부인의 저서인 규곤시의방은 현금 조선조 전통요리연구의 지침서로 평가되고 있으며 일본에서까지 번역 · 출간되었다. 특히 부인이 세상 사람들에게 추앙을 받게 되는 것은 여성으로서의 겸양과 부덕을 갖추셨기 때문이다. 부인은 천부의 재능으로 10살 전후에 학예가 이미 철인의 경지에 접어들었으나 출가 후로는 이를 감추고 오로지 부덕만 닦으셔서 그 절의한 시재나 학문과 필법은 남편조차도 몰랐다.

평소 자손들에게 훈계하시기를 대학자이신 웃어른들이 계시는데 내가 어찌 학문을 논할 수 있겠는가. 영웅이 함부로 칼을 뽑으면 도적의 누명의 쓰고, 군자가 함부로 붓을 놀리면 이름에 큰 오점을 남길 것이니 앞날에

교만하거나 사치스럽거나 만용을 부리지 않도록 명심하라고 하셨는데 부인의 이 같은 뜻과 행동은 만고의 교훈이라 하겠다.

돌이켜보건대 부인께서는 학식과 덕행이 범인과는 비할 바가 아닌 훨씬 뛰어난 경지에 있으면서 여성이기 때문에 숨기고 자제하시며 오직 희생적으로 삼종지도를 따라 지성으로 시부모를 받들었으니 효와 우애가 하늘에서 나왔고, 공경으로서 군자를 섬겨 부군의 학문적 도를 도우셨으니 현부인이며, 자애와 규범으로서 자녀를 양육하여 바른 길로 이끄셨으니 현모이다. 위대한 교육자이셨으며 인애로 비복을 다스리며 긍휼한 마음으로 이웃을 돌보셨으니 훌륭한 인격자이시다.

실로 부인의 덕행은 만세인류의 사표가 될 지어다. 이토록 숭고한 부인의 숙덕의행여성의 정숙하고 단아한 미덕과 아름다운 행실이 일찍이 세상에 드러나지 않았던 것도 아녀자의 표창이 분수에 맞지 않다는 당신의 겸양 때문이었으리라. 거룩하신 부인의 덕행을 만세토록 기리고자 삼가 옷깃을 여미고 감히 졸문으로 찬송하면서 잠시부인이 지으신 소소음으로 무아의 시정에 젖어보고 싶구나.[62]

창외우수수窓外雨蕭蕭　창문 밖에 솔솔 내리는 빗소리
수수성자연蕭蕭聲自然　솔솔 내리는 빗소리는 자연스럽기도 하네.
아문자연성我聞自然聲　자연스러운 빗소리를 내가 듣고 있으니
아심역자연我心亦自然　내 마음도 빗소리처럼 자연스러워 지네.

장계향, 「소소음」

주

1 배영동, 「『음식디미방』 저자 실명 '장계향(張桂香)'의 고증과 의의」, 『실천민속학연구』 제9호(2012), 169쪽. "장계향이 별세할 당시에는 품계가 의인宜人이었다. 그래서 신주 함중에는 "의인안동장씨휘장계향宜人安東張氏諱張桂香"이라고 적혀 있다. 현전하는 교지를 보면 장계향의 품계는 사후 9년이 지나서 1689년숙종 15 8월 19일에 추증된 것이다. 교지에서 밝혔듯이, 셋째 아들 갈암 이현일이 귀해져서 법전에 따라 사후에 품계가 올라갔다. 따라서 엄밀하게 말하면 '증정부인贈貞夫人 장계향'이 맞다. 하지만 추증된 사실을 굳이 밝히지 않고도 품계나 관직을 표현하는 것이 통용되므로 '정부인 장계향'이라고 할 수 있다."

2 김서령, 『안동 장씨 400년 명가를 만들다』, 서울: 푸른역사, 2010, 29쪽 참조.

3 배영동, 앞의 논문, 173–174쪽. "○ 후배위 안동 장 씨 신주의 기록 전신분면 기록: 현선조비 증정부인안동장씨신주 십삼대손 돈 봉 사顯先祖妣 贈貞夫人安東張氏神主 十三代孫 燉 奉 祀 후신함중 기록: 조선고선인안동장씨휘계향신주朝鮮故宣人安東張氏諱桂香神主 [⋯] 전통사회에서 사람의 이름에는 아명, 초명, 실명, 보명 등이 있었다. 아명은 아이 때 집에서만 부르던 이름이며, 초명은 바뀌기 전의 실명이며, 실명은 공식 이름이고, 보명은 족보에 쓴 이름이다. 그런데 여성의 경우에는 명백히 보명은 없고, 초명도 없을 가능성이 높다. 따라서 여성의 이름이 신주에 기록되어 있다면, 실명이라고 보는 것이 옳다."

4 경당선생기념사업회 편, 『국역경당선생문집 하』, 김태안 역, 안동: 경당선생기념사업회, 2006, 61쪽:

「꿈에 학봉 김선생을 뵈옴」
선생께서 일본에서 돌아오시자 사람들이 몹시 존경하여 정신 팔린 듯이 달려나가 환영하였다. 음식이 올라올 때면 선생은 숟가락을 서쪽으로 향하여 놓고 공경의 뜻을 표했는데 이렇게 한 것이 곧 사람들을 감동케 한 것이다. 내 가만히 감탄하여 말하기를 "선생께서는 평소에도 임금을 사랑하는 바가 아버지를 사랑하는 바와 같았으므로 식사 한 끼 할 아주 짧은 시간일지라도 이러하였기에 임금을 잊지 않았던 것이다."라 하였다.

5 같은 책, 61–62쪽:

「꿈에 서예 유선생을 뵈옴」
선생께서 당상에 앉아 계셨다. 내 곧 걸어서 선생께 나아가니 선생이 자리에 앉으라고 하셨다. 시간이 오래 지난 후에 말씀하시기를 "공자는 천하의 일을 어찌 감당할 수 있었던가?"라고 하셨다. 대답하기를 "무엇을 뜻하는 말씀입니까?"라 하자, 말씀하시기를 "그대 또한 생각을 해보게나, 하늘은 하나인데, 무슨 번거로운 것이 있겠는가?"하셨다. 내가 말하기를 "고인들 중에서는 이기理氣를 분별하여 말한 사람이 있는데 저도 여기서 석연히 마음 속 깊이 이해되는 것이 있었습니다. 즉 기로써 말한다면 비록 만물의 변화가 한결같지 아니한 것이 있지만 이로써 말한다면 무슨 번거로울 것이 있겠습니까? 근래에 벗들과 함께 일관지도一貫之道: 절대선인 인이 한결같이 통하는 공자의 진리에 대하여 강설을 했는데 낮에 강론한 바의 것들이 밤에 꿈을 꾸는 바의 것이 되지는 아니 하는지요?"라고 하였다.

6 장흥효, 『경당일기』, 강정서외 옮김, 안동: 한국국학진흥원, 2012, 68쪽 이하 참조.

7 경당선생기념사업회 편, 『국역경당선생문집 상』, 30쪽.

8 같은 곳.

9 같은 책, 39–40쪽.

10 같은 책, 49쪽.

11 같은 곳.

12 같은 곳.

13 같은 곳.

14 장윤수, 「『경당일기』를 통해 본 장흥효 학단의 지형도와 성리학적 사유」, 장흥

효, 『경당일기』, 57쪽. "경당은 거처하던 곳 남쪽에 제월대라는 대를 짓고, 날마다 공부를 마치면 어린아이들과 더불어 이 대 위에서 소요하며 예를 가르치고 노래를 읊조렸다."

15 경당선생기념사업회편, 『국역경당선생문집 상』, 31쪽.

16 같은 곳.

17 이병휴, 「서문 2-경당선생의 생애 및 학문과 관련하여-」, 장흥효, 『경당일기』, 20-21쪽에서 이병휴는 삶과 학문에 임하는 경당의 자세에 대해 "두 가지 애석함"으로 해석하기도 한다. "그런데 선생의 삶에서는 어렴풋이 드러나는 두 가지의 애석함이 엿보인다. 그 하나는 학문적 온축이 많았을 것임에도 불구하고 자신의 병약과 가내의 우환 등 여러 제약으로 그것을 증험할 구체적인 자료를 많이 남기지 못한 것이다. 그리고 다른 하나는 과업을 버리고 오로지 학문에만 전념한 나머지 오래도록 쌓은 경륜을 펼 기회를 갖지 못한 것이다."

18 같은 논문, 22쪽.

19 장흥효, 『경당일기』, 105쪽. 5월 일기에서 "인심이 위태하다."는 표현은 무려 다섯 번이나 나오고 이후 일기에서도 마음에 대한 경당의 생각이 자주 확인된다.

20 같은 곳.

21 같은 책, 119쪽.

22 같은 곳.

23 『경당집』, 권 1, 증언, '증표질'. 장윤수, 앞의 논문, 49쪽.

24 갑인년 9월 15일, 을묘년 1월 11일, 을묘년 4월 26일, 병진년 5월 6일, 정사년 10월 3일, 기미년 5월 17일, 경신년 8월 21일, 신유년 7월 2일, 신유년 10월 27일 일기 참조.

25 장흥효, 『경당일기』, 124쪽.

26 장윤수, 앞의 논문, 52쪽 참조.

27 『경당집』, 권 1, 잡저, '경당설구기'. 장윤수, 위의 논문, 52쪽.

28 장흥효, 『경당일기』, 210쪽.

29 주자, 『주자어류』, 권 1. 장윤수, 앞의 논문, 54쪽.

30 『경당일기』, 203쪽. 1616 병진년 3월 26일 일기.

31 이재호 역, 『국역 정부인 안동 장 씨 실기』, 국역 정부인 안동 장 씨 실기 간행소, 1999, 23-24쪽. 이하에서는 (실기, 페이지)로 인용 출처를 표시한다.

32 문숙자, 『조선시대 재산상속과 가족』, 서울: 경인문화사, 2004, 32쪽 참조.

33 이문열, 『선택』, 서울: 민음사, 1997, 103-104쪽. 정부인 안동 장 씨 실기를 바탕으로 하는 이문열의 소설 『선택』을 인용함으로써 정부인 안동 장 씨에 대한 이해의 폭과 상상력의 경계를 넓힌다. 이하 인용 말미에 (선택, 쪽수)로 인용 출처를 표시한다.

34 장윤수, 「경당 장흥효선생과 17세기 경북 북부지역 성리학에 관한 연구」, 경당선생기념사업회, 『경당선생문집(하)』, 안동: 비니, 2007, 391쪽. "경당과 석계는 단순한 '스승-제자', '사위-장인'의 관계를 넘어선다."

35 김태안, 「석계 이시명의 사상과 문학」, 『퇴계학』 제9호(1997), 안동대학교 퇴계학연구소, 118쪽. "당시 과거시험의 제목이 '천지만물조화지변天地萬物調和之變'이었다. 이 제목을 본 노사나이 많은 스승 숙유학식과 명망이 높은 선비들은 문제가 너무 어려움에 놀라, 눈이 휘둥그래지며 쩔쩔 매는 표정을 지었지만 그는 이와 달리 점찍을 새도 없이 글을 줄줄 써 내려가 곧장 완성을 했다. [⋯] 정밀하고 해박한 증거와 전아한 문자를 본 과장의 응시자들은 모두가 아!하는 함성을 터트렸다고 한다."

36 이석계, 「유감」, 한국문집편찬위원회, 『한국역대문집총서: 석계선생문집 1』, 서울: 경인출판사, 1996, 56-57쪽. 이문열, 『선택』, 116쪽 번역 참고.

37 이석계, 「우음」, 같은 책, 48쪽. 이문열, 『선택』, 117-118쪽 번역 참고.

38 『석계집』, 부록 권 1, 행장. 장윤수, 「경당 장흥효선생과 17세기 경북 북부지역 성리학에 관한 연구」, 391쪽.

39 같은 곳.

40 김태안, 앞의 논문, 151쪽에서 김태안은 석계가 맏아들 상일을 어떤 식으로 교육시켰는지에 대해 비교적 상세하게 소개하고 있는데, 첫 번째는 시간 낭비를 하지 말고 학업에 열중함으로써 스스로를 향상시킬 것과 동생 현일과 숭일이 학업에 뜻이 있을 경우, 동생들을 잘 이끌어 줄 것을, 두 번째는 상일이 독서에 열중한다는 사실을 알고 독서로 기질을 변화 시킬 것과 덕을 쌓을 것, 그리고 지행일체를 실천할 것을 당부했으며, 세 번째는 학업과 독서에 열중하면서 찾아오는 손님을 잘 접대할 것을, 마지막으로는 어떻게 처신해야 할지를 가르쳤다.

41 『석계문집』, 권 2, 시. 김태안, 위의 논문, 156쪽. "수비산 북쪽 몇 서까래 띠집에/ 어머님과 형제들 화락하니 이 즐거움 오롯하구나./ […]/ 효제부모에 대한 효도와 형제에 대한 우애로 집을 다스리고 또 멀리 미쳐 나가야 하리니/ 시서시 짓기와 독서로 학업을 닦아 성현을 배우리라."

42 같은 논문, 156쪽. "여러 해 동안 학업에 전심하지 못한 게 부끄럽도다./ […]/ 하늘이 이락을 온전히 해주었으니 정말 기쁘고/ 생각하건데 새롭게 하기 위해 성현을 배우려 했네./ 시 읊어 화시하노니/ 아버님 금년엔 더욱 많은 복 받으시길."

43 같은 논문, 157쪽. "아침마다 햇빛은 숲속 꽃에 빛나고/ 리정鯉庭: 공자의 아들 정이 뛰어 놀던 정원의 뜰에서는 사사건건 현인을 배우려 하네./ 빈집에 밤이 깊어 시끄러움 멎자/ 모두들 시 읊어 아버지께 만수를 비네."

44 같은 논문, 158쪽. "시무그 시대의 당면 과제를 잘 알았으되 그 스스로 준걸재주와 슬기가 뛰어남에 못 미쳤음을 한스러워 했다네./ 북당 어둔 밤 풍설이 불어대는데,/ 다시 아버님께 남은 술 권하며 만수를 비누나."

45 같은 곳. "옛 도를 배운 것이 언행에 어긋날까 심히 부끄럽고/ 마음 잡은 게 전후로 어긋날까 두려웁네./ 무릎 포개 앉아 민생에 병폐생길까 걱정하고/ 책을 덮고 가만히 나라에 현인 없음을 탄식했네."

46 같은 논문, 159쪽. "즐겨함이란 내 다른 사람들보다 뒤에 하려하고/ 깊이 근심함이란 어느 뉘보다 앞서 하리로다./ 시를 논하라면 평생 서툴렀음이 부끄럽고/ 세상을 말하라면 하루 어진 것만 가려 뽐내었다네."

47 같은 논문, 160쪽. "인을 행하는데 뭇사람에 양보하지 않으리라 생각하고/ 이로움에 임해서는 그 누가 말했던가. 말도 앞세우지 않는다 했으니,/ […]/ 빠른 세월 흘러가면 다시 오지 않으리니/ 모름지기 공부에 뜻 붙여 장년에 이르리로다."

48 http://kidsline.co.kr/2mag.html(검색일: 2016년 2월 1일)

49 정부인 안동 장 씨 실기, 35쪽. "아아! 선비돌아가신 어머니를 남에게 일컫는 말와 같은 부인의 의절과 규범은 마땅히 명명공적을 찬양하는 내용이나 사물의 내력을 새긴 문구을 짓는 사람을 찾아서 무덤에 비석을 새겨야 할 것인데도 지금은 그 일을 할 겨를이 없었다. 불초자 현일은 광중시체가 놓이는 무덤의 구덩이 부분에 사적일의 발자취을 이와 같이 기술한다."

50 같은 책, 31쪽. "부인께서는 타고난 성품이 이미 풍부하신데, 게다가 학력까지 첨가하였으며, 인애하고 간측정성과 진심을 다함하며 착한 일을 하기를 즐거워하고 옳은 일을 하기를 좋아하였으며, 젊을 때부터 늙을 때까지 처음과 끝이 한결같았다."

51 장흥효, 『경당일기』, 186쪽. 1615년 을묘년 12월 5일. "경광경당선생이 강론하던 서재에 가서 류진을 보고 저물어서야 돌아왔다." 같은 책, 187쪽. 을묘년 12월 10일. "진사 류진이 방문하였으나 마침 출타하여 만나지 못하였다." 이 밖에 1616년 병진년 1월 30일에도 류진이 장흥효를 방문한 기록이 있고, 3월 14일 일기에서 장흥효는 "꿈에서 류진과 함께 독서법을 논하였다."고 적고 있으며, 1620년 경신년 9월 11일 일기에 자신을 방문한 류진에게 시를 써 주었다는 내용을 썼다.

52 장흥효, 『경당일기』, 408쪽. 1620년 경신년 8월 13일.

53 『존재집』, 권 8, 행장. 장윤수, 「경당 장흥효선생과 17세기 경북 북부지역 성리학에 관한 연구」, 394쪽.

54 『존재집』, 권 8, 행장. 같은 곳.

55 장흥효, 『경당일기』, 391쪽. 1619년 기미년 10월 22일. “이른 새벽에 집으로 돌아오니 딸[계향]이 이미 아기를 낳았다. 어제 경오 미시에 외손자가 태어났으니, 어떤 경사가 이와 같겠는가?” 같은 곳, 10월 23일. “김시랑, 류원지 군이 위문하러 왔으나 예를 이루지 못하였으니, 산실과 멀지 않았기 때문이다. 불결할까 모든 일용에 행하는 예를 모두 폐하였다.” 같은 곳, 10월 24일. “손자가 태어난 지 겨우 4일인데, 울음소리가 한 살 된 아이와 다름이 없다. […] 딸이 아기를 낳은 뒤 조금 불평한 징후가 있었는데, 점차 평상을 회복하였다.” 같은 책, 393쪽, 11월 5일. “불결하다고 파했던 일용의 예절을 이에 이르러 조금씩 행하였다.”

56 장흥효, 『경당일기』, 391쪽. 1619년 기미년 10월 22일. “큰 추위가 지극하면 반드시 따뜻한 봄날이 있다고 한 것이 진실로 빈말이 아니다.”

57 세상과 등진 몸이 밭두둑에서 늙어가니
바깥일 내 모르고 하는 일 무슨 일인고
이 중에 우국성심은 풍년을 원하노라.

농인이 와서 말하기를 봄이 왔으니 밭에 가세
앞집의 쟁기잡고 뒷집에 따보따비: 농기구의 일종 내네
두어라 내 집부터 하랴 남 하니 더욱 좋다.

여름날 더운 때에 달궈진 땅이 불이로다.
밭고랑 매자하니 땀 흘러 땅에 듣네.
어사와 곡식 알갱이마다 깃든 고생을 어느 분이 알 것인가.
가을에 곡식 보니 좋기도 좋을시고
내 힘으로 이룬 것이 먹어도 맛이 좋다.
이 밖에 천사만종높은 벼슬과 많은 돈을 부러워해서 무엇 하리오.
밤에는 새끼 꼬고 낮에는 띠를 베어

초가집 잡아매고 농기구 손질해야
내년에 봄이 오면 바로 일을 시작한다.

새벽에 해 뜨자 지빠귀 노래하니
일어나라 아이들아, 밭 보러 가자구나.
밤사이 이슬 가운데 얼마나 자랐을까 하노라.
보리밥 지어 담고 도토리로 국을 끓여
배곯는 농부들이 제때 먹게 하자
아이야 한 그릇 올리라 친히 맛보고 보내리라.

서산에 해 지고 풀끝에 이슬 맺힌다.
호미를 둘러메고 달뜨면 가자구나.
이 중의 즐거운 뜻을 말해 무엇 하리오.

58 『갈암집』, 권 1, 「복차가군감시운伏次家君感時韻」. 이민재, 「갈암 이현일의 시문학에 나타난 역사의식」, 『배달말』 제54집(2014), 165쪽.

59 『갈암집』, 권 1, 「영창전매」. 이민재, 위의 논문, 164쪽:

창전사매수牕前四梅樹 창 앞의 네 그루 매화나무
개향환혼월開向黃昏月 황혼의 달을 향해 피어있구나
욕음화하주欲飮花下酒 꽃 아래서 술을 마시고자하니
노적위성궐奴賊圍城闕 오랑캐들이 성궐을 포위했다는 구나.

60 『존재집』, 권 8, 행장. 장윤수, 앞의 논문, 397쪽.

61 이현일, 「율곡이씨론사단칠정서변」, 『갈암전집』, 350 하b-351 상a. 김낙진, 「갈암 이현일 성리학과 경세론의 특색」, 『퇴계학』 제20권(2011), 안동대학교 퇴계학연구소, 50쪽.

62 서기 1989년 9월 대한민국 국사편찬위원회 위원장 박영석 근찬謹撰: 책이나 글을 삼가는 마음으로 저술함

| 제3부 |

정부인 장계향의 솜씨

제1장 **문예가 장계향_ 글 · 그림 솜씨**

제2장 **안주인 장계향_ 살림 솜씨**

제3장 **요리사 장계향_ 음식 솜씨**

| 제1장 |

문예가 장계향_ 글·그림 솜씨

문학적 재능

부인은 성품이 총명하고 인서어질고 너그러움하여 훈계가 되는 말을 듣기를 좋아하였다. 아버지인 경당선생께서 『소학』과 『십구사략』 등의 글을 가르쳤더니 스스로 글 뜻을 통달하게 되었다. 글을 강론하다가 경세수리에 미치게 되자, 모든 학자들이 분변하기가 어려운 것인데도, 부인은 즉시 곁에서 듣고 있다가 낱낱이 대답하기를, 마치 사물의 이치를 꿰뚫듯이 하였다. 글을 짓고 글자를 쓰는 일에 이르러서도 또한 배우고 익히기를 기다리지 않고서도 그 정묘한 경기에까지 넌지시 이르게 되었으니, 「학발시」·「경신음」·「소소음」 등과 같은 시구는 모두가 10여 세 때의 일이었다. (실기, 47)

아버지를 놀라게 할 만큼 총명했던 계향은 열대여섯이 되면서 「성인음」이라는 오언시를 시작으로 시문을 즐겨 짓고 쓰기 시작한다.

그 시를 짓는 일이 나타나고 붓 끝의 글씨에 나타난 것은 『시경』의 국풍 그리고 대 · 소아의 체재와 종유 · 위항의 서법이 그대로 남아 있었으니 이런 일은 군자도 하기가 어려운 일이므로 여사여자의 칭호로서는 드물게 있는 일이다.(실기, 40)

물론 조선 여류 시인들에 비해 계향의 한시는 소박하지만 '열대여섯의 여자아이가 쓴 시로는 읽어볼 만'하다. 교육의 수혜자이기는 했지만 제도적으로 여전히 불평등한 교육이 시행된 조선중기 이팔청춘 여자아이의 관심사가 성인이라는 점이 눈에 띈다. 공교육과 사교육이 남자아이들에게 집중되어 있었기 때문에 남자아이들이 책을 통해 성인을 만날 수 있는 길은 비교적 활짝 열려 있었다. 반면 여자아이들에게 허용되는 교육이 유교적 이념에 입각한 조선의 질서를 세우기 위한 방편에 불과했기 때문에 당시 10대 중반의 여자아이가 책을 통해 성인을 만난다는 것은 어찌 보면 생소하고 낯선 일이었다. 그럼에도 불구하고 계향에게 성인은 배움의 근원이자 모든 경험의 원천이었다.

불생성인시不生聖人時	성인이 살았던 시대에 나지 않았으니
불견성인면不見聖人面	성인의 얼굴을 볼 수가 없네.
성인언가문聖人言可聞	성인의 말씀을 들을 수가 있으니
성인심가견聖人心可見	성인의 마음도 볼 수가 있겠네.
	(실기, 16)

장계향, 「성인음」

비록 성인이 살아계시지 않기 때문에 성인을 직접 만나 가르침을 받을 수는 없지만 성인의 말씀을 기록한 책을 통해 성인의 말씀을 듣고, 배우고, 익힐 수 있으니 궁극적으로는 성인의 가르침을 받았다는 의미로 해석할 수 있다. "성인이 된 사람이 세상에 살아가는 인간이 아니고, 보통 사람보다 지나치고 보통 사람보다 아주 뛰어난 일을 한다면 진실로 따라갈 수가 없겠지만, 성인의 용모와 언어는 처음부터 보통 사람과 다른 데가 없으며, 성인의 행동 또한 인륜이 날마다 늘 하는 일이라면, 사람들이 성인을 배우지 않는 것을 근심할 뿐이지, 진실로 성인을 배우게 된다면 또한 무엇이 어려운 일이 있겠는가."(실기, 27-28) 평소 부인의 '성인'에 대한 생각이다. 그리고 그 생각은 아버지로부터 영향을 받은 것이다.[1] 따라서 성인이 동시대인이 아니라는 이유로 성인을 배우지 않는 것은 최소한 부인에게 있어서는 핑계거리에 지나지 않는다. 시간차 때문에 성인과의 직접적인 만남이 허락되지는 않지만 책을 통해 시공간을 초월해서 성인을 자유롭게 만날 수 있을 뿐만 아니라 성인과의 자유로운 대화를 통해 성인의 삶을 귀감으로 삼아 실생활에서 실천하는 것이 중요하다고 우리에게 메시지를 전하는 것이다. 21세기의 여대생들도 책을 통해 즐겨 그들의 멘토를 만난다. 책을 통해 몰랐던 것을 알고, 책을 통해 가보지 않았던 곳을 간접적으로 경험하고, 책을 통해 책 속의 주인공과 책을 쓴 작가와 마음을 터놓고 대화를 나눈다. 책을 통해 삶의 지혜를 배우고 책을 통해 처세술을 익힌다. 지금은 마음만 먹으면 어느 곳에 있는 어떤 책이라도 손에 넣어 읽을 수 있으니 계향이 책을 통해 성인과 만났던 것보다 훨씬 더 쉽게 우리의 멘토를 만날 수 있다.

「성인음」 외에 계향이 10대 중반에 쓴 시로 「경신음」이라는 것이 있는데, 이 시에서 계향은 나름대로의 정情과 의義로써 효孝를 읊었다.

차신부모신此身父母身	이 몸은 부모님께서 낳으신 몸이니
감불경차신敢不敬此身	감히 이 몸을 조심하지 않을 수 있겠는가.
차신여가욕此身如可辱	이 몸을 만약 욕되게 한다면
내시욕친신乃是辱親身	이는 곧 어버이의 몸을 욕보이는 것이다.
	(실기, 17)

장계향, 「경신음」

계향이 살았던 시대의 효는 충과 함께 세상을 지탱하는 윤리의 양대 축이고 배움이 지향해야 할 가장 중요한 유교적 덕목이었다. 국가에 충성하는 것이 허용되지 않았던 시대에 계향은 열과 성, 그리고 정성을 다해 효를 실천했는데, 출가 전에는 계향의 부모님을, 그리고 결혼 후에는 친정부모님과 시부모님을 지극정성으로 모셨다. 부모님께 효도하는 방법으로 출가 전 계향이 가장 중요하다고 생각한 것이 부모로부터 받은 자신의 몸을 귀하게 여기는 것이었는데, 이 지점에서 우리는 『효경』 첫 장인 「개종명의」에 나오는 신체발부수지부모身體髮膚受之父母, 불감훼상효지시야不敢毁傷孝之始也라는 공자의 가르침을 떠올릴 수 있다. 공자는 "무릇 효라는 것은 덕의 근본이고 가르침은 여기에서 비롯된다. 사람의 신체와 터럭사람이나 길짐승의 몸에 난 길고 굵은 털과 살갗은 부모에게서 받은 것이니, 이것을 손상시키지 않는 것이 효의 시작이다. 몸을 세워 도를 행하고 후세에 이름을 날림으로써 부모를 드러내는 것이 효의 끝이다. 무릇 효는 부모를 섬기는 데서 시작하여 임금을 섬기는 과정을 거쳐 몸을 세우는 데서 끝나는 것이다."라고 말씀하시면서 자식이 나라에 충성하고 부모에게 효도하는 법을 제자들에게 가르치셨다. 물론 이 때 입신과 충효의 긴밀한 관계는 조선중기 남자아이들에게 허용되고 해당되는 것이었지만 계향이 생각하는 효 역시 공자의 가르침과 일맥상통한다. 자신이 몸을 귀하게 여기고 공경함으로써 부모님께 효도하고 부모님을 공경하는 것은 입신양명을 통해 국가에 충성하는 부분을 도외시하면 남자아이든 여자아이든 상관없이 동일하게 중요한 일이었다.

계향은 자신의 몸을 욕되게 하는 것이 부모님께 불효를 저지르는 것일 뿐만 아니라 심지어 부모님의 몸을 욕되게 하는 것이라고 했는데, 자신의 몸과 부모님의 몸을 욕되게 하는 것이 과연 무엇일까? 우선은 자식의 몸에 상처가 났을 때, 자식의 몸이 부상을 입었을 때, 그리고 자식이 부모보다 먼저 세상을 떠났을 때, 부모의 상처와 아픔, 그리고 슬픔은 이루 말할 수 없이 크다. 자식의 몸이 상한 것에 대해 부모의 몸이 상하는 정도는 그 비할 바가 못 된다. 자식을 키우면서 자식이 고뿔에 걸려 열이라도 나면 부모는 어찌할 바를 모르고 발을 동동 구른다. 칭얼대는 자식을 어르고 달래느라 밤새도록 뜬눈으로 마음을 졸인다. 혹시 자식의 손에 가시라도 박힐 양이면 예수님께서 십자가에 못 박히신 만큼의 아픔을 느끼는 것이 부모의 마음이다. 이런 맥락에서 효에 대한 계향의 생각을 우리는 읽을 수 있다.

요즈음은 부모로부터 부여받은 신체를 자기 마음대로 하는 경향이 있는데, 성형을 그 예로 들 수 있다. 부모로부터 물려받은 외모가 마음에 들지 않으면 쉽게 성형을 선택하고, 심지어는 부모님이 성형을 권유하기도 한다. 시대가 변함에 따라 신체에 대한 생각도, 신체를 바탕으로 하는 효에 대한 생각도 많이 바뀐 것은 사실이지만 그렇다고 해서 계향의 몸에 대한 생각 자체가 전근대적인 발상이라고 단정 지을 수만은 없다. 동서고금을 막론하고 몸은 정신이나 마음을 담는 그릇이기 때문에 몸을 통해 마음의 모양이 정해지고 정신은 육체를 통해 구체화 된다. 따라서 우리도 우리의 몸에 대해 시대적 요구에 따라 시대에 맞게 구체적으로 생각해 볼 필요가 있다.

위의 두 시와 달리 열대여섯 계향의 정서가 담겨져 있고 정이 잘 어우러져 있는 시가 있으니 그것은 보슬비가 내리는 어느 날 홀로 마루에 앉아 있다가 문득 감흥이 일어 단숨에 읊은 「소소음」이다.

창외우수수窓外雨蕭蕭 창문 밖에 솔솔 내리는 빗소리
수수성자연蕭蕭聲自然 솔솔 내리는 빗소리는 자연스럽기도 하네.

아문자연성我聞自然聲　자연스러운 빗소리를 내가 듣고 있으니
아심역자연我心亦自然　내 마음도 빗소리처럼 자연스러워지네.
(실기, 16)

장계향, 「소소음」

부슬부슬 비가 내리는 날, 창밖의 빗소리를 듣고 있고 있던 계향은 창밖에 내리는 빗줄기를 바라보고 빗소리를 들으면서 자연을 내면으로 받아들인다. 그리고 자신이 자연과 온전히 하나 되어 있음을 느낀다.

인간의 행복과 불행은 인간의 생각과 행동과 표현이 얼마나 자연스러운지에 달려있다. 무엇인가를 할 때 그것을 하는 이유와 목적에 따라 그것을 하는 방법과 모양이 인위적일 수도 있고 부자연스러울 수도 있다. 물론 부자연스럽다고 해서 모든 것이 나쁜 것만은 아니다. 오히려 자연에 인간이 손을 댐으로써 문화적으로 보다 더 훌륭하고 보다 더 보기 좋은 것을 만들어낼 수도 있다. 하지만 인간은 자연과 하나될 때 가장 안정적이고 가장 비폭력적이다. 자연현상과 교감하면서 자연의 소리에 귀 기울일 때 인간은 자연에 대해 겸허해지고 자연은 인간에 대해 수용적이 된다. 이렇게 자연과 인간이 혼연일체가 되면 인간의 삶 자체도 자연스러워진다.

계향이 쓴 시 중에 계향이 가장 마음에 들어 하고 만족스러워했던 시는 「학발삼장」이다. 이 시는 세 장으로 이루어진 고시로서 소위 계향이 평생 마음에 품고 가꾸어 가면서 실천하는 정의情意: 따뜻한 정과 의리와 지持를 담고 있는 시이다.

부인이 지은 학발시 삼장에 대해서는, 당신이 본 바를 지은 것으로서, 한 조각의 종이에 붓을 휘둘러 글씨를 써서, 부인의 이웃집 할미가 아들을

변방에 보내는 딱한 사정을 가엾게 여겨 지은 것에 불과한 작품인데도, 그 문장은 처량하면서도 완곡하였고 그 서법은 기특하면서도 고풍이 있었으니, 부인의 성정의 올바름과 심화글씨의 참된 것을 바로 이 한 편의 시에서 문장과 글씨 두 가지의 우수함을 얻게 되었던 것이다. (실기, 42)

죽음을 앞 둔 노모의 아들을 그리워하는 애절함과 군역으로 민초들이 겪어야 하는 삶의 고단함이 한데 어우러져 사언고시인 「학발삼장」이 나오게 되었다.

학발와병鶴髮臥病　새하얀 머리 되어 병에 지쳐 누웠는데,
행자만리行子萬里　자식은 멀리 수자리국경을 지키는 일에 갔구나.
행자만리行子萬里　만 리 밖, 수자리의 내 아들
갈월귀의曷月歸矣　어느 달에 오려는가.

학발포병鶴髮抱病　새하얀 머리되어 병에 지쳐 누웠는데,
서산일박西山日迫　서산에 지는 해는 붉게 타며 저물어간다.
축수우천祝手于天　하늘에 손을 모아 빌고 또 빌어 봐도
천하막막天何漠漠　무심한 하늘은 막막하여 대답조차 없구나.

학발부병鶴髮扶病　백발 늙은이가 병을 무릅쓰고 억지로 일어나니
혹기혹복或起或踣　일어나기도 하고 넘어지기도 하네.
금상여사今尙如斯　지금은 오히려 이와 같은데,
절거하약絶裾何若　아들이 옷자락을 끊고 떠나간다면 어찌할 것인가?[2]

장계향, 「학발삼장」

조선중기 서민들의 생활상이 고스란히 담긴 시이기도 하다. 여러 차

례의 전쟁을 겪으면서 민초들의 삶은 피폐해지고 집안의 장정들이 군역으로 장기간 집을 비우는 것이 다반사였다. 며느리가 병든 시어머니를 수발하면서 생계를 책임져야 하는 것이 계향이 출가하기 전후 조선시대 민초들의 생활방식이었다. 계향 자신이 비록 제도적 장치나 지배구조, 그리고 계급의 분화 등에 대해 의혹을 품거나 불만을 표출하지 않았고 그들과 더불어 변화를 꾀하거나 변혁을 시도하겠다는 생각을 하지는 않았지만 일반 백성들의 고초와 곤궁함에 대한 계향의 측은지심은 자신이 가장 아끼는 시 속에 고스란히 배어 있다. 그리고 계향은 평생 어려운 이웃에게 베푸는 삶을 살았다.

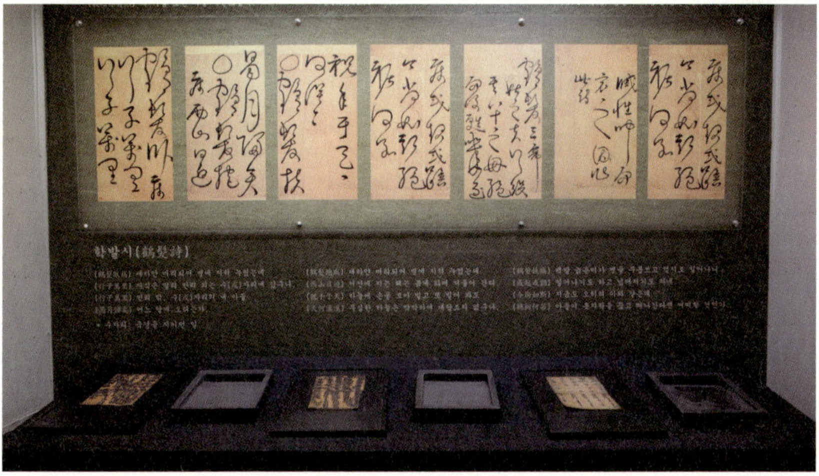

학발시 두들마을 안동 장씨 유물 전시관

「학발삼장」 첫 번째 장에서는 군역에 동원된 아들을 기다리는 병든 노모의 아들에 대한 그리움이 절절히 묻어난다. 언제 돌아오겠다는 기약도 없이, 언제 돌아올 수 있다는 희망도 없이, 더군다나 언제 돌아온다는 보장도 없이 떠난 아들을 하염없이 기다리는 병든 노모의 아들에 대한 사무침을 애절하게 표현했다. 두 번째 장에서는 아들이 돌아올 날을 손꼽아 기다리는 노모의 병환이 점점 깊어간다. 이제 정말 서산의 해가 지듯이 살날이 얼마 남지 않은 것 같은데, 아무리 아들이 무사히 돌아오기만을 기원하고 아들이 돌아올 날을 학수고대해도 결국 아들을 보지 못하고 눈을 감을 것 같은 노모의 안타깝고 초조하고 불안한 마음을 담았다. 이런 상황에서 세 번째 장에서처럼 병마에 시달리는 노모가 기력도 쇠하고 기운도 달리지만 아들 생각에, 아들을 한 번 보겠다는 일념으로 며느리의 만류를 뿌리치고 병상을 박차고 맨발로 뛰쳐나오는 것은 임종 전 모을 수 있는 에너지와 기를 극대화해서 숨을 마지막으로 한 번 몰아쉬는 것과 같은 맥락에서 이해할 수 있다.

그림 솜씨

시와 문예에서 정情과 의義와 지持를 표현한 계향은 글씨 쓰기와 그림 그리기에도 능했다. 조선중기에는 문인화라 하여 그림도 선비가 갖추어야 할 교양 중 하나였는데, 계향 역시 문인화를 그림의 출발점으로 삼았다. 그러나 문인화의 범위와 정해진 규범에 한계를 느낀 계향은 사군자에서 조충화훼를 그림의 소재로 삼았는데, 용호와 산수에서 재능을 보인 계향의 그림 중에 남아있는 것은 유감스럽게도 호랑이 그림과 소품 몇 점을 제외하고는 아무 것도 없다.

「맹호도」는 계향이 열 살 남짓 되었을 때 그렸다고 전해지는 호랑이 그림이다. 계향이 그린 것 중에 유일하게 남아있는 작품인데, 사나운 호랑이의 모습을 아주 섬세하게 그림으로써 호랑이의 야성적 속성을 부드럽게 표현했다고 볼 수 있다. 열 살짜리 소녀가 그린 호랑이 그림치고는 매우 사실적인데, 특히 호랑이 얼굴이 작품의 전체 분위기를 좌우한다.

소나무와 호랑이의 크기와 위치, 그리고 풀의 배치 등, 구도적인 면에서는 다소 미숙한 점이 있지만 사나운 호랑이를 그리는데 장계향의 뛰어난 관찰력과 표현력이 그대로 반영되어 있다. 이 작품에서는 호랑이의 눈과 코와 입이 상세하게 묘사되어 있다. 계향은 호랑이의 부릅뜬 두 눈을 강조하는 대신 목젖까지 훤히 드러나는 호랑이의 입과 이빨을 특별히 크게 그렸다. 또한 호랑이의 그림자를 그리는 것도 빠뜨리지 않았다.

맹호도

계향이 호랑이를 언제 직접 본 적이 있는지, 아니면 다른 사람이 그린 호랑이 그림을 보았는지는 알 수 없다. 하지만 계향은 호랑이의 그림을 이렇게 완성했다. 과연 열 살짜리 소녀가 호랑이 그림을 이렇게 사실적으로 그리면서 시종일관 무슨 생각을 했을지는 이 그림을 들여다보는 이 순간에도 매우 궁금하다.

붓글씨 솜씨

소녀 시절의 계향이 시와 서화에 특출한 재능을 보였음에도 불구하고 성인이 되어서는 '시를 짓고 글자를 쓰는 것은, 모두 여자가 해야 할 일이 아니다.'라고 여기고 이 모든 작업을 일절 그만둔다. 결혼하기 전에는 어머니 권 씨 부인이 중병으로 여러 해 앓았기 때문에 계향은 친히 음식을 지어 어머니께 공양을 하고 어머니를 지극정성 간호하고 보살폈으며, 결혼을 선택한 후에는 셋째 며느리지만 맏며느리가 되어 이 씨 집안의 가정을 꾸려나간다.

시부모님께 효도하고, 남편의 뜻을 존중하며, 전실 자식과 자기 소생의 열 자식을 훌륭하게 키워낸 정부인 안동 장 씨는 이웃을 위해 봉사하는 일에도 열심이었고, 손님 접대하기와 제사 모시기에도 정성을 다 하였으며, 친정아버지와 배다른 친정 동기들을 보살피는 일도 게을리 하지 않았다. 그리고 이 모든 것은 계향이 조선중기 여성상의 몇 가지 모델 중에 현모양처로서의 삶을 선택해서 그 선택에 책임을 졌기 때문에 가능한 일이었다.

결혼한 여성이 두 가지 일을 동시에 잘 하기란 쉽지 않다. 그리고 그것은 옛날이나 지금이나 마찬가지이다. 조선중기의 장계향이든, 21세기의 여성이든, 누구 할 것 없이 두 가지 일을 선택할 경우, 최소한 한 가지 일을 핑계로 다른 한 가지 일을 소홀히 하지 않는다는 남다른 각오가 필요하고 그 각오를 실천하기 위해 남들보다 갑절의 노력을 해야 한다.

계향이 살았던 조선중기에는 여성의 사회적 진출이 허용되지 않았기 때문에 가정생활과 사회생활을 병행할 필요는 없었다. 하지만 결혼한 여성에게 시 짓기와 그림 그리기, 그리고 글씨 쓰기 등은 또 다른 형태의 사회생활로서 여기에 몰두할 경우 가정생활을 소홀히 할 수 있다는 것을 계향은 누구보다 잘 알았다. 그래서 계향은 자신의 문학적 · 예술적 재주와 재능을 기꺼이 포기하고 현모양처로서의 삶에 충실히 임한다.

계향의 작품이 많지 않은 것과 몇몇 남아 있는 작품들도 대부분 결혼 전 소녀 시절 계향의 작품이라는 사실이 이를 뒷받침해준다. 계향은 시 쓰기와 그림 그리기 외에 붓글씨를 곧잘 썼는데, 그 솜씨는 부인이 "한 조각의 종이에 붓을 휘둘러 글씨를 써서, 부인의 이웃집 할미가 아들을 변방에 보내는 딱한 사정을 가엾게 여겨 지은"(실기, 41) 학발시 삼장에서 잘 드러난다.

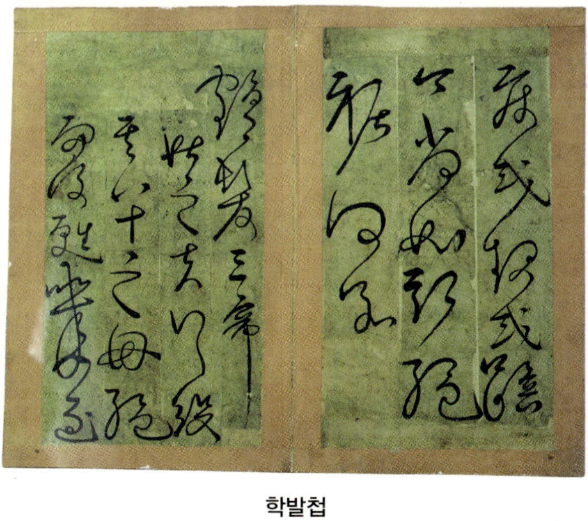

학발첩

학발시 삼장의 문장에 대해 실기에는 "처량하면서도 완곡하였고 그 서법은 기특하면서도 고풍이 있었으니, 부인 성정의 올바름과 심화글씨의 참된 것을 바로 이 한편의 시에서 문장과 글씨 두 가지의 우수함을 얻게 된 것이다."(실기, 42)라고 표현되어 있다. 계향의 아버지 경당보다 몇 해 늦게 태어나 계향과 동시대를 살다 간 정윤목1571-1629은 일찍이 가학으로 수학하다가 유성룡의 문하에 들어감으로써 퇴계 학파의 일원으로서 아버지 경당과 친분을 맺는다.

정윤목은 15세 전에 이미 많은 서책을 읽었고 시문에도 특출한 재주를 보였으며, 특히 붓글씨 솜씨는 타의추종을 불허할 만큼 뛰어났다고 한다. 그런데 이 청풍자 정윤목이 계향이 쓴 학발시의 글씨를 보고 크게 감탄하고 실기에서 이 글씨에 대해 "순화각법첩송나라 태종 순화 3년에 중국 역대 명필들의 글씨를 모아 편집한 서첩에 두더라도 그 진위를 쉽사리 분별할 수 없을 것"(실기, 62)이라고 하니 계향의 붓글씨 솜씨를 가히 짐작할 만하다.

| 제2장 |

안주인 장계향_ 살림 솜씨

가정 경영하기_종부

결혼 후 장 씨 부인의 첫 번째 선택이 가문을 자아의 확대 수단으로 삼고 가문과 자신을 동일시 한 것인데, 장 씨 부인의 그 선택이 더욱 힘들고 귀한 것은 당연하고 자연스러운 맏며느리의 역할이 아니었기 때문이다.

> 군자께서는 운학공의 셋째분이셨고 나는 셋째 며느리였다. 셋째 며느리도 가문의 일원이기는 하지만 가문의 내면적인 성패를 고스란히 짊어져야 하는 맏며느리와는 달리 다소간 그런 부담에서 벗어선 자리에 있다. 그러나 셋째 며느리도 재취로 들어간 내게 주어진 것은 맏며느리보다 더한 가문의 부담이었다. 네 해 전에 둘째 시아주버님 우계공이 돌아가시고, 그해 다시 맏시아주버님 청계공이 세상을 버리시자 군자께서는 몇 해나 더 늙어버리신 듯한 운학공을 대신해 어쩔 수 없이 가독집안을 상속할 맏아들의 신분을 맡으셔야 했다. 역시 나이 드신데다 잇따라 자제분들을 [저승길에] 앞세운 참사로 소소한 집안일에 뜻을 잃으신 시어머니를 대신해 젊은 안주인으로서의 모든 역할과 책임을 져야 하는 데는 나도 군자와 처지가 같았다.

> 두 분의 맏며느리요 내게는 맏동서가 되는 무안 박 씨가 아직 살아 계셨으나 그분은 그때 이미 부군 청계공을 따라갈 마음을 굳히고 계셨다. 고침을 눈물로 적시며 밤낮으로 청계공의 빈소를 떠나지 않으시니 안의 일은 절로 내 몫이 될 수밖에 없었다.(선택, 101-102)

남편의 죽음에 이어 순절한 두 동서를 대신하여 시부모님, 시숙과 동서의 소생들, 남편과 전처의 소생 세 남매, 그리고 아직 살림을 나지 않은 시동생 등 어렵기만 한 시댁 식구 열 서너 명을 보살피고 돌본다는 것을 요즘 젊은 여성들이 상상이나 할 수 있겠는가? 요즘에는 맏며느리가 되는 것 자체를 꺼려하고 혹시라도 맏며느리가 아니면서 한시적으로나마 맏며느리 역할을 해야 할 경우, 그 역할을 떠맡는 것에 대해 너무나 억울해 하고, 한 번이라도 그 역할을 맡게 되면 하늘이 무너지는 줄 안다. 심지어는 며느리의 역할이 싫고 부담스러워서 결혼을 하지 않는 경우도 허다하다. 그리고 이혼 사유 중 시댁과의 갈등이 제법 높은 순위를 차지한다. 남편과 아이만 있으면 된다는 식인데, 사랑하는 남편이 누구를 통해 이 세상에 와서 나와 맺어졌는지, 할아버지와 할머니를 통해 아이가 어떠한 자양분을 섭취할 수 있는지를 생각해보면 시부모님의 존재가 그렇게 부담스럽지만은 않을 수도 있다. 시부모님의 존재 자체가 어렵고 시부모님과 함께 있으면 불편한 것은 사실이다. 그것은 지극히 당연한 일이다. 남편을 매개로 나와 맺어진 관계인데, 내가 일방적으로 약자로서 불리한 위치에 놓이기 때문에 그러하다. 남편과 아이에게는 어느 정도 큰소리치고 내 마음대로 할 수 있는데, 시부모님에게는 그렇게 할 수 없기 때문에 시부모님과 함께 산다는 것에 대해 그렇게 거부반응을 보이는 것이다. 그런데 서로 조심을 하면서 '예'로써 그 관계를 유지해나가면 시부모님과의 관계가 그렇게 불편하고 어려울 이유가 없다. 장 씨 부인의 경우 남편을 〈귀한 손님〉

으로 자리매김했기 때문에 〈귀한 손님〉의 부모님에 대해서는 보다 더 깍듯하게 예를 갖추었을 것이다. 그리고 '예'에 의해 작동되는 '거리 두기'는 복잡하고 불편한 삶에서 한쪽으로 치우치지 않도록 그 중심을 잡아주는 '중용'의 장치이다.

고부갈등에 대해 장 씨 부인이 직접 언급하지는 않았지만 역사적으로 그 갈등의 골이 깊은 것은 사실이다. 시어머니의 며느리 구박 이야기와 며느리와 아들의 합방 내지 '함께 있음'을 눈뜨고 보지 못하는 시어머니 이야기는 자주 들은 바 있다. 남편으로부터 제대로 된 아내 대접을 받지 못하는 현실에서 아들을 낳는 순간, 시댁 내에서의 입지는 조금이나마 달라진다. 유일하게 자신의 소유이자 자신의 편이 되어줄 수 있는 존재에 대해 공을 들이고 정성을 다해 키우는 것은 어쩌면 당연하다. 남편보다 아들이 우선이고 심지어 자기 자신보다도 아들이 먼저다. 여성들은 아들을 키우면서 남편으로부터 받은 설움을 아들에게 내뱉기도 하고 아들로부터 위로받기도 한다. 남편에 대한 보상심리가 아들에게 투영되기 때문에 아들 섬기는 것으로 남편 섬기기를 대신한다. 그러다 어느 순간 '아들의 아내'인 며느리가 등장하고, 그 순간부터 아들을 송두리째 며느리에게 넘겨주어야 하는데, 그것을 쉽게 할 수 있는 시어머니가 그리 많지 않다. 시어머니가 아들에 대해 며느리의 남편이라는 자리매김을 자발적으로 해 주어야 한다는 것인데, 그것은 아들에 대한 주도권 포기와 바로 연결되기 때문에 이성적으로는 아무리 생각을 하고 다짐을 해도 뜻대로 잘 되지 않는 법이다. 며느리의 입장에서 보면 남편 하나만 보고 생판 모르는 남의 집에 시집을 왔는데, 남편에 대해 자기가 아닌 시어머니가 주도권을 행사하고 남편을 가운데 두고 시어머니와 며느리가 신경전을 벌여야 한다는 것 자체가 불합리하다. 결혼 초에는 아무리 남편이 있다고 하더라도 고부관계가 수직적일 수밖에 없지만 시간이 갈수록 시댁에서 며느리의 입지는 시어머니에게 위협적일 수 있다. 그래서 세월이 흐르면 흐를수록 첫 단추가 잘못 꿰어진 고부간에는 그 갈등이 점점 깊어가고 심지어는 갈등으로 인한 비극도 발생하는 것이다.

지금은 고부관계의 패러다임도 많이 바뀌었다. 아들에 대한 집착과 섬김의 방식은 크게 변하지 않은 것 같지만 아들에 대한 주도권을 행사하는 것은 시어머니 쪽에서 최대한 양보한다. 결혼이 가문을 위한 선택이었던 장 씨 부인이 살던 시대와는 다른 시대에 살고 있기 때문이다. 가문을 위한다는 명목으로 개인의 희생을 강요한다면 요즘 젊은 여성들은 아예 결혼 자체를 포기한다. 게다가 딸이 시집을 가서 사위나 시댁 식구들로부터 조금이라도 부당한 대접을 받으면 금방이라도 딸을 시댁에서 '구출'해 내려고 하는 것이 요즘 딸을 가진 어머니들의 과감한 선택이다. 며느리 이야기의 내용과 풍속도가 확연히 바뀐 것이다. 그렇다면 며느리의 자리매김을 어떻게 하는 것이 이 시대에 가장 바람직할 수 있을까? 이 질문에 대한 답으로서 장 씨 부인이 남편과 아내의 관계에서 언급했던 예를 다시 한 번 가지고 온다.

> 굳이 성현의 말씀을 들먹이지 않더라도 귀하게 여김을 받고자 한다면 너희부터 귀하게 여길 줄 알아야 한다. […] 너희가 할 바를 게을리하고 상대에게 요구한다면 수천 년 남성의 부조리를 이번에는 너희가 되풀이하겠다는 뜻과 무엇이 다르랴.(선택, 114)

가장 친밀하고 가장 허물없이, 그리고 본능적으로도 가장 가깝게 지내는 부부사이에서 서로 예를 지키기란 말처럼 그렇게 쉽지 않은 반면 고부관계에서 며느리가 시어머니께 지켜야 할 예는 상대적으로 쉽다. 왜냐하면 고부간에는 굳이 거리 두기를 하지 않아도 넘어 설 수 없는 간격이 존재하기 때문이다. 부부간이든, 고부간이든 예를 갖춤에 있어서 반드시 상호작용적일 필요는 없다. 상대방이 어떠하든지 간에 우선 내가 나의 할 도리를 다하면서 예를 갖추면 된다. 대가족 내에서는 일어나 처음 만날 때 아침 인사를 하고, 식구들이 둘러 앉아 함께 이야기를 나누며 식사를 하고, 출필고반필면 나갈 때 반드시 고하고 돌아와서 얼굴을 뵙고 알리는 것을 실천하고, 잠자리에 들 때 인사하는 것으로 가족 구성원 간에 서로 예를 충분히 갖출 수 있다. 한 공간에 거주하는 식구들이 서로 먼 산에 달구경하듯 하면 가정 내의 모든 질서는 무너지기 마련이다. 부모에 대한 효와 부부간의 사랑, 그리고 형제간의 우애도 결국은 서로에 대한 관심에서 나오는 것이기 때문이다. 고부간에도 내가 먼저 시부모님께 기본적인 것을 지킴으로써, 즉 시부모님께 문안인사를 드리고, 시부모님께 맛있는 식사를 차려드리고, 나가고 들어올 때 인사를 드리고, 주무실 때 편안함을 기원함으로써 예를 다할 수 있다. 이러한 기본적인 것조차 하기를 꺼려하는 마음과 나보다 상대방이 먼저 나에게 예를 지켜야 나도 상대방에게 예를 다한다는 생각이 예를 실천하는데 있어서 큰 걸림돌이 된다.

셋째 며느리로 시집간 장 씨 부인의 맏며느리 '선택'은 손위 동서 둘이 먼저 세상을 뜬 남편을 따라 순절했기 때문에 불가피했지만, 자발적인 선택과 적극적인 결정 후 장 씨 부인은 우선 가장 가까운 남편에게 예를 갖추는 것을 시작으로 모든 시댁 식구들에게 기본적인 예를 갖춘다. 그리고 그 예를 바탕으로 시댁 사람과 가문과의 관계를 이어갔다. 이 씨 가문의 맏며느리이자 안주인으로서 장 씨 부인은 권리와 의무 사이에서 그 관계를 분명하게 정리하고 이 시대의 우리들에게 그 의미를 전한다.

> 지어미 된 여자가 자신이 안주인이라는 것을 잊으면 그 품격까지 아울러 잃게 되고, 잘못 해석하면 권리의 주인으로만 알아 집안이 어지러워진다. 무릇 주인 됨이란 어떤 일을 스스로 결정하고 처리한다는 뜻이지만 그 주인 됨을 누리기 위해서는 마땅히 하여야 할 바가 앞서 있다. 안주인도 그렇다. 안주인이란 집안의 살림을 오로지 하는 사람이지만 또한 그 권리는 먼저 하여야 할 바를 다한 데서 온다.(선택, 130-131)

제사 모시기

안주인으로서 장 씨 부인이 조상과 조상을 모시는 제사에 대해 다음과 같이 정의 내리면서 그 의미와 제사를 둘러 싼 이야기를 우리들에게 들려주려고 하는데, 과연 그 이야기가 우리들에게 얼마나 잘 전달될 수 있을지 의문이다. 왜냐하면 기독교의 전파로 제사의 의미가 필요 이상으로 평가절하 되고 바쁜 현대를 살아가는 젊은이들에게 제사가 번거로운 것으로 인식되기 때문에 허례허식의 주범으로 낙인찍히기도 한다.

> 제사를 받드는 일은 돌아가신 조상의 혼령을 숭배의 대상으로 삼는 종교적 행사이기도 하지만 한편으로는 한 가문의 정신적 전통을 이어가는 의식이기도 하다. 그중에서 특히 종교적 행사의 측면은 세련된 세계 종교의 무차별적 세례를 받은 요즘 사람들에게 미신으로 치부되기조차 한다. 하지만 신이란 것이 육체를 갖지 않는 정신이라면, 그 어떤 신이 있어 우리에게 피와 살을 나눠 준 조상의 혼령보다 더 따뜻하게 우리를 보살필 수 있으랴.(선택, 131)

조상을 섬기는 우리의 미덕과 조상을 섬기기 위해서 모이는 가족 간 정 나누기 등은 점점 더 현실의 뒤안길로 사라져 버린다. 둘째와 셋째 며느리들은 남편 내지 자신들의 일과 아이들의 공부, 그리고 먼 거리를 핑계로 제사에 빠지기가 일쑤이고, 그렇게 되면 제사의 모든 부담을 짊어져야 하는 맏며느리의 불만 또한 표출되기 마련이다. 이렇게 저렇게 제사가 우리 민족 고유의 전통으로 정착될 가능성은 점점 희박해 지고 있다.

다른 민족과 달리 우리 민족의 효 실천 특징이 가장 잘 드러나는 문화행사 중에 하나가 조상을 정성껏 받들어 모시는 제사다. 효의 개념은 시대 개념과 상관없이 본질적이다. 효를 실천하는 방식은 시대에 따라 달라질 수 있지만 어느 시대를 막론하고 효를 소홀히 하는 법은 없다. 따라서 조상을 모시는데 형식을 간단하게 하고 절차를 간소하게 할 수는 있지만 제사 자체를 포기할 수는 없다. 뿐만 아니라 조상 모시기는 '우상 숭배'와도 별개의 문제이다. '언제', '어디서', '어떻게'는 선택의 문제일 뿐이다. 명절 당일 또는 명절 전후 편리한 때에, 본가 시골에서든 서울 자녀 집에서든, 아니면 여행지에서든, 그리고 제례에 따른 음식이든, 현대인의 입맛에 맞는 음식이든, 식구와 친척이 함께 만나 정성껏 마련한 음식을 함께 나누며 조상을 기억하고 추억을 이야기하면서 효와 우의를 다지면 되는 것이다.

| 쉬어가는 코너 |

제사가 정확하게 뭐지?

오늘날 같은 유교식 제사는 고려 말부터 도입되었다. 그 후 조선 초에 사대부를 중심으로 중국의 『주자가례주자가 유가의 관혼상제에 관하여 상술한 책』가 수용되면서 점차 보급되었는데, 일제 강점기를 거쳐 현대로 들어오면서 많은 변화를 겪는다. 1969년 〈가정의례준칙〉에 관한 법률이 제정, 공포되면서 관혼상제와 기타 의례절차가 간소해졌다.

기일에 지내는 제사인 기제에서부터 몇 대 조상까지 제사를 모셔야 하는지에 대한 의견은 분분하다. 고려 말에서 조선 초까지만 해도 신분과 지위에 따라 봉사 대수가 한정되었고 17세기 이후가 되면서 4대 봉사부모, 조부모, 증조부모, 고조부모까지 제사는 모시는 것 가정이 늘어났지만 1970, 80년대 산업화로 인한 도시화와 핵가족화가 가속화되면서 그 관념이 약해지기 시작했다.

뿐만 아니라 기독교, 천주교 신자의 증가로 우리 민족 전통의 제사가 종교 식 제사로 변하거나 제사 자체를 지내지 않는 집안이 점점 늘어나고 있으며, 봉사 대수가 여러 대인 경우에는 기제를 한날로 정해 한 번에 여러 대를 지내는 일종의 합동제사가 행해지고 있다. 그리고 매년 새벽부터 오후 늦게까지 이집 저집 돌면서 지내던 제사를 몇 년 주기로 한 집에서 모든 후손들이 모여 한꺼번에 모시는 경우도 있다.

제사 음식 준비에도 많은 변화가 생기고 있는데, 어떤 음식을 제사상에 올리는 지가 문제가 아니라 전화 한 통화로 제사상을 해결하려고 하는 편의 위주의 사고방식이 문제이다. 음식의 종류가 시대에 따라 바뀌는 것은 자연스러운 현상이지만 그래도 조율이시대추 · 밤 · 배 · 감을 왼쪽에서부터 순서대로 놓음, 좌포우혜육포는 왼쪽에, 식혜는 오른쪽에 놓음, 어동육서생선반찬은 오른쪽에, 고기반찬은 왼쪽에 놓음, 홍동백서붉은색 과일은 오른쪽에, 흰색 과일은 왼쪽에 놓음 등의 상차림 방법은 크게 바뀌지 않았다. 제례 절차의 간소화에 한글 제문과 한글 지방도 새롭게 등장하고 있으며 전통적으로 제사 때 여자들은 참여를 하지 않고 남자들만 지냈지만 여자들도 제사에 참여해 절을 하는 추세다.

유교적 제례 풍속도가 이렇게 변했지만 장 씨 부인이 살았던 시대에는 제사에 대한 격식과 제례질서의 엄격함이 실로 대단했다. 그렇기 때문에 제사를 받드는 정성이나 노력이 당연시되었고 그것에 대한 노고를 치하하거나 생색을 내는 일은 드물었다. 대신 제사 모시기에 있어서 실패한 예나 불경에 의한 재앙 내지 조상의 노여움을 산 경우는 종종 소개되었다. 제사상에 올리는 생선과 과일의 크기, 술잔 채우기 등도 자손의 장래와 연결지었기 때문에 당시로서는 제사상 차리기에 온갖 정성을 기울이지 않을 수 없었다.

안동 하회마을 양진당 입암 류중영 선생 불천위제사[3]

보고 듣기만 해도 부담스러운데, 그 부담을 실제로 짊어져야 하는 안주인 내지 종부의 어깨가 얼마나 무거웠을지 가히 짐작할 수 있다. 요즘 여성들은 아무리 큰 대가가 돌아온다고 하더라도 제사 모시기에 뒷걸음질부터 한다.

요즘 똑똑한 여인네들 중에는 제례의 의미를 승인하면서도 불평등한 노동의 분담을 들어 안주인에게 맡겨진 의무의 허구성을 지적하는 이가 있다. […] 그리하여 한발 더 나가면 봉제사의 소임 또한 남성들의 편의에 의해 고안된 여성 노동력 착취 구조에 지나지 않는다고 말하기까지 한다. 그렇지만 의미와 관계없는 노동이 있는가. […] 어려움이 있다면 오히려 많은 것이 달라진 오늘날의 너희 삶에 제사가 어떤 의미를 갖는가를 정의하는 일이다. 지속적인 산아제한은 종통종가 맏아들의 혈통이나 가문의 형성을 어렵게 하고 제사도 친기부모의 제사 조차 없는 집이 많은 핵가족 시대를 열었다. 거기다가 제사의 종교적 의미마저 퇴색해 버린 이런 시대에 고색창연한 제사의 의미를 그대로 되살릴 수는 없다.(선택, 133-134)

친정 돌보기

실제로 장 씨 부인도 출가 후 오랜 시간 친정을 돌보고 아버지께서 돌아가신 후 친정아버지 제사를 모시기도 했는데, 그것은 무엇보다 장 씨 부인의 실기에 잘 드러난다.

우리 이 씨 대대로 영해부에 거주하고 있었기 때문에 안동부에 가기가 2백 리가 되었다. 부인께서는 우리 집에 시집을 온 후에는 해마다 한 번씩 친정집에 돌아가서 부모님의 안부를 살피고 이미 시집을 왔다는 이유로 부모님의 안부를 살피는 일에 조금도 게을리 한 일이 없었다. 얼마 되지 않아서 어머니 권 씨 부인께서 세상을 떠나셨는데, 아버지 경당선생께서는 연세가 60세에 이르렀는데도, 대를 이을 아들이 없었다. 부인께서 선군자에게 요청하여 친정집에 돌아가서 아버지를 봉양하고, 경당선생께서 계실두 번째 부인을 맞이한 뒤에야 시가로 돌아왔다.

경당선생께서 만년에 아들 셋과 딸 하나를 두셨는데, 경당선생이 세상을 떠나실 때 아들 중에 맏이 나이가 겨우 8세이었다. 부인께서 선군자에게 아뢰어 큰 아들을 데리고 와서 기르고 또 가르쳤으며, 조금 뒤에 또 친정집에 가서 계모를 맞이해 왔으며, 여러 아우들을 데리고 와서 집을 지어서 그들을 살게 하였으며, 친정집 조부와 아버지의 신주를 모시고 와서, 봄 · 가을의 향사일종의 제사 또는 추도식를 폐지하지 않았으며, 친정의 아우들을 장가들이고 시집보내는 일을 모두 시기를 잃지 않도록 하였다. 사람들은 선군자의 의리를 장하게 여기면서도 부인의 효성을 칭찬했던 것이다.(실기, 29)

장 씨 부인이 이렇게 친정을 보살필 수 있었던 것은 물론 부인의 효심이 지극해서 이기도 하지만 시댁 어른들과 남편의 동의 내지 허락이 없으면 불가능한 일이다. 시댁을 이끌고 친정을 보살피는 일이 비교적 원만하게 이루어질 수 있었던 것은 장 씨 부인의 셋째 아들 현일이 장 씨 부인 행실기에서 밝힌 것처럼 남편의 너그러움과 장 씨 부인의 지극한 정성에 감복하여 남편이 장 씨 부인의 뜻을 따라 주고 인정해 주었기 때문이다.

현대사회에서는 시댁과 친정에 대한 생각 자체가 변하고 있다. '처가와 뒷간은 되도록 멀리 있어야 한다.'는 속담은 오래 전에 구시대적인 유물이 되었다. 요즘 젊은 새댁들은 시댁에서는 되도록 멀리 떨어져, 친정과는 되도록 가깝게 살기 위해 애쓰고 있다. 여성들의 사회진출이 용이해지고 여성들의 경제적인 능력이 향상되면서 육아와 살림에 대한 부담이 커지고 있는데, 많은 여성들이 이 문제를 해결하기 위해 시댁보다 친정의 도움을 받는다. 그리고 아직은 제사를 비롯한 여러 가지 가사에 대해 사위의 스트레스보다 며느리의 스트레스가 더 큰 것이 사실이다. 현실이 이렇다면 제사의 의미에 대해 분명하게 전하는 장 씨 부인의 메시지를 마음에 새겨 제사의 미덕을 살리고 우리의 전통을 이어 나가기 위해 딸이 부모의 제사를 모시는 방안도 제도적으로 한 번 검토해 볼 만하다.

너희 시대라고 제사의 의미가 사라진 것은 아니다. 뿌리를 되돌아보는 일, 너희들 배운 이들이 즐겨 하는 말투를 따르면 자기정체성의 근거를 상기하는 작업쯤으로 쳐도 제사는 여전히 소중한 의미를 지닌다. 그리고 형태야 사진 앞에 꽃이나 바치는 추모식이 되건, 그마저 생략되어 추모담으로만 남든 그러한 작업의 중요한 부분은 여전히 안주인의 몫이 된다. 그런데 있는 친기조차 더러는 신앙이 구실로, 더러는 낭비로 잘못 이해해 제사를 마다하거나 소홀히 하는 것을 보면 다음 세대가 실로 근심된다. 너희는 거창한 세계시민을 길러낸다고 믿을지는 모르지만 내가 보기에는 뿌리 없는 정신을 기르고 있을 뿐이다. 그런 시대에는 그런 사람들이 어울려 만드는 또 다른 한 세상이 있겠지만, 알지 못할레라, 이미 뿌리가 없는데 어찌 열매 맺기를 바라리오.(선택, 134)

| 제3장 |

요리사 장계향_ 음식 솜씨

음식디미방

한 가문의 맏며느리인 안주인에게 조상을 모시는 것 못지않게 중요한 일이 손님 접대하기이다. 정부인 안동 장 씨의 남편이 거의 평생 산속에서 은둔생활을 했기 때문에 남편이 사랑방에서 손님을 맞이하는 경우보다 적은 수의 손님을 맞이했을 것 같지만 정부인이 손님으로 정한 범위가 훨씬 넓었기 때문에 사실은 그렇지 않았다.

> 옛 사람에게 손님은 나를 찾아오는 모든 사람, 나아가 나와 만나게 되는 모든 사람을 뜻한다. 나를 찾아오는 사람들 중에는 이로운 사람도 있고 해로운 사람도 있다. 더하려고 오기도 하지만 앗거나 덜어가려고 오기도 한다. 사는 즐거움을 보태주기도 하지만 사는 괴로움을 키우기도 한다. 그런데 반드시 어울려 살아야 하는 사람의 특성은 나에게 이로운 손님만 골라 받을 수 없게 한다. 너희들 식으로 말한다면 우리 존재의 표현은 다른 사람과의 관계로 나타나기 때문이다. 누구도 홀로 살 수 없을뿐더러 자신이 원하는 관계만 맺고 살 수도 없다. 따라서 손님을 맞는다는 것은 옛사람의 인간관계 전반을 규정하는 중요한 일이 된다.(선택, 136-137)

임진왜란 후 흉년이 들어 기근이 심했을 때 떠도는 거지들과 사방에서 몰려드는 행인들에게 죽밥을 지어 '대접'한 시아버지 운학공의 뒤를 이어 아침저녁 끼니때마다 찾아드는 200여 명의 '손님'들에게 싫은 기색 없이 먹을 것을 제공했으며 한 집에 기거하는 하인들과 병든 무의탁 노인들까지 손님으로 자리매김해서 그들을 정성껏 '대접'했다. 출타 중이거나 은둔생활 중인 남편을 찾아온 손님을 맞아 나름대로 지극 정성으로 음식을 마련해 대접을 했는데, 그때 손님을 대접하느라 익힌 조리법이 『규곤시의방閨壼是議方』이라는 요리서의 바탕이 되었다.

규곤시의방

음식디미방飮食知味方은 한자어이다. 한자어 중 '디'는 알 지知의 옛 말인데, 여기에서 '안다'는 것은 음식의 맛을 아는 것을 의미한다. 지금으로부터 거의 350년 전에 쓰였기 때문에 우리나라 최초이자 아시아 최초의 조리서로 알려진 『음식디미방』은 조선중기 경상북도 영양에 살았던 사대부 집안의 요리 종류와 요리법 등을 총망라해서 일목요연하게 정리해 놓은 책이다. 운악공의 종부 안동 장 씨가 특히 출가할 딸자식과 며느리를 위해 일흔이 훨씬 넘어 정리한 조리서인 이 책에는 1600년대 경상도 지방의 사대부 가정에서 실제 만들던 음식의 조리법과 저장 발효식품, 식품보관법 등 146가지가 소개되어 있다.

책의 본문이 시작되는 바로 앞면에는 다음과 같은 한시가 유려한 필치로 적혀 있다:

삼일입주방三日入廚房 시집온 지 사흘 만에 부엌에 들어가
세수작죽탕洗手作鬻湯 손을 씻고 죽과 국을 끓이지만
미암고식성未諳姑食性 시어머니의 식성을 알 수가 없어
선유소부상先遺小婦嘗 시누이로 하여금 먼저 맛보게 한다.

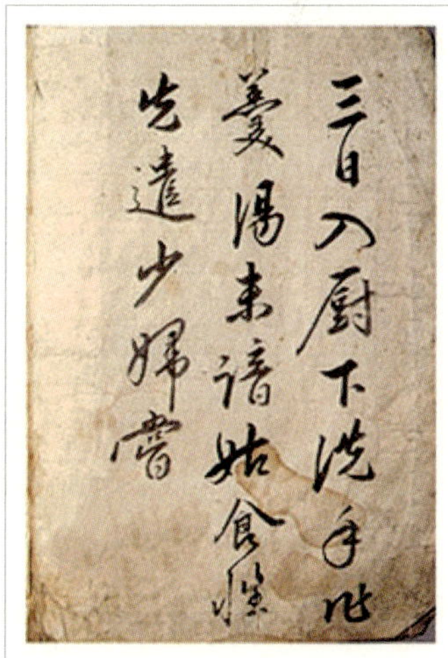

갓 시집 온 새댁이 부엌에서 겪는 고충을 단적으로 표현해 놓은 시이다. 시집을 갈 때 소위 말하는 이바지음식을 해가는 것이 관례이지만 그것만으로 시부모님의 아침상을 차릴 수가 없다. 따라서 '시집 온 지 사흘'밖에 되지 않는 새댁에게 시부모님 상차리기는 어렵고 힘든 일임이 분명하다. 이것은 장 씨 부인 자신의 고충이기도 하지만 며느리와 출가할 딸의 애로사항이기도 하다. 장 씨 부인은 자신의 고충을 대물림하지 않기 위해 한글로 된 요리책을 직접 저술한 것이다. 그리고 책의 말미에 일흔이 넘어 몸도 불편하고 눈도 잘 보이지 않는 상태에서 쓴 이 책을 어떻게 사용하고 간수할 지에 대한 지침을 다음과 같이 정해 놓는다:

이 책을 이리 눈 어두운데 간신히 썼으니
이 뜻을 알아 이대로 시행하고 딸자식들은 각각 베껴가되,

이 책을 가져 갈 생각일랑 마음도 먹지 말며,
부디 상하지 않게 간수하여 쉽게 떨어지게 하지 말라.

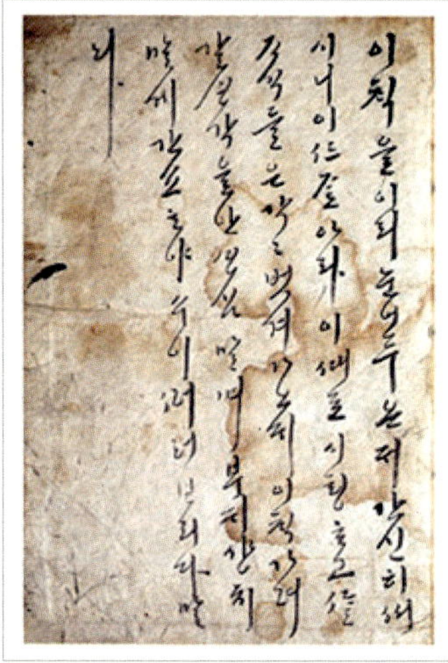

『규곤시의방음식디미방』에 소개 된 음식의 조리법이 장 씨 부인이 손님을 맞이하면서 스스로 터득한 것이라고 할 때 장 씨 부인의 손님맞이 방식은 현대의 손님맞이 풍속도와 비교조차 할 수 없다. 지금은 집으로 손님이 찾아오는 경우가 드물 뿐만 아니라 '이름 있는 날'에 손님을 초대해 놓고도 음식을 손수 장만하는 일이 드물다. 심지어 제삿상도 주문해서 차리는데 하물며 손님맞이 상차리기를 직접 하랴. 그래도 입으로 들어가는 음식의 몸에 대한 작용을 조금만 고려한다면 안주인으로서 음식 만들기를 소홀히 할 수 없고 가족들에게 맛있고 건강한 음식을 제공하는 일을 게을리 할 수 없다. 더군다나 내 집을 찾아온 손님에게는 화학조미료로 맛을 낸 음식을 대접할 수 없다.

음식디미방 메뉴

음식디미방의 메뉴는 크게 면병류와 어육류, 그리고 주류 및 초류로 구성되어 있다. 면병류에는 국수와 떡, 만두, 다식 등 18종의 별식 조리법이 들어있고, 어육류에는 각종 생선찜과 탕, 꿩과 닭 요리법 등 74

종의 조리법이 들어있으며, 주국방문에는 누룩제조법을 비롯한 각종 술 빚는 법과 초 담그는 법 등 54가지의 조리법이 들어있다. 식품 보관법 역시 음식디미방의 내용에 포함되어 있다.

생포와 복숭아를 예로 들어 식품 보관법을 살펴보면 싱싱하고 간이 배지 않은 전복에 참기름을 발라 단지에 가득히 넣고 다시 참기름 한 잔 정도를 부으면 싱싱한 상태로 오래 보관할 수 있다. 복숭아는 밀가루로 죽을 쑤어 소금으로 살짝 간을 한 후 새 독에다 넣고 그 죽 속에다 복숭아를 넣어 단단히 봉해 두면 새봄에 먹는 싱싱한 맛의 복숭아를 겨울에도 먹을 수 있다. 가지는 뽕나무 재를 독에 넣고 서리가 내리기 전에 딴 가지의 꼭지를 재에 꽂아 반만 묻으면 변하지 않아서 새로 딴 가지처럼 언제나 싱싱하게 먹을 수 있다.

요즘이야 냉장고도 있고 사시사철 싱싱한 과일과 채소, 그리고 전복이 공급되지만 그렇지 못했던 조선중기에는 상하거나 변하기 쉬운 음식을 싱싱하게 오래 보관하는 것이 관건이었을 것이고, 이에 안동 장 씨 부인은 오랫동안 삶의 노하우를 축적해서 식품 보관법을 개발해 낸 것이다.

『음식디미방』 조리법의 분류에 따른 메뉴를 정리해 보면 우선 주식으로는 쌀과 보리, 잡곡 외에 메밀과 녹말로 만든 국수와 만두가 있고, 부식으로는 국과 찜, 숙편편육과 비슷한데 편육보다 음식감이 더 다양하게 들어간 요리, 선채소, 두부, 쇠고기 따위를 잘게 썰거나 다져서 만든 음식, 채채소나 호박, 오이 따위를 재료로 간과 양념을 쳐서 만든 반찬, 누르미, 구이, 볶이, 적, 전, 회, 침채김치, 젓갈류가 있으며, 떡과 한과, 화채 조리법도 있고, 술과 식초 만드는 법도 있다. 음식디미방 전시관에는 이러한 다양한 조리법에 따라 만들어진 음식들이 즐비하게 전시되어 있다.

그리고 이러한 음식들을 만드는데 사용된 재료는 매우 다양하다. 우선 곡물 재료로는 메밀과 녹두, 밀가루가 있고, 채소류에는 무와 외오이 또는 참외, 골파, 순무, 동아, 순채, 쑥, 연근, 가지, 도라지, 거여목, 냉이, 미나리, 고사리, 시금치, 박고지박말랭이, 두릅, 녹두 나물, 표고, 석이, 염교, 송이가 있으며, 과실류 재료에는 잣과 머루가 있다. 수육류에는 소, 돼지, 개, 웅장곰 발바닥, 닭, 꿩, 달걀이 있고, 어패류로는 붕어와 해삼, 모시조개, 가막조개바지락, 자라, 대구, 대합, 숭어, 천어,

청어가 있으며, 특수재료로는 앵두나무와 뽕나무, 살구씨, 갈잎, 뽕나무잎, 맨드라미가 있다. 뿐만 아니라 음식디미방에서 소개하는 조미료에는 오미자, 참깨, 간장, 참기름, 초간장, 진간장, 새우젓, 소금, 깨소금, 유장, 간장, 된장, 꿀이 있고, 향신료에는 후추, 전초, 생강, 마늘, 겨자, 자소엽이 있다.

골파

동아

순채

거여목

염교

음식디미방에 소개된 음식 재료들 대부분이 지금까지 그대로 사용되고 있기 때문에 음식디미방 메뉴를 현대식으로 복원하는 작업도 가능하고, 실제로도 복원 사업이 활발하게 이루어지고 있다. 가지찜, 개장국 누루미, 게젓 등을 비롯해 지금까지 복원된 일흔 가지가 넘는 음식디미방 조리법[4]이 한국 전통음식의 레시피로 자리잡아가고 있으며 앞으로도 음식디미방 메뉴는 계속해서 복원 및 개발된 전망이다.

장계향 레시피 3.0

350여 년 전 정부인 안동 장 씨가 정리한 음식디미방 메뉴가 얼마나 현대적인지, 그리고 그 메뉴가 한국을 대표하는 전통음식으로 얼마나 인정을 받고 있는지는 2015년 대구 · 경북 EXCO 세계 물 포럼 관련 인터넷 연합신문 기사[5]를 통해 알 수 있다.

경상북도 '음식디미방' 세계기록유산 등재 추진

최근 외국 귀빈들에게 최초 한글 조리서인 '음식디미방'에 있는 음식들을 소개하고 있어 얘깃거리가 되고 있다. 음식디미방은 조선후기 유학자인 석계 이시명 선생의 부인 장계향 선생이 340여 년 전인 1670년께 자손을 위해 지은 한글본 음식 조리서다.[6] 조리서에는 국수, 만두, 술 등을 비롯해 예로부터 내려오거나 장선생이 개발한 음식 146가지의 조리법, 조리기구 등을 구체적으로 설명하고 있다.

[2015년 4월] 12일 제7차 세계 물 포럼 개회식에 참석한 외국 정상, 국제기구 인사들의 환영 오찬에서도 음식디미방에 있는 음식들이 나와 적잖은 화제가 됐다고 한다. 석계 집안 종부가 직접 음식들을 준비했다. 앞서 지난달 25일 서울 중구 한국의 집에서 열린 '종가의 맛 음식디미방 시식회'에서도 외국사절 등 국내외 귀빈들의 찬사가 이어졌다.

문화체육관광부와 한국관광공사가 주최한 이 행사에서는 음식디미방에 있는 도토리죽, 잡채, 꿩고기, 연근적, 석이버섯, 오이채, 수증계, 가제육 등이 나왔다. 이처럼 외국 귀빈들이 '음식디미방' 요리를 호평함에 따라 경상북도는 세계기록유산 등재에 긍정적인 영향을 미칠 것으로 기대한다.

경상북도는 종가에서 내려오는 음식조리서 가운데 역사적 가치를 고려해 음식디미방 등 2개를 세계기록유산으로 등재하는 것을 추진하고 있다. 영양군도 곧 서울시내 음식점에서 음식디미방 요리를 포함해서 양반가 음식을 상설 판매하는 한편 종가음식 스토리텔링 가이드북을 4개 언어로 펴내는 등 음식디미방 알리기에 힘을 쏟을 계획이다.

경상북도 한 관계자는 "관련 홈페이지를 개설해 유명 포털사이트와 연계하는 등 음식디미방을 널리 알려 세계기록유산 등재는 물론 반가 음식 세계화에 적극 나서겠다."고 말했다.

이렇듯 음식디미방 메뉴는 글로벌 시대에 국내외적으로 경쟁력을 갖춘 레시피로 재탄생하는데, 그것이 가능한 이유는 음식디미방을 쓴 정부인 안동 장 씨가 조선중기 양반가의 종부로서 반세기가 넘는 세월

동안 손수 만들어 시식하고, 가족들을 먹이고, 보다 더 건강하고 맛있는 음식을 만들기 위해 나름대로 고민하고 연구한 것을 하나하나 정확하게 정리했기 때문이다. 학자는 전문지식을 이론적으로 알고 있으면 되지만 요리사로서의 종부는 이론과 실제를 겸비하지 않으면 음식의 맛과 모양을 낼 수가 없다. 350년 전에 글로 쓰인 요리서의 조리법에 따라 복원한 음식디미방 메뉴들이 맛도 좋고, 보기에도 좋으며, 건강에도 좋은 것은 그만큼 요리사로서 정부인 안동 장 씨의 음식 솜씨가 뛰어나다는 것을 의미한다.

정부인 안동 장 씨의 음식디미방을 경상북도가 계획하고 있는 대로 세계기록유산으로 등재하고 음식디미방 메뉴를 전 세계에 홍보함으로써 한국 전통음식의 정체성을 확보하고 위상을 높이는 일은 꼭 필요하고 매우 중요한 일이다. 350년 전 조선중기의 음식디미방 조리법이 여러 요리 연구가들에 의해 21세기 장계향 레시피 3.0으로 재탄생되었기 때문에 그 일은 충분히 승산이 있다. 그리고 그 일을 성사시키는데 우리가 솔선수범해야 한다. 그런 의미에서 음식디미방 체험관에서 장계향 레시피 3.0을 직접 시식해 볼 필요가 있다.

시아버지 때부터 전쟁고아와 의지할 곳이 없는 사람들을 위해 쑤어 주었다는 **도토리 죽**

꿩고기 잡채

석이 · 표고 · 생 꿩고기 · 잣을 함께 다져 간장과 참기름에 볶아 만든 소를
아주 얇게 저며 녹두가루를 묻힌 생선 위에 놓고 말아 다시 한 번 녹두가루를 묻혀 삶아 낸 **어만두**

석이 · 표고 · 생 꿩고기 등을 잘게 다져 껍질을 벗긴 대구 속에 넣고 물에 삶아
꿩고기 즙과 밀가루와 골파를 넣어 즙을 내어 만든 **대구껍질 누르미**

녹두 빈자 떡과 연근

닭고기 · 토란알 · 잔파 · 달걀 지단채 고명을 얹어 낸 **수증계**

석이 · 표고버섯을 잘게 다져 후춧가루로 양념한 후, 얇게 저며 소금에 절여 둔 동아로 싸서 중탕으로 익힌 다음 밀가루와 꿩 고기즙을 섞어 만든 걸쭉한 것을 끼얹어 낸 **동아누르미**

집돼지고기를 두껍고 짧게 썰어 기름간장에 재운 뒤 밀가루를 묻혀 기름장을 치면서 익도록 볶아 후춧가루로 양념을 한 **가재육**

음식디미방 정부인상 주요리가 끝나고 나온 **한상차림**

화전과 석이편, 오미자 화채 **후식**

주

1 안병주, 「서문 1」, 장흥효, 『경당일기』, 강정서 외 옮김, 한국국학진흥원, 2012, 11쪽. "원래 성인이란 하늘의 도, 즉 우주의 이법을 체득하여 이에 근거해서 사람이 마땅히 지켜야 할 규범을 세운 이상적인 왕자이거나 또는 그와 같은 덕을 갖춘 사람을 의미한다. […] 그런데 이 같은 저 멀리 있는 이상적이기만 한 인간으로서 성인의 경지를 인간의 노력을 통해 도달 가능한 경지로 바꿔 생각한 사람이 있었으니 바로 맹자가 그 사람이다. […] 이처럼 성인 개념의 내용이 이상적인 것으로부터 현실적인 것으로 이동해 온 것을 학자들은 '성인 개념 내포의 변화'라고 한다. […] 좀더 엄격한 의미에서의 성인 개념 내포의 변화는 '성인의 경지에 배워서 도달할 수 있는가. 그렇다. 가능하다.'고 자문자답한 송대 신유학의 선구자 주렴계의 『통서』에서 시작된다. 여기에서 학문의 목적은 입신출세나 돈벌이와 같은 세속적인 것으로부터 성인 지향의 도덕적 엄숙주의로 일대 전환을 이루게 된다. […] 경당 선생이 학봉 김 선생, 서애 류 선생, 한강 정 선생을 통해 도산심학을 전수받아 따님이신 정부인 안동 장씨를 거쳐 외손들에게 전하였다는 사실도 주지하는바[경당 선생의 학문 역시 주렴계의 도에 깊이 부합되는바]와 같다. […] 경당 선생은 퇴계 선생의 경우처럼 지경의 삶으로 칠십평생을 일관하였으며, 경당 학단의 학문관은 성인 지향의 학문관이었다."

2 영양 두들마을 소재 장계향 유물 전시관 소장 「학발삼장」 번역.

3 http://blog.daum.net/gaetuel/330(검색일: 2016년 1월 15일)

4 http://dimibang.yyg.go.kr/eumsikdimibang/food/myunbyung(검색일: 2016년 1월 1일)

5 http://www.yonhapnews.co.kr/bulletin/2015/04/12/0200000000AKR20150412048600053.HTML?input=1179m(검색일: 2016년 2월 10일)

6 http://www.yonhapnews.co.kr/bulletin/2015/04/12/0200000000AKR20150412048600053.HTML?input=1179m(검색일: 2016년 2월 10일) "1672년현종 13 부인 장 씨가 최초의 한글 음식조리서인 『음식디미방』을 저술하다."

| 후기 |

삼종지도 3.0과 21세기 여성

조선중기 여중군자 장계향 이야기와 장계향을 둘러싼 삼종지도 이야기는 이 시대를 살아가는 모든 여성의 이야기이며 모든 여성에 관한 이야기이다. 계향이 들려주는 이야기는 아무리 시대가 변하고 사람이 바뀌어도 그 본질이 변질되거나 퇴색되어서는 안 된다는 것을 강조하는 이야기고 아무리 여성의 지위가 높아졌다고 해도 소홀히 하거나 망각해서는 안 될 것이 있다고 가르쳐주는 이야기이다.

장계향 이야기가 여성의 이야기임은 분명하다. 그렇다고 해서 그것이 하나의 이즘을 의미하거나 대표하지는 않는다. 물론 여성의 이야기가 여성만의 이야기일 수도 있다. 하지만 장계향이 들려주는 여성 이야기는 남성과의 관계에서 비롯되는 이야기이다. 말하자면 여성의 일생에서 반드시 만나게 되는 남성, 즉 아버지와 남편 또는 남자친구, 아들과의 관계에 관한 이야기이다. 혹자는 이렇게 반문할지도 모른다. 장계향이 살았던 조선중기에는 여성이 반드시 결혼을 해야만 했고, 결혼한 여성은 반드시 자식을 낳아야 했지만 21세기에 살고 있는 여성에게 결혼과 출산은 필수사항이 아니라 이미 선택사항이 되었다고. 물론 시대의 변화에 편승하여 여성의 의식이 바뀐 것은 사실이다. 여성의 의식 변화에 따라 여성의 책임과 의무가 변했고, 사회 경제적인 요인에 의해 여성의 역할도 다양해졌으며, 여성적인 것과 여성의 미에 대한 개념이 바뀐 것도 사실이다. 그리고 이 시대의 많은 여성들이 그러한 변화를 당연시하고 자연스럽게 받아들인다.

그런데 여성이 여러 가지 면에서 남성보다 뛰어나고, 그 능력이 여러 가지 활동과 직업에서 증명된다고 해서 여성이 남성이 될 수는 없다. 경제력을 확보함으로써 여성의 목소리가 높아지고 그 결과 상대적으로 남성들이 위축되었다고 해서 생물학적인 남녀 구분이 사라지지는 않는다. 사회학적인 성 역할과 성 기대가 달라졌다고 해서 그것이 남성과 여성의 성적 정체성 자체를 전복시키거나 바꿀 수 없다. 경제적인 활동은 남녀 모두 할 수 있고, 아무리 어려운 일이라도 여성이 선택할 수 있으며 그 반대도 마찬가지이다. 심지어 여성이 경제활동을 하고 남성이 주부의 역할을 하는 경우도 비일비재하다. 하지만 단적으로 말해서 남성이 임신을 하고 출산을 할 수는 없는 노릇이다. 다시 말하면 생명 탄생은 여성만이 할 수 있고 생명 탄생의 의무는 여성이 거부할 수도, 소홀히 할 수도 없는 사항이다.

이 부분을 강조하기 위해 정부인 장계향의 이야기를 여러 갈래로 풀어내었다. 총명하고 재주 많은 어린 소녀의 이야기를 할 때, 아버지와의 추억 이야기와 아버지의 고명딸에 대한 사랑 이야기를 다뤘다. 그리고 그 이야기는 이 세상 대부분 아버지와 딸의 이야기가 될 수 있다. 물론 어린 시절 아버지와의 기억과 추억이 계향 부녀처럼 그렇게 아름답지 않을 수도 있다. 필자의 경우 대여섯 살 때 아버지께서 돌아가셨는데, 그 어린 나이에 술주정뱅이 아버지 때문에 공포에 떨면서 잠 못 이룬 적이 많았다. 좁은 방 어느 구석에 끼여 누워 있다가 벽을 보고 “하나님 개XX”라고 욕한 기억은 지금도 어제 일처럼 또렷하다. 그 어린 것이 무엇 때문에 하나님을 향해 그런 엄청난 욕을 했을까? 나를 세상에 던진 아버지에 대한 분노가 생명을 창조한 하나님에 대한 원망으로 이어졌기 때문일 것이다. 그런 아버지였기에 아주 어릴 때 돌아가신 것이 어쩌면 다행이었을 수도 있다. 하지만 분명한 것은 성장하면서 어느 순간까지는 지나치게 일찍부터 시작된 아버지의 부재가 가슴 한 가운데를 ‘총 맞은 것처럼’ 뻥 뚫어놓아 그곳으로 찬바람이 쌩쌩 분 적이 많았다. 아버지와 딸의 관계가 이랬든 저랬든, 어쨌든 딸로서 최초로 대면하는 남자는 아버지이다. 맨 처음 만나는 남자일 뿐만 아니라 딸의 존재를 가능하게 하는 대상이 아버지이다.

계향은 19세가 되면서 아버지가 소개해 준 전처소생의 자식이 둘 딸린 홀아비 석계 이시명과 결혼을 선택했다. 결혼 당시에는 셋째 며느리였는데, 위로 두 동서가 잇달아 사망함으로써 졸지에 계향이 맏며느리가 된다. 계향은 평생 남편을 존경하는 마음으로 대했고, 시부모님을 정성껏 봉양했으며, 계향이 첫아들을 낳기 전에 돌아가신 친정어머니를 대신해서 친정을 돌보았다. 심지어 친정아버지를 장가보내고 배다른 동생들까지 극진하게 보살폈다. 필자는 20대에 학문과 결혼이라는 두 갈래 길을 두고 고민하다가 결국 두 마리 토끼를 잡겠다는 ‘선택’을 했다. 장손의 아내가 되었기 때문에 맏며느리의 역할은 부수적으로 따라온다. 물론 시대가 변했기 때문에 맏며느리의 무게가 계향과는 근본적으로 다르고, 계향이 결혼 전에 공부나 학문에 대한 생각을 완전히 접었던 것에 반해 필자는 결혼을 하고 공부를 계속했으며, 계향이 남편과 시댁어른, 친척들, 그리고 아랫사람들을 위해 자신을 온전히 바친 것에 비해 필자는 남편과 시댁어른들, 그리고 주위 사람들의 도움과 지지를 온전히 받았다.

분명한 것은 결혼과 여성의 또 다른 선택이 반드시 상충되는 것은 아니라는 사실이다. 물론 결혼한 여성이 살림과 출산, 육아 등을 도맡아 하면서 공부를 하는 것은 절대로 쉽지 않다. 그렇기 때문에 공부하는 여성이 결혼하는 것을 주저하고 심지어 두려워하기까지 한다. 그리고 그 두려움은 현실화되어 여성이 공부를 포기하거나 미루는 일이 비일비재하게 일어난다. 이러한 상황을 모르는 것은 아니다. 그렇다고 해서 여성이 두 가지 일을 하는 것 자체가 전혀 불가능한 것은 아니다. 어릴 때부터 두 가지 일을 해야 할 경우, 한 가지 일을 핑계로 다른 한 가지 일을 소홀히 하면 안 된다는 이야기를 마음 속 깊이 새겨서 그런지 결혼과 학문의 기로에서 엄청난 고민을 했지만 용기를 내어 두 가지 일을 다 선택했다. 그리고 지금까지도 비겁한 핑계를 대지 않기 위해 최선을 다한다. 결국 '하늘은 스스로 돕는 자를 돕는다.' 하지만 스스로 돕는 것 중에 가장 중요한 일은 두 번째로 만나게 되는 '남편도 스스로 돕는 아내를 돕는다.'는 사실을 알고 남편에 대해서도 스스로 돕는 것을 실천하는 것이다.

계향이 시집을 갔을 때 이미 전처소생의 아들과 딸이 각각 있었다. 그리고 자기 소생의 자식이 6남 2녀다. 자식과의 관계에서 계향은 이 세상의 보통 어머니가 경험하지 않아도 되는 모든 것을 경험한다. 남편의 전 부인이 낳은 아이들을 자기 자식들과 함께 키운다는 것이 얼마나 어려운지 당사자가 아니면 아무 말도 할 수가 없다. 하지만 계향은 그 두 자식을 훌륭하게 키운다. 또한 자기소생의 자식 여덟 명 가운데, 첫째 아들 휘일과 막내 아들 운일, 그리고 두 딸을 자기보다 먼저 떠나보낸다. 자식이 부모를 앞서 죽는 것, 그 자식을 가슴에 묻는 것도 겪어보지 않은 사람은 이러쿵저러쿵 할 수도 없고, 해서도 안 될 일이다. 하지만 계향은 자신의 애통함이 절박하다고 해서 돌아가신 부모님이 주신 자신의 몸을 상하게 할 수 없다는 신념으로 그 힘듦을 견딘다. 그리고 나머지 자식들, 즉 여자의 일생에서 세 번째로 중요하게 만나는 남성인 아들들을 훌륭하게 키워낸다.

필자의 경우, 딸과 아들을 각각 한 명씩 두고 있다. 공부를 하는 사람이기 때문에 물리적으로 아이들에게 할애할 시간이 적었고 사회생활을 계속했기 때문에 실질적으로 집에 있을 시간이 적었다. 필자가 가진 모든 것과 필자가 줄 수 있는 것보다 더 많은 것을 주기 위해 안간힘을 쓰면서 그것이 나름대로 훌륭하고 완벽한 어머니가 되기 위한 최선이라고 착각한 적도 있었다. 그런데 자식도 어릴 때는 부모님의 뜻에 무조건 순종하지만 성장하면서 자아의식이 생기고 자신의 생각이 확고해지면 부모님의 요구가 정당한지의 여부를 판단할 수 있게 된다. 그리고 자식에 따라서는 부모의 뜻을 계속 따르든지, 따르는 척이라도 하든지, 아니면 당당하게 독립운동을 하든지 행동 결정을 한다. 필자에게는 자기 삶을 주도적으로 살기 위해 내 품을 떠난 자식이 있다. 그렇게 품을 떠나 스스로의 길을 개척해서 원하는 삶을 떳떳하게 살고 있는 딸이 있다. 처음에는 내가 원하는 삶을 거부한 것이 화가 나서 그 반란을 도저히 용납할 수 없었지만 완전한 인격체인 자식의 확고한 신념과 신념에 의한 행동, 그리고 책임 있는 삶을 사는 모습은 부모로 하여금 백기를 들게 하고 결국에는 세상에서 가장 든든한 후원자로 탈바꿈하게 한다. 그래서 부모와 자식 양쪽이 다 행복하면 된다. 그리고 우리는 행복하다. 지금.

딸과 아버지가 그린 지도를 읽고 20대 여성들은 앞으로 자신의 삶을 선택할 때 어떠한 가치를 보다 더 중요하게 여겨야 할지 곰곰이 생각해 보아야 할 것이다. 여성들이 대접받는 시대에 한 가정의 귀한 딸로 태어나 부족함 없이 사랑받고 교육받으면서 자랐기 때문에 앞으로도 그렇게 살기 위한 조건으로 물질적인 풍요를 제 1순위로 꼽은 여성들이 많다. 자기의 삶을 결정하는 주도권을 별 갈등 없이 부모님께 넘기고 부모님의 뜻대로 삶을 살아가는 여성들도 많다. 그리고 부모님의 그늘에서 부모님의 보살핌을 받으며 적당히 살다가 어느 시점이 되면 보호막을 부모님으로부터 남편에게로 수평이동하려고 하는 여성들도 많다. 20대의 선택이 이렇게 수동적이고 안일해서는 안 된다. 자신의 관심과 적성, 그리고 능력을 제대로 가늠하여 자신이 행복한 삶을 위해 무엇을 어떻게 해야 할지를 심각하게 고민해야 한다. 자신이 원하는 삶을 살기 위한 시간적인, 경제적인 투자를 극대화해야 한다. 어느 누구도 자신의 삶을 대신 살아줄 수는 없기 때문에 자신의 삶을 자신이 원하는 방식대로 설계하고 자신이 직접 준비하고 자신의 의지에 따라 만들어가야 한다. 무엇을 하는가는 크게 중요하지 않다. 결국은 '어떻게' 사는 가? 가 관건이다.

아내와 남편이 그린 지도를 읽으면서 결혼적령기에 있는 여성들은 아내의 의미와 결혼의 의미를 한 번쯤 점검해야 할 것이다. 결혼은 사랑하는 남녀가 맺어지는 것이기도 하지만 집안과 집안의 결합이기도 하다. 요즘 젊은 여성들이 결혼을 꺼려하는 이유가 바로 여기에 있다. 여성의 사회진출이 활발해짐에 따라 비교적 독립적이고 자기 주도적인 삶을 살고 있는 젊은 여성들은 결혼을 미루거나 포기해 버리는데, 남편 내지 시댁 식구들의 개입 내지 간섭을 달갑게 생각하지 않기 때문이다. 그리고 결혼 후 여성이 일방적으로 포기해야 하는 것이 너무 많고 여성에게 부과되는 짐이 훨씬 더 많아지는 것도 사실이다. 그렇다면 이러한 상황에서 결혼에 의한 부담을 여성에게 전부 짊어지게 하는 것이 과연 옳은가? '결혼을 해도 후회를 하고 안 해도 후회를 하기 때문에 그래도 하고 후회하는 것이 낫다.'는 일반론도 설득력을 잃은 지 이미 오래다. 그렇다면 어떻게 해야 할 것인가? 이제는 어느 일방의 희생만을 요구할 수 없다. 남편과 아내의 자리매김과 시댁과 며느리의 자리매김에 지각변동을 동반해야 하는 것이 불가피하다. 결혼 후 여성의 출산과 육아 부담이 국가 정책적으로 다소 해소되고 가족의 이해와 도움으로 여성들의 사회활동이 어느 정도 보장된다면 여성들이 아내 내지 며느리의 역할을 무조건적으로 마다하지는 않을 것이다. 여성들이 원하는 바가 남성의 권력 찬탈이나 절대적인 비교우위를 차지하려고 하는 것이 아니기 때문이다.

어머니와 자식이 그린 지도를 읽으면서 출산에 대한 여성들의 생각이 어느 정도 바뀌기를 기대한다. 여성의 사회진출이 아무리 활발해지고 여성의 사회적 지위가 아무리 높아지더라도 '생명'의 존재인 여성이 절대로 포기할 수 없는 것이, 포기해서는 안 되는 것이 '생명탄생'의 문제이다. 최소한 임신과 출산은 여성의 문제이다. 육아는 어느 정도 분담이 가능하지만 임신과 출산은 오로지 여성의 몫이다. 이것은 불변의 진리이다. 임신과 출산으로 여성의 몸매가 변하고, 여성의 사회적 활동에 제약이 가해지고, 그리고 여성의 자유분방함이 제한되지만, 그렇다고 해서 본말이 전도되는 행위를 하는 것, 즉 임신과 출산을 포기해서라도 몸매를 유지하고, 사회적인 활동을 자유롭게 하며 자기가 하고 싶은 것을 마음대로 하는 것 등은 여성이 스스로 여성의 본질 자체를 훼손하는 것이다. 생명을 잉태하고 열 달 동안 그 생명을 품었다가 세상 밖으로 내보내는 것, 그래서 가정의 대를 잇고 인류의 역사를 만들어 나가는 것은 여성만이 할 수 있는 위대한 일이다.

그렇다고 해서 또 다른 모양으로 그려지는 어머니 지도를 간과해서는 안 된다. 내가 낳은 자식에 대한 자연발생적인 모성뿐만 아니라 내가슴이 낳은 자식에 대한 '위대한' 모성을 제대로 발휘할 수 있는 것도 다름 아닌 여성이다. 그런 맥락에서 출산과 입양은 생명탄생과 생명연장에 관한 것으로서 생명을 공통분모로 하는 여성 고유의 몫이다. 모성을 무한히 확대해서 그린 더 큰 어머니 지도, 즉 할머니 이야기를 읽으면서 필자는 여성의 삶이 그리는 청사진을 미리 예상해 본다. 이십대 중 · 후반에 접어든 아이들 중에 누구라도 결혼을 해서 아이를 낳으면 그때부터 '진짜' 할머니가 될 것인데, 그리 먼 훗날의 일은 아닌 것 같다. 지금부터 '늙음의 미학'을 운운하면서 육체적으로 정신적으로 아름답게 늙어가기 위한 준비를 한다. 지금의 내가 정부인 안동 장 씨의 할머니 이야기를 나의 후세대에게 전해주기 위해 메신저 역할을 하듯이 나의 삶과 학문의 지혜도 어느 매개체를 통해 아름답게 전달될 수 있기를 바란다.

조선중기 여중군자 정부인

장계향 삼종지도 3.0

초판1쇄 인쇄 2016년 2월 18일
초판1쇄 발행 2016년 2월 29일

지은이 홍 순 희
펴낸이 신 일 희
펴낸곳 계명대학교 출판부
42601 대구광역시 달서구 달구벌대로 1095
TEL: (053)580-6233
FAX: (053)580-6235
홈페이지: www.kmupress.com
출판등록: 1970. 9. 1(신고번호 제347-1998-1호)

ISBN 978-89-7585-736-2 03990 정가 15,000원
※ 잘못된 책은 교환하여 드립니다.
※ 빛을여는책방은 계명대학교출판부 패밀리브랜드입니다.

이 도서의 국립중앙도서관 출판시도서목록(CIP)은 서지정보유통지원시스템 홈페이지(http://seoji.nl.go.kr)와 국가자료공동목록시스템(http://www.nl.go.kr/kolisnet)에서 이용하실 수 있습니다. (CIP제어번호 : CIP2016004339)